# 农村幼儿教师专业发展需求研究

夏素荣　著

吉林大学出版社

·长春·

## 图书在版编目(CIP)数据

农村幼儿教师专业发展需求研究 / 夏素荣著. — 长春：吉林大学出版社，2021.6
ISBN 978-7-5692-8388-4

Ⅰ. ①农… Ⅱ. ①夏… Ⅲ. ①乡村教育－幼教人员－师资培养－研究 Ⅳ. ①G615

中国版本图书馆CIP数据核字(2021)第108306号

书　　名：农村幼儿教师专业发展需求研究
NONGCUN YOU'ER JIAOSHI ZHUANYE FAZHAN XUQIU YANJIU

作　　者：夏素荣　著
策划编辑：邵宇彤
责任编辑：陶　冉
责任校对：柳　燕
装帧设计：优盛文化
出版发行：吉林大学出版社
社　　址：长春市人民大街4059号
邮政编码：130021
发行电话：0431-89580028/29/21
网　　址：http://www.jlup.com.cn
电子邮箱：jdcbs@jlu.edu.cn
印　　刷：定州启航印刷有限公司
成品尺寸：170mm×240mm　16开
印　　张：13.5
字　　数：249千字
版　　次：2021年6月第1版
印　　次：2021年6月第1次
书　　号：ISBN 978-7-5692-8388-4
定　　价：69.00元

版权所有　　翻印必究

# 前言

随着经济全球化进程逐渐加快和科学技术的不断发展，人们生活水平不断提高，越来越多的人开始意识到文化、知识、品德的重要性，即人文素养。一个人若要成为高素质人才，必须从幼年时期就开始接受系统教育，这就使幼儿教师成为新时代"炙手可热"的职业。

事实上，幼儿教育事业在我国已经有一百余年的历史，早在1903年，湖广总督张之洞在湖北开创了中国第一所幼儿园，同年，幼师教育机构——湖北幼稚园附属女子学堂创办，标志着中国幼儿教育事业的开端，对我国具有划时代的意义。

在20世纪上半叶，我国传统观念认为，幼儿教师的需求往往不高，是教师类别中最轻松愉快的职业，没有考试压力和负担，只要善于和幼儿在一起做游戏，具有一定"带娃"经验，具有识字能力就能成为幼儿教师。不过，自中华人民共和国成立以来，我国对高素养的专业化幼儿教师越来越重视，1981年，教育部下发的《幼儿园教育纲要（试行草案）》极大提升了幼儿教师的地位，2012年，教育部颁布的《幼儿园教师专业标准（试行）》更表明了幼儿教师专业发展的重要时代意义，其已经成为我国重要的方针政策。

但是，由于特殊的地理因素、历史因素、社会因素，我国部分农村地区的幼儿教育事业与城市幼儿教育事业发生"断裂"，一些农村的幼儿教师专业化水平低。如很多教师观念陈旧、水平较低、工作胜任度与职业使命感较低。我国是农业大国，农村的发展速度很大程度上取决于"祖国花朵"的受教育程度。因此，尽快提高农村幼儿教师队伍的整体素质是关系到幼儿园、幼儿群体、幼师群体，乃至国家教育事业的大事，是21世纪我国教育的强烈呼唤。为了继续推进社会主义现代化新农村伟大教育事业的发展，为了缩小农村与城市的幼儿教育水平差距，提高农村幼儿教师的专业化发展水平势在必行。

农村幼儿教师的专业发展与城市幼儿教师的专业发展相比，具有较多共性，但由于地处偏远农村，又具有一定的特殊性。在农村中进行幼儿教育，除了需要教师符合专业标准规范外，还要结合农村当地特性、农村儿童心理特性、农村经济实力等因素，制定切实可行的幼儿教师培养标准。例如，教师可

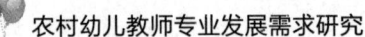

以让教学过程更加生活化、本土化，让幼儿有更宽广的活动场地，给幼儿更多接触大自然的机会，等等。

笔者认为，农村幼儿教师专业发展主要包含教学层面、安全层面、主体（幼儿本身）层面、心理（幼儿心理）层面、礼仪层面五个维度，并应在总体符合国家《幼儿园教师专业标准（试行）》的要求外，加入一些针对农村教师专业发展的特殊需求，以实现农村幼儿教师群体专业素养更全面、更快速地发展，从而促进农村幼儿教师专业化与农村幼儿教育事业的长足发展。

# 目录 CONTENT

## 第一章 绪论 ··································································· 001
### 第一节 幼儿教师的职业角色 ············································· 001
### 第二节 幼儿教师的职业特点 ············································· 006
### 第三节 幼儿教师的职业情操 ············································· 010
### 第四节 幼儿教师的职业素养 ············································· 013

## 第二章 幼儿教师专业发展历程概述 ····································· 019
### 第一节 幼儿教师专业发展的内涵与环境 ······························· 019
### 第二节 幼儿教师专业发展的基本历程 ·································· 023
### 第三节 幼儿教师专业发展的研究意义 ·································· 027
### 第四节 农村幼儿教师专业发展的困境 ·································· 030

## 第三章 农村幼儿教师专业发展需求——教学层面 ··················· 036
### 第一节 游戏教学 ···························································· 036
### 第二节 科学教育 ···························································· 046
### 第三节 启发教学 ···························································· 053
### 第四节 情境教学 ···························································· 060

## 第四章 农村幼儿教师专业发展需求——安全层面 ··················· 069
### 第一节 熟知事故应对知识 ················································ 069
### 第二节 做好校园安全工作 ················································ 075
### 第三节 协同家长内外联动 ················································ 081

## 第五章 农村幼儿教师专业发展需求——主体层面 ··················· 86
### 第一节 端正师风师德 ······················································ 86
### 第二节 热爱本职工作 ······················································ 89

1

第三节　提升专业素养 ………………………………………… 91
　　第四节　研究幼儿心理 ………………………………………… 94

第六章　农村幼儿教师专业发展需求——心理层面 …………… 98
　　第一节　培养幼儿的自信心 …………………………………… 98
　　第二节　培养幼儿的逻辑性 ………………………………… 104
　　第三节　培养幼儿的好奇心 ………………………………… 112

第七章　农村幼儿教师专业发展需求——礼仪层面 ………… 120
　　第一节　幼儿教师的职业礼仪 ……………………………… 120
　　第二节　幼儿教师的生活礼仪 ……………………………… 131
　　第三节　幼儿教师的语言礼仪 ……………………………… 144
　　第四节　幼儿教师的交往礼仪 ……………………………… 153

第八章　农村幼儿教师专业发展的提升途径 ………………… 164
　　第一节　深化教育反思，专家面对面 ……………………… 164
　　第二节　加强园本培训，导师一对一 ……………………… 167
　　第三节　鼓励在职培训，学员对对碰 ……………………… 170
　　第四节　建立学习小组，家园促成长 ……………………… 173
　　第五节　激发创新意识，名师进课堂 ……………………… 175

结　　语 …………………………………………………………… 180

参考文献 …………………………………………………………… 181

附　　录 …………………………………………………………… 189
　　幼儿园教师专业标准（试行） ……………………………… 189
　　幼儿园教育指导纲要（试行） ……………………………… 195
　　新时代幼儿园教师职业行为十项准则 ……………………… 204
　　幼儿园教师违反职业道德行为处理办法 …………………… 206

# 第一章 绪论

要想研究农村幼儿教师专业发展需求,首先就要认清它本来的概念,它是我国农村教育的特殊性与幼儿教师专业发展相结合的产物。

在研究农村幼儿教师专业发展需求之前,有必要先对幼儿教师进行论述。笔者试图站在区域教育整体均衡建设的高度,从实践和理论的双重角度对农村幼儿教师专业发展进行新的时代诠释,对其发展需求努力做出更多的探索。

## 第一节 幼儿教师的职业角色

众所周知,幼儿学前教育虽然早已出现,但是在我国一直没有取得较大的发展。幼儿学前教育是经济不断发展、生产方式不断变革,以及社会科学不断进步的产物,是生活与教育的结合。所以,这一行业与其他行业有很大不同,它既是职业,又是事业,是对幼儿的启蒙,是对人类文明的延续,是社会建设的保障。这样的事业对教师的要求更高,合格的幼儿教师必须有自己清晰的职业定位,其素质、定位直接关系到下一代的发展与成长。

《说文解字》中有"教,上所施,下所效也;育,养子使之作善也"。这说明在文明发展过程中,教育是一种上行下效、以身作则的过程,从而使得民众和学子学会向善而行。现代社会不像古代有那么严苛的等级制度,不需要统治阶级进行教育,而是由教师来完成这件事,因此,幼儿教师在此起到传承的巨大作用。中华民族伟大复兴的中国梦和"以人为本"的科学发展观都凸显了教育的决定性因素。科教兴国、人才强国也都需要"从娃娃抓起"的教育。

### 一、教育过程的角色定位

幼儿教师在学校中扮演着多重角色。"幼儿园之父"福禄贝尔的话也体现了这一点，他认为："教师是幼儿学习的指导者，是良好环境的卫士。"由此可见，具有良好道德和业务素质的教师队伍是创办高质量、有特色的幼儿园的力量源泉和重要保障。在幼儿教学过程中，教师扮演了多重角色，这一切都是基于幼儿全面成长的原则。

首先，他们是幼儿的老师，起到了知识启蒙、智慧启迪的作用；其次，他们是幼儿的家长，幼儿很多事都不能独自完成，幼儿教师要照顾好他们的生活起居；再次，幼儿教师是员工，是学校的一名工作者，在工作中要有自己的职业操守，要服从领导的安排，更要尽职尽责；最后，幼儿教师是幼儿的玩伴，在幼儿园生活中，释放幼儿的天性，与幼儿共同娱乐，一起做游戏，让他们在快乐中成长，这些是对幼儿教师的时代要求。单纯灌输式课堂对于幼儿来讲并没有太大意义。幼儿教师必须有自己的职业规划、职业定位，清楚自己所扮演的每一个角色，这样才能真正推动幼儿教育事业的蓬勃发展。

教师是古老的职业，孔子开办私塾教书育人距今已有两千五百年左右的历史。幼儿教师与普通教师相比更是"根的事业"，他们把幼儿从生活引到课堂，是使幼儿角色转变的第一人。同时，要让幼儿在学校中有家的感觉，这要求幼儿教师有极大的耐心、较强的应变能力、灵活的培养方式。

## （一）幼儿学习的引导者

随着近几年基础教育改革的深化，以后的考试模式不再是单纯的基础知识记忆，而是更加偏向于分析、认识社会，以及处理各种问题、信息的方法。俗话说："授人以鱼不如授人以渔。"幼儿教师必须重点教会幼儿学的能力，而不是单纯地讲授。

所以，幼儿教师在工作中应该成为幼儿学习的促进者和引导者。这说明教师除了作为知识的传播者外，更要提升幼儿的学习兴趣，对幼儿学习知识起到促进作用；同时要关注幼儿终身发展，要求幼儿有终身学习的意识，让他们学会自主学习，在学习中体会到乐趣。但是，幼儿在学习过程中难免会遇到很多困难，教师必须在幼儿最需要帮助的时候施以援手，必须能够感知幼儿每一个细微动作、表情背后的心理状态，给幼儿更多的鼓励。幼儿教师要用一种平等、尊重的目光看待幼儿，不能用讽刺、威胁、命令的口吻和他们沟通，只有这样，才能真正促进幼儿学习。

在幼儿学习过程中，幼儿教师不能强硬灌输知识，要做幼儿学习生活中的引导者。孔子云："不愤不启，不悱不发，举一隅不以三隅反，则不复也。"意思是说，教师的一言堂不一定能取得最好的效果，教师应当学会怎样去启发幼儿自己思考和琢磨，对于问题不是清楚答案就结束了，要让幼儿学会举一反三，触类旁通。在教育幼儿的过程中，聪明的教师会由做游戏入手，从而集中幼儿的注意力，激发幼儿的兴趣，开拓幼儿的思维，这样才能成为引导者，而不是灌输者。

### （二）幼儿课程的实践者

目前，幼儿教师大都在实践教育部门统一规定的课程，这些课程具有一定的科学性，对于幼儿的思想启蒙有很大帮助。

幼儿教师在上课之前要对课程有一个总体的把握，要牢记幼儿园课程是一种教育手段，不是教育的最终目的，只是促进幼儿发展的一个过程而已，要明确"保教结合"这一主题。

但是，每个幼儿、每个班级都有其特殊性，有的班级的幼儿活泼好动，有的班级的幼儿比较安静，运用同样的教学方法并不能取得最好的效果。事实上，国家也出台过相关政策，鼓励教师在课程中融入自己的想法，从本地、本园的具体情况出发，深入了解自己所教幼儿群体的情况，制订可行的创新计划，这便是幼儿教师对课程创新者这一身份的有力诠释。

在课程创新过程中，首先，必须要与国家方针政策的导向相一致，既要符合国家教育发展趋势，又要符合所在幼儿园的教学目标和要求。在课程研发过程中，教师要为教育目标的达成服务，不能任凭自己的喜好随意增添课程，但也不能仅仅为了幼儿开心就把课程过度删减；其次，在进行课程创新时，教师可以运用学校以外的优势。比如，在进行安全教育时，可以把警察请过来，警察具有一种与生俱来的威严，对于幼儿来说更加明显，警察叔叔说的话更容易使幼儿从潜意识里接受；可以把消防员、医护人员请过来，让他们讲述自己的故事，告诉幼儿如何应对突发情况，如何进行自我保护；可以与学校周边的果园、菜园联系，让幼儿上一堂生动有趣的实践课，既可以让幼儿锻炼身体、开发智力、学会种植，又为园林建设出了一份力，做了一份贡献；可以在中国传统节日的时候，比如重阳节，让幼儿准备自己做的小礼物，为孤寡老人送上一份温暖和祝福，幼儿既可以学会传统知识，又能更有爱心，而老人们也能感受到幼儿那一份纯真和爱，对于整个农村建设都大有裨益。

### （三）幼儿课程评价的参与者

课程评价是在一定教育价值观的指导下，根据已有的教育目标，对教育活动、教育过程、教育结果进行科学判定的行为。

课程评价具有导向、监督功能。各类学校都要实现一定的目标，但是在具体活动中，难免会出现细微差错。课程评价就像指挥棒一样，有了衡量的尺度，被评价者才能够尽力弥补自己的不足，把教育活动做得越来越好。

课程评价具有鉴定、管理功能。在评价过程中，评价者根据具体情况调节、控制被评价者，也可以对其实行一些指导，被评价者也能找到差距。

课程评价具有诊断、激励功能。每一个个体都有想要得到更高评价的需要，把这种心理与评价活动结合起来，可以起到激励、振奋评价参与者的作用，调动教育工作者的主动性、积极性，从而使其更高效地完成任务。这对于教育事业的改进有重要作用，所以，课程评价不可忽视，幼儿教师一定要把课程评价重视起来。

但是，之前的课程评价是教师仅仅参与课程效果评价，不参与课程本身及方案实施的评价，这并不能完全发挥课程评价的功能，缺乏科学性。众所周知，教师对课堂的感受是最深的，作为一线幼儿教育工作者，他们对课程存在的弊端最清楚，他们有权利、有能力对课程方案、课程本身进行评价。

## 二、自身发展的角色定位

新一轮的教育改革带来了新的思想、新的思路，教师也要有更加崭新的定位。在职业生涯中，幼儿教师对自身发展的定位与其未来职业规划具有相似性。作为一名教师，最基本的就是要有从业技能，即教学能力，同时要有一定的专业素养与职业精神。在职业生涯中，教师要对自己的未来有清晰的规划和定位，要坚持与时俱进，把专业能力与师德素养同时进步作为目标。

### （一）具备幼儿发展相关知识的专业人员

首先，幼儿的生理和心理是一个动态发展的过程，不像成年人一样稳定，幼儿教师要能够尊重幼儿生理、心理发展规律，了解哪些因素会影响幼儿发展，应当走怎样的路线，怎样可以促进幼儿心智发展。绝不可好高骛远，向幼儿传授过于抽象的理论知识，那样会让幼儿死记硬背，使他们丧失学习的兴趣，应当寓教于乐，把幼儿爱玩的天性与趣味性的教学活动完美融合，呈现兴趣主导学习的高效学习模式。

其次，幼儿教师应能够通过长期的实践了解幼儿的个体差异性，并有不同的应对之策。不同年龄的幼儿有着不同的特征，相同年龄的不同幼儿也有着不同的特征，要了解幼儿的差异性并能够妥善处理是幼儿教师未来发展的一项重要能力。每个幼儿的基因、环境、家境不同，导致幼儿的智力、性格、习惯也有所不同,幼儿的这些差异反映了他们将来不同的发展方向,但是这并不存在优劣之分,学习好的幼儿与学习差的幼儿应当被平等对待。幼儿教师不应对幼儿的智力划分等级,应把其看成不同结构。何为不同结构?就是指每个人都有自己的特点和风格,只要能发现每个幼儿的亮点,选择适合他们的培育方式,就是因材施教。

最后,了解幼儿的常见问题。有些幼儿在学习发展的过程中会出现一些问题,如肥胖、多动、恐惧、焦虑、口吃、挑食等。如果幼儿教师了解相关知识,就可以在这些潜在问题的萌芽阶段及时发现它们,并且尽早进行干预。

### (二)具备各学科常识性知识的专业人员

幼儿时期是知识与智力的启蒙阶段,出于好奇,幼儿对世界万物都有浓厚的兴趣,他们希望去认识未知的事物。身为幼儿教师,要找准定位,让自己具备广泛的常识性知识,在幼儿感到疑惑不解的时候,能够正确地、充满自信地为他们解答,这既是工作生活所必须,又是提高人文素养所必须。

在艺术层面上,如音乐,音乐可以激发幼儿的潜能,开发幼儿的智力,联结左脑与右脑的神经网。根据法兰克福大学的研究报告,音乐能提高幼儿的学习能力、创造力、社交能力。当幼儿提出有关于音乐的问题,或者想学一首简单的谱子时,具备学科常识的幼儿教师就可以信手拈来,这在一定程度上可以培养幼儿的音乐天赋。日本著名音乐教育家铃木镇一说过:"教音乐不是我的主要目的,我想造就出良好的公民。如果让一个儿童从降生之日起就听美好的音乐并自己学着演奏,就可以培养他的敏感、遵守纪律和忍耐性格,使他获得一颗美好的心。"

在人文层面上,如诗词赋,教师可以为幼儿朗诵古诗词,为他们讲解诗词背后的人文历史,虽然幼儿不一定能够完全听懂,但是这种人文熏陶对于幼儿来讲也是至关重要的。

在信息层面上,现在的信息遍布任何角落,这也对教师提出了更高的要求。幼儿教师必须熟练掌握信息技术,通过对网络、信息的运用,教师可以和家长有更为密切的联系,家长可以更好地掌握自己孩子的动态,教师也可以更全面地了解幼儿的家庭状况,从而采取更具针对性的教学方案。

### (三)具备专业保教知识的专业人员

幼儿教育的特殊性为保教结合,如果保教做得好,幼儿教育就已经成功了一大半。有调查显示,接受哪种质量的幼儿教育,比是否接受过幼儿教育对幼儿未来的影响更大。由此可见保教知识的重要性。

那么，何为保教？保教关系是指幼儿园保育和教育的相互作用、相互影响的状态。保育是对幼儿身心的保护和养育，教育是向人传递经验、知识的社会活动。保教结合是幼儿园的重要教育指导思想，同时也是其指导原则。这是因为幼儿处于6岁以下，他们还不能照顾自己的日常起居，这就需要幼儿教师进行专业的保育工作。保育工作主要是为幼儿的生活与发展提供更加便利的条件。

在幼儿园的具体工作中，保育与教育二者要并重，在某种程度上，保育甚至比教育更重要，虽然二者分别具有不同的功能，但是绝不可割裂开来，要把它们结合起来对待，在统一的教育目标的指导之下，争取实现教中有保、保中有教，相互渗透。这种统一应该是有机地融合，绝不能是机械地缝合。一体式保教关系与幼儿全面发展的目标不谋而合，并且能够把二者并重，避开"倾斜式"的固有保教模式。保育和教育都是幼儿管理中的构成因素，相关人员与事务都不可分割，要协同合作、紧密相连，这种保教相通能够真正地促进幼儿全面发展。

### （四）具备自我提升能力的专业人员

教师要具备自我提升的能力。随着幼儿的不断变化、不断进步，教师也应当通过自己的努力进行自我提升，以获得更多成长与发展，这样才能为幼儿发展提供更多帮助。

何为自我提升？自我提升是主体通过自己的主观能动性主动地进行学习，经过持续学习，使自身的各项能力获得显著的提升。自我提升包括提升心理素质、提升生理状态、提升各类成绩等。总的来看，无论提升什么，无论怎样提升，勤奋都是必不可少的。教育部发布的《幼儿园教师专业标准（试行）》指出，幼儿教师应"勤于学习，不断进取"，鼓励教师了解国内外的学前教育改革的发展经验，提升和完善自身的知识结构，充实文化内涵，要具有自我提升的能力和终身学习的意识。

## 第二节　幼儿教师的职业特点

有人说："世界上最危险的职业有两个，一个是医生，一个是教师。庸医害一个人，庸师害一群人，毁的是孩子们的精神和心灵。"幼儿教育的行业属性要求幼儿教师必须具备独特的职业特点。幼儿教师的职业特点包括教育对象的低龄性、保育教育的结合性、教育过程的游戏性、通识知识的全面性、思想品格的纯洁性。其中，通识知识的全面性与思想品格的纯洁性是幼儿教师工作的重要前提，保育教育的结合性是幼教工作的主要原则，教育对象的低龄性是幼教的职业要求，教育过程的游戏性是幼儿教师教学的重要方法。

### 一、教育对象的低龄性

幼儿教师的第一个职业特点为教育对象的低龄性。幼儿教师在职业生活中面对的受教育群体都是 6 岁以下的幼儿，呈现教育对象低龄性的职业特点，这就需要幼儿教师有更大的耐心。低龄幼儿具有如下特征。

第一，低龄幼儿的生理、心理都处于正在发展之中，具有一定的规律性。幼儿以低龄性展现自己的天真烂漫，但是他们未来的发展方向却具有很大的不确定性。他们是发展中的人，有巨大的发展潜能和可塑性，教师要选择符合幼儿年龄特点的教育方式和生活方式。面对发育中的幼儿，教师要找到幼儿身心发展的普遍规律性，遵循这些规律开展教育工作可以事半功倍。所以，在教育工作中，教师要从被教育对象的实际出发，要由浅入深、由表及里，更要善于发现个体与群体的差异。

第二，低龄幼儿的发展潜力巨大。教师要把教育的目光放长远，幼儿当下的不足或许会在日后成为优势，相反，幼儿当下的长处也可能由于挫折和疏忽变为劣势，教师要善于引导，善于发现幼儿的问题，并帮助其解决。

第三，低龄幼儿有丰富的想象力。想象力是人类经过感性接触获得基本印象后，在头脑中加以改造展现出崭新样式的能力，幼儿的想象力在 3～6 岁会有飞速的发展，所以教师应在日常生活中扩大幼儿视野，丰富幼儿感性知识和生活经验。

第四，低龄幼儿容易受到身边人和环境的影响。低龄幼儿受到表扬会表现出明显兴奋、开心的状态，受到批评轻则缄默不语，重则号啕大哭，家长、教师都应该用理智的爱去对待幼儿，不应过于极端。

对于低龄化的教育对象，幼儿教师要做到根据幼儿现阶段的认知特点选择最适合他们的学习方式和教育方式，让幼儿通过娱乐性、直观性的体验和游戏获得知识。幼儿教师要在动手操作中培养幼儿的学习兴趣，平时生活中要注重穿插与知识相关的内容，还要经常鼓励幼儿，不断培养他们的自信心。研究表明，自信心充足的人比缺乏自信的人更容易成功，也更容易获得别人的尊重。

## 二、保育教育的结合性

幼儿教师第二个职业特点为保育教育的结合性。当代幼儿教育事业必须要关注与幼儿相关的一切领域,要认识到幼儿是一个发展的有机体。幼儿园教师承担着保育和教育幼儿的两个重要责任,这种能力在一定程度上决定了幼儿将来的发展水平。在保教良好的结合下成长的幼儿能获得长足、全面的发展,在保教单一、片面的情况下成长的幼儿则没有多少优势可言。

"保"就是指在幼儿生长发育活动中,幼儿教师要保证幼儿生理、心理各方面都能够健康成长,包括通过体育锻炼增强抵抗力,进行合理饮食配比,进行类似朋友间的谈心,等等。

"教"就是指幼儿园和幼儿教师根据幼儿的综合实力,有计划、有目的地对幼儿进行的教育,包括智力开发、技能学习、知识传授、社会适应力等。

幼儿教师的职业特点就在于力求保育教育完美结合,"保""教"分别有其独特性,却又密不可分。教中有保,即保育寓于教育中,教育工作中有保育的成分,基于幼儿不具备独立性的现实问题,通过此方法,幼儿可以掌握基本的能生活技能和一定的健康知识。保中有教,即教育寓于保育中,保育工作中有教育的成分,保育既要让幼儿在健康快乐的环境中成长,又要让他们养成乐观积极的生活态度。

## 三、教育过程的游戏性

幼儿教师的第三个职业特点为教育过程和教育方案的设计要具有游戏性。幼儿天生就是活泼好动、爱玩的,他们的注意力不能长时间集中,同时接受知识往往不具备积极性。所以,在开展与幼儿相关的教育活动时,教师要遵循"好玩"的原则。本节仅对游戏教学做理论上的概括,关于游戏教学的详细内容则在第三章进行具体论述。

无论学习还是游戏,最终目的都是让幼儿学到更多东西,在快乐中成长,所以把教育过程和游戏结合起来是一项重要的工作,即游戏化学习。

游戏化学习即采用游戏化的方式进行学习,有学者将其称为"玩学习"。游戏化学习主要包括数字化游戏和游戏活动,教师通过设计特定游戏向幼儿传递知识与信息,激发幼儿的好奇心,使他们全身心投入其中,从而实现对知识的最大化吸收。这种学习方式可以消除以往教师纯灌输式教学的弊端,把互动元素融入课堂教育中,让幼儿真正轻松、愉快地学习,这同样也是"以人为本"教育观的体现。

所以，在教育改革大背景下，幼儿园要更加注重游戏性教学，结合幼儿身心发展的特点，采用适当的教学方法激发幼儿的参与兴趣，培养幼儿的创造力和想象力。

运用游戏化的教学方式有如下意义：第一，有利于集中幼儿的注意力，从而使其更高效地吸收知识、学会技能；第二，有利于激发幼儿的学习兴趣，让幼儿在游戏中感受学习的快乐，实践证明，体验感强烈的游戏能够使幼儿对知识的印象更为深刻；第三，有利于强化幼儿的集体意识，这种意识对培养幼儿今后的集体荣誉感大有帮助，传统教学和游戏教学交替开展，让每个幼儿都成为教学活动的主体，都掌握一定的主动权，而不是被动听课。

### 四、通识知识的全面性

幼儿教师的通识知识一般指一定的自然科学与人文科学知识、幼儿园相关领域的特点与常识、对中国教育概况一定的了解、一定的艺术欣赏能力、一定的多媒体信息化能力等，之所以要求幼儿教师具备全面的通识知识，有以下几方面的原因。

第一，从幼儿的角度看，他们来到这个世界只有几年，对周围的一切都充满了好奇，此时他们的好奇心大于人一生中的任何阶段，在心理学上这被称为"敏感期"。幼儿最常说的话是"为什么"，学校中的新事物和新的知识总会激发他们的好奇心与求知欲。

第二，从教师的角度看，身为教师必须具备回答幼儿各种问题的能力，幼儿的问题一般并不深奥，但是具有极大的广泛性，他们的问题不仅仅局限于课堂和书本。例如，他们会对大树落叶、天空下雨等自然现象好奇；会对小鸡吃米、小狗乱叫等生物现象好奇；会对儿歌、唐诗等人文知识好奇，这时教师应当为他们进行耐心的解答。此外，在教育过程中，教师要遵循以下原则：不要怕幼儿问题多，不要用成人固有的思维方式与眼光限制幼儿，要创造能够激发幼儿好奇心的环境，要鼓励幼儿参加各种有益身心健康的实践活动，要为幼儿提供指导意见。

总的来看，自然、学校、社会、家庭都是幼儿好奇心的激发地，每一个谜团都是幼儿认识世界、养成自主学习与探索的重要契机，幼儿教师必须要运用自己全面的通识知识为幼儿做出回答，促使他们形成独特的思维方式，从而获得更好的发展。

### 五、思想品格的纯洁性

思想品格即一个人的内在素养，它决定着一个人处理不同事情、面对不同境遇的特有方式。

身为幼儿教师，思想品格必须具备纯洁性，即道德观要纯粹，不允许也不应该掺杂利益、好恶等因素，要把幼儿的良好发展作为教育事业的题中之义。纵观我国历史上的著名教育者，他们都拥有高尚的思想品格，孔子开创平民教育的先河，荀子教育人们互相关爱、平等待人，朱熹对普遍人性的孜孜以求，以及梁漱溟对教育的终身信仰，正因为他们对待教育活动十分纯粹，才形成了正确的教育观。当代幼儿教师理应向他们学习。教师思想的纯洁性对幼儿健康人格、良好品行的形成与心理素质的培养都起着举足轻重的作用，因此要努力抵制社会中的各种不良诱惑，本着吃苦在前，享受在后，为了幼儿的一切，一切为了幼儿，"不抛弃，不放弃"的教育理念，积极引导学生养成纯洁的品格。近些年，我国涌现出许多具有纯洁品格的高尚教师，例如，34年如一日背孩子过河上学的邹桂芬，将毕生积蓄捐给教育事业的卢永根教授，扎根山村几十年的支教老师支月英，还有用微薄的工资资助近300名学生读书的山村教师莫振高。他们都是我国教师职业思想纯洁性的生动诠释，是中国教育事业的脊梁，所以幼儿教师不能抛弃这一纯洁的职业品格，要永远保持、坚守初心，使幼儿教育更加纯粹。

## 第三节　幼儿教师的职业情操

幼儿教师是一个独特的职业，其在教学过程中除需要运用教学能力与专业知识外，还需要具备爱心，而这种爱心只有在幼儿教师高尚的职业情操之下才能熠熠生辉，才能成就桃李之教，才能起到春风化雨的作用，所以职业情操是幼儿教师的职业之本与动力之源。

情操指感情与思想综合而成的稳定的心理状态，表现为以某事物为中心的情感倾向，如职业操守、爱国之情、伦理道德等。本书认为，情操包含宗教情操、道德情操、知识情操、审美情操等方面，而幼儿教师的职业情操主要体现为道德情操，它是教师在从事职业活动中必须遵守的道德底线，树立高尚的道德情操，有利于培养教师良好的道德修养，有利于幼儿更完善地发展，有利于提高当代教育事业的发展效率。

## 一、幼儿教师职业情操的内容

### （一）何谓职业情操

在西方，职业情操是一个较为明晰的概念，其是指人们在从事特定职业时，所要遵从的特定的规范准则，这种准则具有约束性、自觉性等特点，是仅针对职业而言的。而在中国，由于受到几千年伦理道德思想的影响，人们普遍习惯为概念加上道德的属性，职业情操便在仅为职业的前提下附加了道德操守的内涵，指从业人员除符合职业要求外，还要具备该职业应当有的道德与使命感，如诚信的价值观、文明礼貌的行为、遵守纪律与法规等。

总的来讲，中国的职业情操体现为以下五个方面：第一，职业情操是一种职业规范，能够受到社会的普遍认可；第二，职业情操是通过长期实践而形成的，具有时间上的持续性、不间断性；第三，职业情操没有固定的模式，每一种职业都有自己独特的职业情操，所以职业情操是多样化的；第四，职业情操对个人的约束力与影响力体现在对行为主体的心理层面，通过心理层面潜移默化的影响，行为主体自发地依靠内心的信念规范自己的言行举止，严格自律；第五，职业情操通常代表着与职业相关行业的未来发展，个人的职业情操能够影响到整个行业的职业情操，整个行业的职业情操也能影响个人的职业情操，具备高尚的职业情操的人能够通过言传身教影响其他人，使整个行业形成良好的职业风气，推动整个行业的快速发展。

### （二）幼儿教师的职业情操

幼儿教师的职业情操指幼儿教师在日常工作过程中所形成的道德观念与行为规范的总和，符合职业情操"属"的定义，具有自身"种"的特点。幼儿教师的职业情操是幼儿教师对职业行为要求的概括、自觉履行职业义务的基石和提高自己工作水平的重要保障。本书认为，幼儿教师职业情操包含热爱幼儿教育事业、尊重同事以及幼儿家长、注重以身作则。

1. 热爱幼儿教育事业

热爱是一切行为的动力，是成功的催化剂，因此幼儿教师要热爱幼儿教育事业。随着当代社会经济迅速发展，人与人之间的关系逐渐疏远，但是幼儿教育过程是教育主体与客体逐渐拉近距离的过程，由于幼儿的年龄较小，往往对待教师有一种特殊的感情，因此在面对幼儿时，教师也应当给予他们"无差等"的关爱，不因个别幼儿的缺陷而忽略他们，对待所有幼儿一视同仁，在工作中"俯首甘为孺子牛",发扬敬业精神。这既是对当下社会主义核心价值观"爱岗""敬业"的完美诠释,又是热爱幼儿教育事业的体现。

2. 尊重同事以及幼儿家长

尊重是沟通的前提,幼儿教师要把尊重作为自己职业情操的一部分,要处理好个人与同事、家长的关系,要保持谦逊、谨慎的态度,做到"厚责于己,薄责于人",即对待自己要严格要求,时常反省自己的错误,而对待别人要宽容,不要苛责他人。这不仅有利于学校教育工作的顺利开展,还有利于幼儿健康成长。

3. 注重以身作则

20世纪中国伟大的教育家陶行知曾说:"我们做教师的人,必须天天学习,天天进行再教育,才能有教学之乐而无教学之苦。自己在民主作风上精进不已,才能以身作则,弘扬教化流行之效。"这表明陶行知对教师以身作则是极为推崇的。另外,印度著名女政治家甘地夫人也认为最好的教育就是以身作则,孩子们对谎言或虚伪非常敏感,极易察觉。可见,以身作则对幼儿教师至关重要。

## 二、幼儿教师职业情操的践履

对幼儿教师职业情操的概念与内容有了详细的理解后,则进入践行阶段。自20世纪以来,我国对实践的要求与呼声越来越高,与中国古代注重内心修养、注重"玄思"的特征完全不同,这也恰恰符合时代的发展特征。伟大的科学家居里夫人认为,人类需要善于实践的人,这种人能由他们的工作取得最大利益。所以,青年一代的幼儿教师只有通过教育实践的各种考验,才能百炼成钢,形成良好的职业情操。

首先,行为举止应该文雅。教师要举止文雅,不失风度,成为幼儿的榜样与楷模。在校园中遇到各种突发事件,教师应当冷静、理智地处理问题。另外,还要注意个人卫生,让幼儿看到爱干净的教师,进而让幼儿也产生爱干净、讲卫生的良好品质。

其次,仪表应该简单大方。人是爱美的,但是幼儿教师作为传道授业解惑的育人使者,承载着推动全社会文明进步的重要责任,承担着教书育人、为人师表的光荣职责,教师的仪容仪表、行为举止等都会在潜移默化中影响幼儿。所以教师应重视仪表,在校园内要衣着整洁,不能穿着奇装异服,不能穿过于暴露的衣服。

最后,语言应以礼貌为准则。幼儿教师应当语言谦恭,表情和蔼可亲,对待任何人不可指手画脚、窃窃私语；要谈吐文雅，不使用污言秽语，不用恶语伤人；多使用"请""您""谢谢"等礼貌用语。这样，经过耳濡目染，幼儿也会形成讲文明、懂礼貌的习惯，这便是教师以身作则最大的现实意义。

## 第四节 幼儿教师的职业素养

### 一、幼儿教师的道德素养

道德属于上层建筑的概念，是一种特殊的意识形态。道德一词源于老子的《道德经》："道生之，德畜之，物形之，势成之。是以万物莫不尊道而贵德。道之尊，德之贵，夫莫之命而常自然。"这里提及的"道"是指世间万物遵循的法则，"德"是指人类的品德、品行，道德素养就是对优秀品德的坚守。

幼儿教师的道德素养是职业活动中的一种特殊准则或要求，构成了道德准则的重要部分。可以说，它是评价幼儿教师行为的依据和准绳，是幼儿教师在教学活动中履行自身职责与使命的伦理规范。但是，由于幼儿的年龄小，在受教育的过程中会不断地成长，他们的变化性和潜在性异常巨大，因此，幼儿教师道德素养的影响也被放大，具体体现在影响范围的深度和广度两方面：从深度来讲，幼儿教师高尚的道德情操会影响幼儿的一生，如果幼儿从小就深受教师优秀一面的影响，那么将一生受益无穷；从广度来讲，幼儿受到教育后，有可能把这种美德扩散给身边的人，如朋友、亲人等，从而在较大范围内产生良好的风气导向作用。需要注意的是，这种思想上的教育是无法通过语言教授的，只能通过言传身教对幼儿进行潜移默化的影响。教师应当以自己的行为为幼儿树立起正确的道德标杆，让幼儿通过对教师的观察和教师的启发形成自己判断是非与荣辱的标准。

总而言之，教师不仅是教育者，还是道德情操的承载者、道德行为的实践者。虽然生活中个体都是自由的，可以有选择地做任何事，但只要成为教师，就必须严于律己，担负起"立德树人"的使命，谨记自己的职责。

经过归纳，幼儿教师的道德素养主要分为爱国主义精神、勇于拼搏精神、甘于奉献精神、团结协作精神四种。

#### （一）爱国主义精神

何为爱国？爱国就是将个人的命运与国家的命运联结成一个整体，争做新时代社会主义的开创者、接班人,在现实基础上迎接更大的挑战,推动现代化的巨轮破冰前行。热爱祖国是每一个公民都应做到的事。柏拉图认为,每一个公民都有灵魂,而城邦是大写的灵魂,个人与城邦互相影响、互相反映,成为一个整体,只有热爱城邦,自己才能获得幸福。而这里的城邦与我们日常所说的祖国是一样的,我们只有热爱自己的祖国,为祖国去奉献、去奋斗,才能成就自己更加幸福的未来。

那么,将爱国主义作为幼儿教师的道德情操有哪些依据呢?

中华民族的历史中有太多惊天地、泣鬼神的壮举,留下了太多可歌可泣的感人故事,如舍身炸碉堡的黄继光、舍生忘死的狼牙山五壮士、抗倭英雄戚继光、收复伊犁的左宗棠、精忠报国的岳飞、封狼居胥的霍去病。幼儿是祖国的希望,要使他们成为21世纪的接班人,除了有渊博的知识、强健的体魄,更需要从小培养他们热爱祖国的情感,因此,幼儿教师要弘扬爱国主义精神,对幼儿进行爱国主义教育。

在教学过程中,教师要注意利用课程教材以及其他传播素材,有针对性地对幼儿进行爱国主义教育。虽然幼儿年龄尚小,无法真正理解历史上那波澜壮阔的篇章,但是这种爱国思想的熏陶也能对他们今后的发展起到至关重要的作用。具体来讲,教师可在讲故事或者讲课文的时候,巧妙地渗透一些爱国主义思想,让幼儿萌生一种民族自豪感和认同感,使幼儿接受正确的人生启蒙。

### (二) 勇于拼搏精神

作为一名幼儿教师,要有勇于拼搏、甘于奉献的道德情操。法国启蒙思想家伏尔泰曾说过:"伟大的事业需要始终不渝的拼搏精神。"首先,在工作和生活中,要拒绝平庸,追求卓越。幼儿教师应自强不息,在教学工作中永远追求完善。其次,要勇于面对生活中的困难和压力,失败乃成功之母,把绊脚石当成成功路上的垫脚石,才是成功之道。幼儿教师是非常辛苦的职业,有时也面临着幼儿家长的不理解,还有来自学校的巨大压力,万万不可陷入消沉状态,要以顽强的意志不断克服教育中的困难。最后,拼搏是长期的过程,拼搏精神不是心血来潮,不是三天打鱼两天晒网,必须要有坚韧的毅力、坚定的决心。

总体来看,在拼搏精神的实践中,幼儿教师要做到果决性、坚持性、自控性三者的有机统一,缺乏任意一点,都无法将拼搏精神贯彻到底。

第一,以正确的价值观、是非观为依据,对待事情能够果决地处理。幼儿教育的特殊性在于教育活动多样化,学校经常会组织集体活动,包括游戏、出游、运动等，所以难免出现各种突发状况。作为幼儿教师，必须能够果决地解决这些问题，并且将损失降到最小化。在紧要关头应该毫不犹豫、毫不动摇，要运用适当的方法施行应对之策，万万不可优柔寡断、畏畏缩缩，更不可不顾后果、不负责任，这都是畏难情绪和缺乏意志力的表现。

第二，能够坚持拼搏精神。幼儿教育事业中常出现各种各样因素的干扰。这时，教师应该克服不利因素，坚持心中的教育事业。正如荀子所说："锲而舍之，朽木不折，锲而不舍，金石可镂。"在长期的教育过程中，只有坚持拼搏精神，永不放弃，才能将教育的效果最大化。

第三，要有自控力，在任何时候都不能情绪失控。幼儿是天真烂漫的群体，他们没有任何烦恼，十分活泼好动。有些时候，幼儿的这些特点与行为会让幼儿教师感觉烦躁，从而影响教学的顺利进行。这时，教师一定要有自控力，不能对幼儿进行训斥，甚至打骂，否则极易给幼儿造成极大的心理阴影。另外，根据"压死骆驼的最后一根稻草"理论，教师生活中一些琐事的情绪积累也是比较可怕的，而学校中的一点小事可能就是那一根稻草，但幼儿是无辜的，所以幼儿教师应该学会控制自己的语言和行为，保证课堂教学的顺利进行。

### （三）甘于奉献精神

"奉献"二字最早是独立使用的，"奉"是"进献"的意思，"献"是"献祭"的意思。《现代汉语词典》中解释"奉献"为把实物或意见等恭敬庄严地送给集体或尊敬的人。随着时代的发展，奉献由早期的供奉、献祭、牺牲的含义转变为中华民族普遍认可的高尚情操，体现一种为他人服务的价值取向。奉献精神是一种高尚情操，更是平凡之中的伟大。对于幼儿教师来讲，奉献精神更是必须具备的精神品质。

幼儿教师的奉献精神具体如下：对幼儿教育事业完全投入，一切目的为幼儿，一切出发点也是幼儿，自觉履行自己应尽的义务和职责，要热爱自己的职业，坚守自己的岗位，不为权势所屈。在教育过程中，幼儿教师要全身心投入，奉献自己，全面提高自身的综合素质，争做教育的有心人，才能适应当前幼儿教育改革和发展的要求。

首先，奉献精神要具有自觉性。教师的工作平凡而辛劳，是一个漫长而无止境的劳动创造活动，而且不具时效性，现在所做的努力很可能在若干年后才能看到成效。从这一层面看，如果没有自觉性，教师将不再有奉献精神。所以，幼儿教师在教学工作中一定要有高度自觉，豁达明理、耐寂寞、守清贫，如此才能保持一颗奉献之心。

其次，奉献精神要把爱学生作为根本。孔子说："仁者爱人。"这就是说想要成为"仁智勇"美德兼具的"君子"，必须要爱人。爱是一切教育的动力源泉，是教育基本的出发点。爱是教育的灵魂，成功的教育都是根植于爱的。

最后，奉献精神要坚持平等待人。幼儿教师在对待不同幼儿之时，不可对幼儿抱有偏见，不能因为长相、家境、成绩不同就对幼儿差别对待，而应做到因材施教，不可厚此薄彼。

### (四) 团结协作精神

幼儿教师应当具有团结协作精神。在对幼儿的教育和管理过程中，幼儿园经常会组织班级与班级、年级与年级的集体活动。这就需要教师通过协商，达成共识，共同做好活动策划、安全保障工作。一名教师在采访中坦言，从备课到上课、批改作业、课外活动、教育评价等都是教师群体劳动的结晶，都是教师群体团结协作的结果。很多事情看似容易，实则要耗费多名教师的心血。

假如幼儿教师都缺乏协作精神，每天充斥着淡漠、狡诈，那么他们必然对职业丧失热情，工作效率低下，使教学成为日复一日，年复一年的机械工作。所以，团结协作精神至关重要。

团结协作是指建立在利益、目标一致基础上的思想和行动的统一，以及感情上的和谐。通过教师的团结协作可以保证教育的连续性、一惯性，为学生树立团结进取的榜样；可以增进教师职业生活的幸福感、荣誉感，让教师自身能够体验到安稳的快乐和精神生活的充实；可以集思广益，提高学校整体的思维活跃性，这不仅仅体现在教师身上，对于学校领导、学校发展同样大有裨益。

那么，团结协作精神如果能够真正地贯彻落实呢？首先，学校的教育制度应该注重教师间的交流，定期开展教师交流会，鼓励大家多多发言，如果制度不注重人的发展管理，那么团结协作就只是一纸空文；其次，学校应该鼓励教师进行自我发展和完善，定期举行评比活动，将团结协作能力也作为其中一个重要指标；最后，协作精神需要长期培养，需要教育工作者和管理部门心往一处想，劲往一处使，才能将这一道德情操真正与幼儿教师相结合，成就学校真正的和谐，获得长久的进步。

## 二、幼儿教师的专业素养

素养指一个人的修养，从广义上讲，包括道德品质、外在形象、知识水平与能力等各个方面。在知识经济勃兴的今天，素养的含义大为扩展，它包括思想政治素养、文化素养、业务素养、身心素养等各个方面。

幼儿教师的专业素养包括幼儿教师的专业理念与师德、专业知识、专业能力。幼儿教师作为一项专门职业，其专业素养是指教师在教育教学活动中表现出来的，对学生身心发展有直接影响的心理品质的总和。

本章前两节在幼儿教师的职业角色和职业特点中已经对幼儿教师的专业素养进行了论述，此处不做赘述，仅简述其专业能力。专业能力是指专门从事某种职业或活动所具备的能力。因此，幼儿园教师的专业能力可以理解为教师在从事幼儿园教育教学、保育等一日工作中所表现出来的促进幼儿身心全面发展的能力。

在《幼儿园教师专业标准（试行）》中幼儿园教师专业能力主要包括下以几个方面。

**（一）环境的创设与利用**

（1）建立良好的师幼关系，帮助幼儿建立良好的同伴关系，让幼儿感到温暖和愉悦。

（2）建立班级秩序与规则，营造良好的班级氛围，让幼儿感受到安全、舒适。

（3）创设有助于促进幼儿成长、学习、游戏的教育环境。

（4）合理利用资源，为幼儿提供和制作适合的玩教具和学习材料，引导和支持幼儿主动活动。

**（二）一日生活的组织与保育**

（1）合理安排和组织一日生活的各个环节，将教育灵活地渗透到一日生活中。

（2）科学照料幼儿日常生活，指导和协助保育员做好班级常规保育和卫生工作。

（3）充分利用各种教育契机，对幼儿进行随机教育。

（4）有效保护幼儿，及时处理幼儿的常见事故，发生危险情况优先救护幼儿。

**（三）游戏活动的支持与引导**

（1）提供符合幼儿兴趣需要、年龄特点和发展目标的游戏条件。

（2）充分利用与合理设计游戏活动空间，提供丰富、适宜的游戏材料，支持、引发和促进幼儿的游戏。

（3）鼓励幼儿自主选择游戏内容、伙伴和材料，支持幼儿主动地、创造性地开展游戏，充分体验游戏的快乐。

（4）引导幼儿在游戏活动中获得身体、认知、语言和社会性等多方面的发展。

### （四）教育活动的计划与实施

（1）制定阶段性的教育活动计划和具体活动方案。

（2）在教育活动中观察幼儿，根据幼儿的表现和需要，调整活动，给予适宜的指导。

（3）在教育活动的设计和实施中体现趣味性、综合性和生活化，灵活运用各种组织形式和适宜的教育方式。

（4）提供更多的操作探索、交流合作、表达表现的机会，支持和促进幼儿主动学习。

### （五）激励与评价

（1）关注幼儿日常表现，及时发现和赏识每个幼儿的点滴进步，注重激发和保护幼儿的积极性、自信心。

（2）有效运用观察、谈话、家园联系、作品分析等多种方法，客观地、全面地了解和评价幼儿。

（3）有效运用评价结果，指导下一步教育活动的开展。

### （六）沟通与合作

（1）使用符合幼儿年龄特点的语言进行保教工作。

（2）善于倾听，和蔼可亲，与幼儿进行有效沟通。

（3）与同事合作交流，分享经验和资源，共同发展。

（4）与家长进行有效沟通与合作，共同促进幼儿发展。

（5）协助幼儿园与社区建立合作互助的良好关系。

### （七）反思与发展

（1）主动收集与分析相关信息，不断进行反思，改进保教工作。

（2）针对保教工作中的现实需要与问题，进行探索和研究。

（3）制定专业发展规划，不断提高自身专业素质。

# 第二章 幼儿教师专业发展历程概述

在新时代，为加快推进人才培养工作，我国根据《中华人民共和国教师法》（以下简称《教师法》）特别制定了《幼儿园教师专业标准（试行）》，为我国幼儿教师今后的发展指明了方向，为未来幼儿教师开展保教工作提供了行为准则和基本规范，以及培训与考核的重要依据。这说明对幼儿教师专业发展进行研究具有重要的理论意义与现实意义。

需要注意的是，教育界有教师专业化与教师专业发展两种概念。在笔者看来，教师专业化与教师专业发展均指加强教师专业性的过程，两者是相通的，都属于教师个体与群体不断接受新知识、增长专业技能的持续性过程，是教师的职业相关因素与责任感不断完善与创新的过程。在这一过程中，教师应不断学习、研究，从而达到理想的教育专业水平。为论述方便以及保证逻辑连贯，本书均采用"教师专业发展"这一概念。

## 第一节 幼儿教师专业发展的内涵与环境

### 一、幼儿教师专业发展的内涵

幼儿教师的专业发展是当代热门话题，涉及政府、学校、幼儿教师群体、幼儿教师个人、学生、学术界等多领域。当前普遍认为幼儿教师是一个专门化的职业，这包含两个层面：第一，把幼儿教师当作个体教育人员；第二，把幼儿教师当作教育群体。这是从幼儿教师个体与幼儿教师职业两个视角对幼儿教师专业发展进行诠释的，所以幼儿教师的专业化或幼儿教师专业发展也应当从以上两个层面进行论述。

幼儿教师个体专业化是幼儿教师在平时教学中逐渐提升自我专业水平，

最后成为教育专业工作者的过程。幼儿教师专业发展是幼儿教师作为职业的转变过程，是幼儿教师从最初的"普通人"逐渐转变为"教育者"的提升过程，这包含上一章所述的幼儿教师职业道德、职业情感、职业操守等多方面的努力与提升。下文将对个体教育工作者到专业幼儿教师的转变以及幼儿教师群体专业发展所需要的"土壤"，即社会环境，进行全面的论述。

（一）幼儿教师必须专业

新时代幼儿教师专业发展理论要求幼儿教师必须先是专业的。事实上，20世纪曾有过关于幼儿教师是否应该专业化的激烈探讨，各界专家、学者莫衷一是。支持应当专业化观点的人认为幼儿教师也是一种职业，既然是职业，就要专业，否则"人人皆可为"，就会让行业质量下降，影响教育事业的发展；支持不应专业化观点的人认为幼儿教师虽然是一种职业，但最终目的与其他职业不同，幼儿教师的目的是"育人"，古人云"学无常师"，又有"三人行必有我师"的说法，孔子、韩愈、朱熹等人的言论都表明幼儿教师贵在"言传身教"，与其他职业可谓迥然相异，任何人都有他人值得学习的地方，只要幼儿教师有一定的长处与优势即可。所以，当代很多学者认为幼儿教师势必按照教师专业发展需求去努力。

但是，随着21世纪知识经济时代的到来，传统教育面临着前所未有的考验与变革，幼儿教师必须用专业化思想体系与实践方式完善教育行为，反思教育过程，踏上真正的幼儿专业教学之路。

（二）幼儿教师必须发展

幼儿教师必须持续处于积极的发展状态。两千多年前的哲学家就提出了"一切皆流，无物常驻"等观念，近代马克思主义辩证法告诉我们，包括人在内的任何事物都处于不断发展变化之中。幼儿教师专业化是教育主体慢慢转变的一种客观过程，这一过程具备发展变化的特性，所以幼儿教师必须不断发展，且必须成为不断发展完善中的人。

然而，在现实教育中，人们往往注重学生的发展，注重教育体制的发展与改革，而忽视教育活动的承担者——幼儿教师的发展，事实上，幼儿教师需要与幼儿共同发展、共同进步。

直到"教学相长"理念逐渐引起人们的重视，上述固有思维模式才得以打破。"教学相长"最早出现于《礼记·学记》，指教与学的双方通过互相影响共同学习、共同进步，这体现出了难能可贵的辩证思想。现在的主流观点是，在幼儿教师专业发展过程中，幼儿教师的职业理想、职业道德、职业情感、社会责任感、教育实践能力、教育经验、教育常识、艺术鉴赏能力等方面，都应持续走向完善，同时幼儿教师也应适当汲取幼儿身上的有益成分。另外，幼儿教师发展还包括幼儿教师教育一体化，换言之，教师在完成所有教育课程之后，并不代表不用再学习与进步，而要在教育教学过程中继续学习与发展。

## 二、幼儿教师专业发展的环境

在幼儿教师专业发展内涵得以确定的情况下，幼儿教师专业发展的重要性也随之凸显。幼儿教师群体要想成为专业人员必须通过一系列方法，而无论什么方法、什么途径都需要建立在一定的社会环境与制度之下，总的来看，本书认为幼儿教师专业发展的环境包括国家制度、学校文化、学术组织三个方面。

### （一）国家制度

传统意义上的国家制度是指国家中反映国家本质与阶级属性的基本制度。在幼儿教师发展层面上，国家制定了一系列相关法律、法规、规则、政策作为教育制度，使幼儿教师专业化得以实现。所以说，国家制度是幼儿教师专业发展最重要的"土壤"和保障。

在其他国家中，幼儿教师被制度划分为不同的阶层与身份，如公务员、政府雇员、教育公务员、学校雇员等，虽然各不相同，但这些身份均与国家、政府紧密相连，这表明国家制度与幼儿教师发展息息相关。根据《教师法》相关规定，我国幼儿教师应当热爱教育事业，具有良好的思想品德，具备本法规定的学历或者经国家幼儿教师资格考试合格，有教育教学能力。可见，国家制度为幼儿教师专业发展指明了方向和路径。同时，《教师法》为我国幼儿教师能够继续保持进步与发展提供了支持与保障，赋予了幼儿教师更多的权利。例如，从事科学研究、学术交流，参加专业的学术团体，在学术活动中充分发表意见；对学校教育教学、管理工作和教育行政部门的工作提出意见和建议，通过教职工代表大会或者其他形式参与学校的民主管理；参加进修或者其他方式的培训。以上国家制度为幼儿教师专业发展提供了有利的社会环境。此外，还有技术职称制度、荣誉制度、职务制度等，在此不再过多论述。

### （二）学校文化

每所学校都有自己特有的文化底蕴，它们的历史年代或近或远，可见只要是有教育的地方，便有文化存在。那么，何谓"文化"？在古代中国，"文化"即"关乎人文，以化成天下"，具有用人文思想改变事物之意，是一种富有诗意美感的重文思想。随着时代不断发展，"文化"由最初仅代表内在精神的概念转变为囊括精神财富与物质财富的综合体，具有包罗万象与绵延深长的特征。"文化"最大的功能即"以文教化"，指通过精神层面的内容督促世人朝着更好的方向发展。

民族有民族的文化，学校有学校的文化，学校文化最大的作用就在于熏陶和教化，这种教化不仅对于不同学校、不同幼儿教师的发展具有重要的借鉴意义，还有益于幼儿教师专业发展中的文化建构，在一定程度上决定着幼儿教师专业发展的方向与路径。例如，学校基于当地历史名人而创办，在学校创办与发展中，教师随之持续努力，这样幼儿教师自然而然就可以获得历史文化的滋养，沿着学校文化所指的路径，进而在对相关文化产生兴趣的同时，有益于自己知识量储备增加、思维方式转变、教育层次提高等。

具体来看，学校文化可分为物质文化、精神文化、制度文化、行为文化，分别为幼儿教师专业发展提供相应的物质环境、精神环境、制度环境、行为环境，它们共同作用与影响幼儿教师专业发展。

（三）学术组织

学术组织是从事相关专业领域研究的教育工作者组成的社会实体，学术组织的社会活动包括举办学术沙龙、举办学术研讨会、交流心得、碰撞思想等。

作为高级知识群体，很大一部分幼儿教师加入了相关的教育学术组织。在组织中，一方面，经过不同思想的交流，幼儿教师往往会对自己所处的教育领域产生新的看法，对幼儿教师群体职业化有积极影响。所以，教育学术组织成了影响幼儿教师专业发展的又一重要环境，在该环境下，幼儿教师可以更加纯粹地进行学术交流。另一方面，幼儿教师通过发表自己的看法获得大家的反馈，能够清楚自己关于教育的看法是否正确、是否具有一定的可行性。如果只是"闭门造车"，自己闷头钻研教育知识，不表达也不实践，那么教师通常难以达到既定目的。所以，教育行业的学术组织又为幼儿教师提供了一个检验学术思想的平台。

另外，一些领导人物习惯去学术组织寻找具有潜力的年轻学者，幼儿教师参加学术组织如果被领导选中，能够获得更好的发展空间，这对于他们自身专业发展的意义不可估量。

## 第二节 幼儿教师专业发展的基本历程

### 一、世界教师专业发展的潮流与趋向

对于教师专业发展的演进过程，学术界主要有按照时间发展、按照教师能力发展两种维度的划分方式。

#### （一）以时间为发展脉络

自 20 世纪 60 年代开始，尤其是 20 世纪 80 年代以来，世界开展了大量以提高教师群体专业程度为目的的教师专业发展活动，在一定时期成为教师发展的"新风尚"，很多国家已经将这种活动当作了提高国家教学质量以及促进未来教育发展的主要活动。例如美国、英国，它们在教师专业发展运动中已经取得较多成绩，使教师较早成为一种正式的专门职业。

早在 1966 年，联合国教科文组织在法国巴黎召开"教师地位与政府间特别会议"，会议中提出了《关于教师地位的建议》，表明应把教师当作一门专业，这取决于它为公众服务的形态，同样也是职业特性与时代的要求，教师专业化的进程便由此开始。

1986 年，美国的卡内基教育和经济论坛工作小组发表了《以 21 世纪的教师装备起来的国家》，同年，霍姆斯小组发表了《明天的教师》，两篇报告均提出促进教师专业发展应成为当代教育事业改革的重中之重。他们在报告中还指出医生、律师、警察等一直是西方国家中备受尊重的职业，而此时，教师也应当确立同等重要的社会地位，教师的专业发展也应要具备高要求和硬性规则，这种思想对美国教师的专业发展具有很大意义。

1989 至 1992 年间，关于教师专业发展的报告如雨后春笋逐渐增多，经济合作与发展组织相继发表了一系列有关教师及教师专业发展的研究报告，如《教师培训》《学校与质量》《今日之教师》等等。

1994 年，我国的《教师法》规定教师是履行教育教学职责的专业人员，这表明我国终于也开始提高对教师行业的重视，把教师专业发展纳入了国家相关制度推行计划中。

1996 年，联合国教科文组织第 45 届国际教育大会提出一项主张，即教师专业发展是最有前景的长期策略。

2000年，教师资格制度开始在我国普遍实施。2001年4月1日开始，教师资格认定工作开始进入实际操作阶段。现在，教师专业发展在我国已经取得不凡的成绩。截至2019年，全国各级各类学校共有专任教师1600余万人，其中幼儿教师有200多万人，义务教育阶段教师有900多万人，高中阶段有将近300万人，高等教育阶段有160余万人，他们以专业的能力为我国3亿受教育群体发挥光和热，促进我国教育事业的不断成熟与壮大。

### （二）以教师专业发展的侧重点为发展脉络

从20世纪中叶至今，国内外教育界将教师专业发展形成的不同理论建构分为六种模型，体现出了教师专业发展史上的不同侧重，具体为知识论模型、能力论模型、情感论模型、建构论模型、批判论模型以及反思论模型。

知识论模型：这种模型最注重幼儿教师的文化知识素养以及文化知识传授能力，把学科成绩提升当作唯一目标，把口说面授当作提升幼儿能力的唯一途径，忽略了实践的重要性，更忽略了部分学生活泼好动的特性。后来，在20世纪70年代，知识论模型开始向能力论模型转变。

能力论模型：这种模型除了注重教师的知识储备外，还注重教师的各项能力，教师要在一定的知识素养基础上，具备传授知识、沟通心灵、应对突发事件的能力。

情感论模型：在20世纪60年代，有一批学者认为教师对学生的真情实感是教育成功与否的标准。在他们看来，学生处于未成年向成年转变的阶段，最需要的是家长的关爱，所以，教师如果表现出同等的关爱，能让学生在今后的发展过程中更具活力和自信。

建构论模型：这种模型开始注重教师的发展过程，开始认识到教师专业发展离不开不断的学习与转变，强调教师是成长中的人。瑞士著名儿童心理学家、认知理论的代表皮亚杰认为知识与人一样，同样处于不断地变换与建构之中。

批判论模型：这种模型认为教师应当注重政治、经济、文化等多个领域的知识积累，进而通过这些知识培养自身综合思考的能力。

反思论模型：这种模型主张教师应当具有"反思"的意识，"反思"即对自己的精神与行为进行思考，是一种内向型的思考方式，对自我提升有很大帮助，对于教师专业发展的作用更是毋庸置疑。

在本书看来，上述各类模型中对当代教师发展影响最大的是建构论与反思论，尤其是反思论。自古以来，"反思"一直是一个重要命题，古代教育家孔子提倡"吾日三省吾身",荀子提倡"君子博学而日参省乎已",近代洛克、斯宾诺莎以及现代的教育家都将"反思"视为提升自我水平的"法宝"。在全面推进改革的当代社会中,"反思"变得更加重要,教师应当在教学中不断反思,要贯彻"生本教育""人文教育""自主学习"等多种新型教育模式。同时,我国教育部门也时常强调反思的重要性,所以,无论教师专业发展到哪一阶段,进行到哪一过程,反思断然不可缺失。

### 二、我国幼儿教师专业发展的历程

我国的幼儿教育事业已经有百余年历史,1903年,在当时湖广总督张之洞的策划下,湖北巡抚端方在武昌阅马场寻常小学堂内设立了中国第一所幼儿教育机构——湖北幼稚园,后来更名为湖北省实验幼儿园,是中国公立第一园,开创了中国幼儿公共教育的历史先河。同年,幼师教育机构——湖北幼稚园附属女子学堂的创办,标志着中国幼儿教育事业的开端,对我国的幼儿教育事业的发展具有划时代意义。

在这一阶段,我国在《奏定蒙养院章程及家庭教育法章程》中规定:"乳媪必宜多设……省城至少须在五十以外,……乳媪既多,其中必有识字者,即令此识字之乳媪为诸人讲授……若堂内乳媪全无识字者,即专雇一识字之老成妇人入堂,按本讲授。"从这一规定可以看出,我国最初的保教人员需满足的要求有:一是有生育经验的保姆或奶妈,二是能够识字的人,三是能够按照课本讲授保育工作细则的人。以上是我国幼儿教师的雏形。1907年,上海务本女塾的吴朱哲从日本保姆养成所学成归国,创设了多种新型的幼儿教师科目。此后,随着五四运动的开展,陶行知、陈鹤琴等人大力推广,我国幼儿教育取得蓬勃的发展。1940年,中国第一所公立幼儿学校——江西幼稚师范学校得以创办。

自中华人民共和国成立以来,我国慢慢对高素养幼儿教师开始重视,这使得我国幼儿教师专业发展与教师专业发展运动保持一致,一直处于不断发展之中。根据资料显示,1949年,我国有教师102.3万人。在党的正确领导和群众的全力配合之下,到1965年,全国各类学校发展到127.8万所,教师队伍明显更加壮大。

1952年3月,教育部颁发了《幼儿园暂行规程(草案)》,规定幼儿园教师被称为"教员",随后,我国逐渐形成了关于幼儿教师的不同教育层次和培养体系。20世纪60年代后,以北京师范大学和南京师范大学学前教育专业为代表的高等幼师教育也得以稳步发展。

1977年，邓小平就曾在教育问题上提出"教育要从娃娃抓起"。自1978年十一届三中全会起，我国的幼儿教育事业开始步入正轨，发展速度逐年提升，而教育部发布的《关于加强和发展师范教育的意见》更是让幼儿教师专业发展变得如火如荼。事实上，当时我国已经有了不少幼儿教育机构，不过还不能称之为学校，很多教育机构就是在自家院子里搭建的简易"小学堂"，一所教育机构可能只有一名教师，学生也只有几名，并且绝大多数的幼儿教师不具备专业性，没有人符合幼儿教师应当具备的学历水平。1981年，教育部下发《幼儿园教育纲要（试行草案）》，把"教员"的称呼改为"教师"，这充分说明了幼儿教师地位的提升以及国人对幼儿教师的普遍认可。

1984年2月16日，在上海市展览馆举办的科技成果展上，邓小平看到13岁学生熟练的计算机操作技术后，感触颇深地说出"计算机普及要从娃娃抓起"，这是邓小平再次提到关于幼儿教育的重要问题。针对这一现象，国家有关部门进一步加快了制定相关政策以及法律法规的速度，加强了宏观调控，把幼儿教育摆在了教育事业与国家发展的重要战略位置。

20世纪90年代初，独立幼儿师范学校成为幼儿园师资的主要来源，为了培养优质的幼儿师资，我国教育部多次修改幼儿教师专业发展计划。1994年，我国第一个幼儿教育专业的博士点诞生。

2001年，我国幼儿教师的学历合格率已经从近乎零跃升至50.6%，成为我国幼儿教师专业发展的重要里程碑，取得这样的成绩与20世纪后期对教师专业发展的提倡不无关系，但更在于我国教育观念的转变，以及对幼儿重视程度的提高。

2010年7月颁布的《国家中长期教育改革和发展规划纲要（2010-2020年）》就明确提出："应切实加强幼儿教师培养培训，提高幼儿教师队伍整体素质的要求。"[1]到2012年，教育部表明我国幼儿园专任教师约为147.92万人，学历合格率为96.96%，专科以上占65.13%，可以说，我国幼儿教师专业发展成绩斐然，学历合格率接近百分之百。2018年11月颁布的《中共中央国务院关于学前教育深化改革规范发展的若干意见》则进一步要求"大力加强幼儿园教师队伍建设……切实提高教师专业水平和科学保教能力。"[2]2020年，我国举办了

---

[1] 张勇超，谢姣.近十年来幼儿教师在职培训研究综述[J].宁夏大学学报（人文社会科学版），2019,41(1):185-192.

[2] 张勇超，谢姣.近十年来幼儿教师在职培训研究综述[J].宁夏大学学报（人文社会科学版），2019,41(1):185-192.

第十七届"当代杯"全国幼儿教师职业技能大赛,此次大赛以"创新,源于对教育的感悟"为主题,包含教案、教育随笔、观察记录、案例分析、活动方案、论文、教具制作、环境创设、手工艺术、绘画等项目,这说明我国当代幼儿教师的专业技能、知识素养已经普遍较高,是幼儿教师专业发展成果的显著体现。

## 第三节 幼儿教师专业发展的研究意义

幼儿教育是人生各阶段教育的基础,此阶段是幼儿身心发展最快的阶段,是人第一次实现从家庭到外界转变的阶段,而对幼儿教师专业发展进行研究的目的就是为幼儿这一阶段服务。可见,幼儿教师专业发展的意义与价值不可小觑,对幼儿教师专业发展进行全方位、多角度、系统化的研究很有必要,具有重大意义,这主要体现在两个方面:一是幼儿教师专业发展研究对幼儿的意义;二是幼儿教师专业发展研究对社会的意义。一般来讲,专业发展的意义主要体现在"教育的客体""社会发展情况"等层面,对于教育主体即教师的意义,无非是提升自己各项能力,所叙述的内容大致为专业教师的各项能力与素养,这与第一章的职业素养有很多相似之处,可以不做叙述。

### 一、学者对幼儿教师专业发展的广泛研究

研究幼儿教师专业发展对于中外各国都具有举足轻重的意义,所以,各国学者都对此进行了广泛探讨,从而获得了丰富的研究成果,可谓百花齐放。学者们在各自观点的差异中寻求统一,为学术界提供了宝贵的精神财富。《世界教育大系——幼儿教育》中有:"幼儿园教师应具备的品质是关怀、友好、同情、乐于助人、耐心、礼貌、诚实、敏感、奉献、智慧、信任、热情、善良、理解力、爱和温和。尤其是热情和关怀,它们会让教师将自己的智慧、才能带进课堂,带给儿童。"[1]文章特别强调,教师的职能已经转为越来越少地传递知识,越来越多地激励儿童思考,帮助儿童学会发现,而不是拿出现成的真理。教师必须集中更多的时间和精力去从事那些有效果的和有创造性的活动。以上是英国对于专业幼儿教师的要求。

美国学者普遍认为,"学识""道德""威信""秩序""想象""同情""耐

---

[1] 顾明远,梁忠义.世界教育大系——幼儿教育[M].长春:吉林教育出版社,2000:115.

心""性格""快乐"应当成为幼儿教师必备的专业素质。另外,美国更加重视教育之外的其他能力和素质,例如,教师在教育之前,先要具备"道德"与"同情"等品格。如果作为开发幼儿心智的幼儿教师没有品德,那么就相当于画家没有审美,教出来的幼儿也可能走上歧途。

在德国,幼儿教育的口号是"培养一个完整的人",他们认为幼儿就要凸显其本质特征,即活泼、完整、纯粹,所以幼儿教师必须能够帮助孩子实现他们的完整性。在教育过程中,教师要着重培养幼儿的道德品质和生活习惯;要经常提出问题让幼儿独立思考和解答;要在不经意间做些违反常规的小事,锻炼幼儿的观察能力;开阔幼儿的视野,激发他们的兴趣与爱好;对待幼儿的问题要强调尊重,不能敷衍含糊。

综上,各国对于幼儿教师的专业发展都提出了不同的看法,但是可以看出,每个国家都把幼儿教师是否具有良好品格,以及幼儿教师是否对幼儿进行道德教育作为他们专业发展的重要判断依据。

## 二、幼儿教师专业发展研究对幼儿的意义

通过对幼儿教师专业发展进行研究,学者往往可以为幼儿教师提供更为专业、细致的理论指导和理论支撑,而在科学化、现代化的思想体系下,教师通常能够让幼儿更全面地、更好地发展。

在生活方面,幼儿教师经过专业培训后,具备一定的专业知识,能够根据幼儿生长发育的特殊性以及幼儿身体的特性,制订全方位的培养计划,包括为幼儿营造一个开心快乐的学习氛围,为幼儿合理地安排作息时间与一日三餐,针对幼儿科学地组织体育锻炼,培养幼儿良好的卫生习惯,帮助幼儿提高对周围环境的适应能力,增强体魄和树立自信心、激发好奇心、增强求知欲等。

在学习方面,科学表明,人的智力水平在0～7岁已经发展了80%,所以说幼儿时期是大脑潜力开发的最佳时期。专业的幼儿教师能够适当开发幼儿的大脑潜力,促进幼儿发挥自己的智力和创造力,能够培养幼儿运用感官准确收集周围信息的能力,能够为幼儿传授难度适宜的文化知识,包括读音识字、歌曲演唱等内容。

在心理方面,幼儿园阶段是幼儿性格、品格、习惯形成的关键时期,幼儿教师经过专业发展后,有利于培养幼儿与人为善的性格、纯洁的品格以及良好的卫生习惯,有利于幼儿将来养成遵守社会规范、遵守法律法规的道德风尚。

在美育方面,伟大教育家蔡元培先生早就提倡过美育教育应该作为教育

活动中的一个重点,教师应当做到"五育并举",这样才能培养出完善的人格。经过专业培训的幼儿教师对于"美"有一定的鉴赏力,对于美感教育也是驾轻就熟,这样不仅有利于提升幼儿对于色彩、音乐、肢体协调的掌握能力,使其受到"美"的熏陶与感染,还有利于启发幼儿的自身美感和审美情趣,激发幼儿展现美、表现自己的欲望,更有利于幼儿将来健全人格的形成。

### 三、幼儿教师专业发展研究对社会的意义

幼儿教师专业发展的社会意义在一定程度上是通过对幼儿的意义这一媒介体现出来的。

#### (一)有利于幼儿家庭的和谐

首先,幼儿教师之所以能有效促进幼儿家庭的和谐,是因为他们能够让幼儿成为讲礼貌、懂感恩的孩子,而孩子能够用自己纯洁的心灵为家庭营造和谐的氛围。

其次,在日常生活中,幼儿往往是家庭的核心,每一个幼儿都是家庭中所有大人关注的焦点,幼儿能否获得良好的发展决定了家庭生活幸福与否。

最后,家长由于工作压力大,难免有不顺心或脾气暴躁的时候,幼儿受到教师专业的教育,在个人生活起居方面就可以不用家长操心,他们能够独立完成更多力所能及的事。同时,通过教师专业的教育,幼儿还能适当开发出自己在某一方面的天分,这对家长来说无疑是值得兴奋的事。所以,幼儿教师专业发展有利于幼儿家庭的和谐,而家庭能在一定程度上把这种和谐、快乐带到社会中,分享给身边的人,对整个社会的稳定都能起到一定促进作用。

#### (二)有利于社会未来的发展

既然教师专业教育能够使社会和谐与稳定的氛围更加浓郁,那么在这种环境下,社会政治、经济等领域的发展速度也会稳步提升。

从发展的眼光来看,幼儿是未来社会发展与建设的主力军,他们现在受的教育都是若干年后能够成为国家人才的基础。经过专业教育的幼儿教师会帮助幼儿培养受益终身的好习惯,这些习惯会伴随着幼儿走过小学、中学、大学、工作等所有阶段,使他们在工作中能够更多地为国家出谋划策,而专业水平较低的幼儿教师无法为幼儿提供全面的知识,不利于幼儿良好心态的培养,阻碍幼儿创造力的开发。另外,统计表明,高质量的幼儿教育已经成为社会发展、人类终身教育的重要基础,人类在了解到童年期的重要性之时便已有了这

种意识。基于此，幼儿教师专业发展有利于社会未来发展这一观点也就得到了肯定。

### （三）有利于教育事业的发展与改革

随着《幼儿园工作规程》等法规的颁布与实施，幼儿教育作为"基础教育的重要组成部分""学校教育和终身教育的奠基阶段"的地位已经以法规的形式普遍确立。幼儿教育事业的不断发展促使教师专业发展转型速度不断加快，同时社会对教师专业素质的要求更加严格，这同样也是社会对幼儿教师的考验。

首先，幼儿教师专业发展是幼儿教育改革的主力军和动力之源。当代社会由于信息技术的快速发展，各行各业都面临着信息化转型的要求与考验，在高素质教师培养中会有更高要求，这种情况下培养出来的专业教师必然具有更高的"含金量"，对教育事业起到更多的反思与促进作用。

其次，随着幼儿教师专业发展蒸蒸日上，专业化的教师通过树立自我专业发展与事业发展同步成长的理念能够以自我愉悦、自觉、主动的专业发展带动幼儿教育事业，乃至整个教育行业的转型与发展，这与社会主义现代化要求的教育现代化也是不谋而合的。

## 第四节　农村幼儿教师专业发展的困境

在我国幼儿教育以及幼儿教师发展的喜人成绩背后，还有一些需要重视和重新审视的部分，即农村幼儿教师的发展。众所周知，农村是我国关注的重点，又是我国最具特殊性的区域。很多教育家、思想家均对我国农村教育和农村建设提出过相关的宝贵意见。例如，国学大家梁漱溟注重农村建设，伟大教育家陶行知批评农村教育走错了方向。所以，我们必须提高对农村幼儿教育以及农村幼儿教师专业发展的重视程度。当代农村幼儿教育的突出问题依然存在，有学者认为："幼儿教育脱离了学前教育儿童的身心发展规律与特点，在教育内容、教育方法、教育评价等方面向小学阶段的教育标准看齐。"[①]

---

① 金日勋.幼儿教育小学化倾向的表现、原因及解决策略[J].学前教育研究,2011(3):41-43.

## 一、教学困境

### （一）农村教师无法获得专业保教知识

幼儿教育的特殊性在于"保教结合"，具体而言，教师既要做好针对幼儿的安全教育、习惯培养以及性格引导等工作，又要做到寓教于乐，教授幼儿一些简单的知识。

但是农村幼儿教师在"保教"方面做得并不完善，一方面，很多民办幼儿园的教师没有掌握专业的教学方式，容易忽视幼儿的身心发展规律，以对待小学生的方法对待幼儿，经常给他们布置繁重的课业，认为这样有助于提高他们的成绩，益于他们综合进步成长。可实际上，这样恰恰不利于幼儿全面健康成长。另一方面，一些教师采取"只保不教"的教学模式，与此同时，他们要么缺乏教师素养，要么缺乏职业热情，仅相当于幼儿的保姆，对幼儿的人格塑造、性格与爱好的养成起不到很好的作用。

### （二）农村教师教学"小学化"现象严重

由于缺乏相关素养，很多农村教师片面地认为幼儿教育应该更注重知识的传授。当然，这与农村家长的观念也有关，他们认为自己的孩子能够认识更多的字，会做更多的题，就说明幼儿园做得好、教师教得好。实际上，掌握很多知识对于幼儿来说并不是最重要的，况且幼儿的接受能力在这个时期内也很有限，输入过多的知识会使幼儿过于疲劳，产生厌学情绪，甚至会对他们的心理和情绪产生不良影响。《幼儿园教育指导纲要》把幼儿教育科学地分为健康、社会、科学、语言、艺术五大方面，这样比较符合新时代教育全面发展的方针。但遗憾的是，大部分农村教师忽视了这一纲要，他们把教授各个学科的知识当作幼儿教育的全部，甚至还加大教学内容的难度，如把小学 1～3 年级的题目拿来给幼儿做，这是完全错误的。

另外，幼儿园教育方式的特性在于偏向日常活动，包括众多游戏、实践课程，但农村幼儿教师习惯用管理小学生生活的方式管理幼儿，他们忽略了幼儿的特征，如自由、快乐、兴奋、活泼等。幼儿教师采取小学化的管理方式，根据课表时间来安排幼儿的作息时间，过于机械化并不适合幼儿的发展。

## 二、制度困境

### （一）农村教师缺乏专业发展经费

农村幼儿教师专业发展比城镇需要更多经费，这是由农村落后的经济环境与较为偏远的地理环境共同决定的。《浅析农村幼儿教育问题》一文中指出："北京师范大学教授、中国学前教育研究会理事长冯晓霞介绍，'我国政府学前教育投入大概只占到教育经费的1.3%，而国际平均水平是3.8%，我国教育不公平的现象，整体来讲就是政府投入不足，而1.3%的投入没有投向最需要的人群'。"[①] 可想而知，农村幼儿园的教学条件是很简陋的，有些依靠当地乡镇政府、农民集资，或者公益部门筹款，但是治标不治本，不能从根本上解决问题，资金问题仍然是普遍的困扰，这使得农村幼儿教师无法获得更专业的发展。

### （二）农村教师缺乏专业发展制度保障

相关部门对农村教育重视程度不够，导致相关政策贯彻力度明显较小，农村教师发展举步维艰。

首先，虽然国家对于教育事业已经有了一些支持，但是主要针对幼儿以上阶段的教育，尤其是高等教育，同时也更加关注经济发达地区的教育事业。而对于农村，尤其是农村幼儿教师的发展，政府却没有投入较多的资金，这就使偏远、落后山村的教师根本得不到教育部门的扶持。

其次，由于农村幼儿教育相关人员对幼儿教师专业发展重视度不够，管理能力欠缺，人数也不多，而且在监督、管理上浑水摸鱼，导致协商、决策等行为缺少一定的系统性、协调性、高效性，存在相当大程度的懒散情况，缺乏应当有的管理力度。一些组织、相关部门会对行政过程睁一只眼闭一只眼，所以无法为幼儿创设秩序井然的幼儿教育环境，不能促进良好的教育风气的形成。

最后，农村幼儿教师作为一线教育工作者，相对来说应该是最了解幼儿情况的人，但能够对机制、保障起到作用的不是最了解相关情况的人，反而是不太了解幼儿情况的管理阶层，他们缺乏一定的实践性和专业性。同时，有的学者认为"教师权益的现实保障是吸引和留住农村幼儿教师的关键，但当前农

---

① 孙伟峰.浅析农村幼儿教育问题[J].大众文艺,2012(1):232-233.

村很多幼儿园面临教师数量短缺、年龄偏高、质量较差、发展受限等问题，严重阻碍了农村学前教育的可持续发展"。① 很多农村的年轻幼儿教师看不到发展的希望，转而走向城市，这使得农村教育更加衰微。总的来看，国家关于农村幼儿教师专业发展的制度仍不健全，相关部门对制度的贯彻仍不理想，教师专业发展仍不受重视，这些因素共同造成了农村幼儿教师人才外流的局面。

## 三、理论困境

注重专业发展有利于幼儿教师更好地投入教育活动，取得更好的教育效果，最终推动"人的全面发展"。

现实情况是，农村幼儿教师与其他人员并没有将"人的全面发展"当作重中之重。由于教学与制度的困境，农村幼儿教师并不能真正实现专业发展，所以他们无法意识到"人的全面发展"的重要性，而只是对幼儿日常起居进行照顾，以及向幼儿讲授知识而已。那么，什么是"人的全面发展"呢？

### （一）"人的全面发展"

"人的全面发展"是指人的劳动能力的全面发展，即人体智力、体力的充分、协调、统一的发展。这种教育方针在我国的首次制定是在20世纪50年代，毛泽东在1957年提出："我们的教育方针，应该使受教育者在德育、智育、体育几方面都得到发展，成为有社会主义觉悟的有文化的劳动者。"

"人的全面发展"是各学科、领域的共同追求，教育学也不例外。两千多年前，古希腊三贤之一的教育家、哲学家亚里士多德曾提出"和谐教育"，目的就是使人成为全面发展的人，各项能力要协调、均衡发展。18世纪的法国启蒙思想家卢梭也认为教育的目的和本质就是促进人的自然天性，即自由、理性、善良的全面发展。

### （二）"人的全面发展"在我国的进程

20世纪50年代开始，"人的全面发展"思想开始逐渐融入我国教育方针，十一届三中全会后，人的问题和全面发展更加突出。随着社会不断发展，人们对"人的全面发展"的研究变得更加多元化和深层化。

在20世纪80年代，教育学、哲学、社会学领域大力宣扬人的存在与人

---

① 张泽东,安晓敏.农村校办幼儿园生存状况调查研究——以吉林省为例[J].陕西学前师范学院学报,2017,33(10):17-21.

的价值，关注作为主体的人的本质与归宿，与古希腊时期的哲学家有相似的追求。苏格拉底把哲学从天上拉到了人间，普罗泰戈拉要求把人的主观作为判断一切价值的准绳，即以人为核心，是新时代"以人为本""科学发展观"理论的前驱。在这一阶段，最具代表性的文章为《马克思的"人的全面发展观"概览》，它详细论述了全面发展的内涵，对于我们理解上述思想有深刻的指导意义，不仅仅在教育层面和人的发展层面，甚至其他领域也可以从中吸取时代的精髓。

我国的教育方针提到：要坚持统筹兼顾，科学准确地协调教育相关领域的关系，使教育活动更加全面、协调、稳定与高效；要尊重教育过程的客观性、持续性，不能急于求成，而教师需在教育教学工作中遵循脚踏实地、理论实践相结合的正确方针；要清楚地认识到受教育群体个性与共性的关系；要在新时代下，改变旧时代的教育观，改变重知识、轻体育的旧思想，要强化文化教育与文艺教育的结合，强化知识教育与创新实践能力的提升，优化教育体制的资源分配，朝着"人的全面发展"这一历史目标稳步前行。

### （三）"人的全面发展"在农村的尴尬处境

农村幼儿教育工作者的工作理念与"人的全面发展"理论不符，他们没有把促进幼儿的全面发展当作教育的主旨，没有在教育观中渗入整体化、综合化的成分，没有鼓励各学科的相互融合和渗透。

心理学也认为，任何一种创造性的才能都是人的知识、身体、道德、审美共同作用的结果。但是，全面发展不等于"面面俱到"，更不是"全面平庸"，这容易使个性失去原本的意义，为此，教师必须要因材施教，使学生的个性、共性共同发展。因为，每一个受教育者，都是个性与共性的矛盾体，他们既有与他人相似的接受能力、智力水平，又有各自所擅长的项目。要做到全面促进个性与共性和谐统一，教师就要以学生为本，强调个体专长与爱好。目前的"生本教育"即由此演化出来的教学理念。

农村幼儿教师很多不能注重全面发展理念，所设课程不能引领学生将来的发展方向和趋势。科学表明，如果一个人从来没有接触某一领域的相关内容，那么他们多数在将来的人生发展中对该领域会有更多的排斥感，这样一来就很难取得成绩，更无法产生学习的动力。所以农村幼儿教育必须要注重"人的全面发展"，要让课程多元化，使幼儿能够接触更多科目，有更大的发展空间。如果课程内容过于单一，他们将无法发现自己在其他学科领域的天赋，难以增强学习动力，不利于自身形成完备的知识结构，同时个性需求也无法得到满足。

鉴于以上"三重困境",我国农村幼儿教师的专业发展显然已经迫在眉睫,政府、学校、社会都需给予较高重视,进而对我国农村幼儿教师的专业发展提升途径与专业发展需求进行研究,并且要注意与时俱进。

# 第三章 农村幼儿教师专业发展需求——教学层面

《幼儿教师专业标准（试行）》指出，专业幼儿教师应当为幼儿提供适合的教育，保障幼儿快乐健康地成长。所以，农村幼儿教师需要学会多种教学方式，而目前教育界比较推崇的教学方法有游戏教学、科学教学、启发教学等，下文将对它们进行系统性论述，力求以全面的教学方式丰富和深化农村幼儿教师的专业发展需求内涵。

## 第一节 游戏教学

游戏教学法就是以游戏的形式进行教学，把教学融入游戏过程中，以游戏为载体充实教学活动，让教学活动变得更具现实性，更容易让幼儿接受。将"游戏"与"教学"二者巧妙地结合，从而诱发幼儿对知识学习产生兴趣的教学方法，被称作游戏穿插教学。陈鹤琴曾说："游戏对小孩子有什么好处呢？游戏可以给小孩子快乐、经验、学识、思想和健康。所以做父母的不得不注意游戏的环境，使小孩子得到充分运动。"

### 一、游戏教学的相关概念

#### （一）游戏教学法的来源

游戏教学法由来已久，古希腊就有游戏教学的思想，雅典城邦极为重视玩具教学的作用，包括当代幼儿喜闻乐见的铁圈、小汽车、泥娃娃等。柏拉图在《理想国》中认为，游戏并不单单代表玩耍和享乐，还能取得知识教育、道德教化所无法达到的效果，所以学习应当与游戏相结合，要具有一定的规模，不可一味地机械学习。不过游戏中一定要遵循公平原则，这样有利于培养幼儿遵规守法的品质。

公元11世纪，我国也出现了明确关于游戏教学的论述，程颐云："教人未见意趣，必不乐学。"这是说教育过程没有乐趣存在，受教育者一定不愿意学习，这样学习的效率自然较低。公元16世纪，人文主义者康帕内拉认为，幼儿应当在3岁左右开始学习字母，并在学习字母的过程中结合图画，这样便于加深幼儿的记忆和促进抽象思维发展，另外更要注意将游戏与学习结合起来。英国著名经验主义哲学家洛克在提出白板说的同时，进一步提出教育应当符合幼儿的年龄特点，充满趣味性和创造性，让学习成为一件妙趣横生的事，使学习和娱乐融为一体。当幼儿对学习产生兴趣时，他们会把学习和上课作为自己童年时的"追求"，自觉进行学习。法国哲学家卢梭认为幼儿最好在生活和游戏中学习，因为这样除了能够激发幼儿的兴趣，让他们快乐学习之外，还能让游戏中的常识启发幼儿学习，使他们从中了解更好、更高效的学习方法。不过他的思想中对于游戏的重视程度稍显过度，他曾认为幼儿必须离开折磨他们的书本，在游戏中度过童年，这种观点是有待商榷的。但不可否认，自两千多年前的古希腊起，世界各国的哲学家、思想家、教育家都对以幼儿为对象的游戏教学法进行了独特的思考，并提出了较为可行的建议。虽然此时的幼儿游戏教学法不具有整体性和系统性，但是这些游戏与教学结合的思想以及某些教学手段，为我们当前研究幼儿游戏教学法提供了宝贵的思路。

### （二）游戏教学法的近代发展

1. 福禄贝尔

德国教育学家福禄贝尔是第一个系统研究游戏教学法的学者，自福禄贝尔起，幼儿教育体系和游戏教学理论才具有比较完整确定的形态，他一生致力于研究幼儿教育，为幼儿园发展、幼儿教育事业发展做出了巨大贡献。

在教育活动中，福禄贝尔主张教学应适应儿童的发展，遵循儿童的本性，而且注重以儿童的自我活动为主，教师只为儿童提供条件，而不干预儿童的活动，充分发挥儿童的主体性，同时还需提高对各种游戏的重视程度。他在《幼儿园教育学》中说道："游戏是儿童活动的特点，通过多种游戏，儿童的内心活动和内心生活变为独立、自主的外部自我表现，从而获得愉快、自由和满足，并保持内在与外在的平衡。"[①] 以上内容充分表明了福禄贝尔所提倡幼儿教育思想的先进性。

后来，福禄贝尔又致力于研究幼儿教学中需要应用到的玩具，让玩具能

---

① ［德］福禄贝尔. 幼儿园教育学[M]. 北京：中华书局,2012:29.

够更好地促进幼儿学习，开发幼儿智力。此外，他还发明了"恩物"与"作业"，何为"恩物"与"作业"呢？"恩物"就是游戏活动材料，关于儿童活动的材料可分为游戏和作业两大类别，一共有 20 种，前 10 种为游戏玩具，后 10 种为作业用具，简而言之，就是现在幼儿园中常用的教学用具与材料。"恩物"体系在本质上发展了裴斯泰洛齐的实物教学思想，认为幼儿教学应当从简单到复杂，从可感事物到抽象事物，循序渐进，由浅入深。同时，应当注意幼儿思维特点的表面性和部分性，也就是幼儿的注意力常常集中在事物的表面和局部，教师通过实物教学能够让幼儿从表面和局部开始循序渐进地认识事物的内部和整体。注重各个环节相互连接的特性，注重引导幼儿慢慢学会分析与综合思考，从而使幼儿形成富含想象能力、情感能力、综合能力、创造能力、观察能力等多种能力的整体性思维观。可见，福禄贝尔在教学教具和开发幼儿思维方面都作出了巨大贡献，让幼儿游戏教学得到极大发展。美中不足的是，尽管福禄贝尔在游戏教学上卓有见识，但他推行的教学理念过于重视教师引导和管理，没有做到完全开发幼儿自主、自觉、主动参与游戏的特性，而这些意大利教育家蒙台梭利做到了。

2. 蒙台梭利

20 世纪上半叶，蒙台梭利把幼儿教育与游戏教学法推向又一高峰，他创办了"幼儿之家"，把幼儿教育理论与教学实践结合在一起，运用自己制作的教具对有智能障碍得幼儿进行针对性教育，促进他们智力向正常水平转变。总的来说，这套教具包含三部分：第一部分是实际生活训练或动作教育教具；第二部分是运用于感官教育的教具；第三部分是运用于读、写、算准备练习的教具。在以上不同教具的配合之下，教师能够针对不同类别的幼儿，基于不同的教育目的做出各种教育实践，具有极高的教育价值。然而，蒙台梭利虽然做到了重视幼儿的自主性和自由性，却过于依赖教具，忽视了幼儿与幼儿教师之间的沟通和交流，所以他的游戏教学法仍然有所不足。

3. 杜威

与蒙台梭利同时代的美国教育家杜威从著名的"活动"理论体系出发，强调幼儿"从做中学，从经验中学"，在主动作业中运用思想，而主动作业包括游戏、竞技、建造等，其中以游戏为主。该活动促使幼儿的思维正确反映客观实际，从而使幼儿能够在作业过程中以充沛的精力解决各种问题。

总的来看，从古至今，幼儿游戏教学一直处于未间断的发展之中，西方国家相较于我国发展得更早、更系统，不过也有不足。例如，过于重视幼儿教师的引导，忽视幼儿自主性；过于重视教具，忽略思维开发等，我们应当辩证地吸收历史中游戏教学理论与实践的有益因素。

（三）游戏教学在我国当代的发展

从1919年开始至今，我国的游戏教学发展历程可分为以下三个阶段。

1. 第一阶段（20世纪20年代至20世纪40年代）

我国在这一时期开始吸收和引进国外先进的幼儿教育经验与技术，主要代表人物为陈鹤琴。在他看来，幼儿游戏教学的可能性以及必要性取决于幼儿的力量与能力发展以及幼儿好动的天性。从幼儿以上特点入手进行游戏教学，能够顺应幼儿的发展特征，所以应当让游戏成为幼儿园教学中不可缺少的组成部分。于是，教育部在1929年拟定的《幼稚园课程暂行标准》，把游戏教学定为幼儿园教学中仅次于书本课程的重要教学内容。幼儿游戏教学在此时主要包括计数游戏、故事表演游戏、唱歌表演游戏、节奏和舞蹈游戏、感官游戏、模拟游戏、传统游戏等。

2. 第二阶段（20世纪50年代至20世纪60年代）

此时我国的幼儿教育理论与实践开始全面向苏联学习，以社会文化学派心理学理论为基础的游戏理论对我国幼儿游戏教学发展进程产生了巨大影响，其中包括强调幼儿心理作用、强调游戏社会本质、强调教师的影响。此时，我国幼儿游戏教学虽有明显进步，但显然缺乏我国本土化的游戏教学特征，并不利于中国式幼儿教学活动的开展。

3. 第三阶段（20世纪70年代至今）

大概从1980年开始，我国幼儿游戏教学开始蓬勃发展，在改革开放的引领之下，迸发出了旺盛的生命力。在此期间，我国教育家、专家学者开始广泛翻译国外的优秀教育著作，如《锻炼儿童思维的游戏》《游戏的心理和指导》《幼儿游戏与智力启蒙》《游戏中的儿童教育》等。另外，我国学者自己创作了如《实用婴幼儿游戏》《幼儿智力开发与游戏》《儿童游戏创编与教学》等著作。我国的游戏教学实践主要侧重于应用性的游戏编排。

在这之后，我国的幼儿教育事业又发生一系列转向，在重视幼儿游戏的基础上，开始注重"人"这一主题，尊重幼儿的人格、权益，尊重幼儿的创造性、能动性，相关的著作有《在活动中成长——幼儿游戏》《儿童游戏——游戏发展的理论与实务》《幼儿园游戏评价》《小学游戏教学论》《幼儿园游戏》《幼儿园游戏指导》《幼儿园游戏教学论》等。此外，1993年，我国在上海召开首届"全国幼儿游戏与玩具研讨会"，再次扩大了幼儿游戏教学的规模和影响力。会上表明，幼儿园游戏与玩具的教育作用、游戏分类、游戏指导方法、游戏评价值得肯定,不过幼儿教师与幼儿的关系问题仍值得重视和研究。

进入21世纪以来,随着《幼儿园教育指导纲要》施行以及学界对于陶行知、陈鹤琴等学者相关思想的研究,幼儿园越来越重视开发幼儿的各种能力,力图通过游戏引发、支持、促进幼儿的一切学习活动,在幼儿教师和幼儿的关系上也提出了新的见解。例如,鼓励幼儿教师与幼儿做朋友,鼓励幼儿教师与幼儿共同游戏,而不是幼儿教师引导幼儿游戏,自己却不参与其中。

### (四)游戏教学法的意义

随着社会不断发展,教育模式正在迎来一场前所未有的变革,抱残守缺不是办法,运用新的游戏教学法是时代的必然要求。

第一,集中幼儿的注意力。大部分幼儿都十分喜爱参加游戏,他们在游戏过程中可以更好地集中注意力,会使他们心情愉悦、思维敏捷。如果在此时将一些知识元素加入游戏中,能够让幼儿在高度集中精力的情况下加速吸收知识内容。

第二,培养和开发幼儿的智力。通过科学的游戏活动,农村幼儿教师能够锻炼幼儿的观察力、反应力、想象力等多种能力。

第三,活跃课堂气氛,提高学习效果。在炎热的夏季午后,不仅幼儿,就连成人也会忍不住犯困。进行游戏性教学,能够让幼儿和教师共同营造一种活跃、轻松的氛围,在这种氛围下,幼儿能够更快速地转动脑筋,更努力地思考问题、回答问题,从而获得更高质量的学习效果。

第四,培养幼儿的公平、合作、竞争意识。大部分游戏活动具有一定的比赛性质,都要在最后分出输赢,还有些游戏含有合作与公平的成分,在游戏过程中,幼儿都会想取得胜利,夺得第一名,这就需要教师做到公平对待。长期参与游戏活动,如木头人、投篮入筐、转呼啦圈、组队跳绳、组队滚铁圈等,幼儿能够学到公平、合作、竞争精神。

第五,很多游戏具有一定的启发性,能够促使幼儿获得心得感悟,萌生对于某种事物的热爱。举例而言,词语接龙游戏是一项适合在课堂教学中穿插开展的活动。教师以一个词语开头,后面的幼儿依次接龙,教师不必对词语的正确性太过较真,重点在于幼儿在游戏中体会到快乐,认识新的汉字,巩固自己对于已知汉字的理解。另外,这样还可激发出幼儿对汉字的热爱,甚至启发幼儿深化对语言内涵的体会,对幼儿今后的发展具有深远影响。

## 二、农村幼儿游戏教学实践的原则

在农村幼儿游戏教学活动中,要注意以下几个要点。

### (一)目的性

游戏教学不是单纯地把游戏和教学捆绑在一起,所以教师应当从转变观念开始入手,把游戏、生活、学习真正融合在一起,使它们成为一个有机整体,进而通过一些小游戏活跃课堂气氛,引起幼儿注意,并利用这种形式进行授课。进行游戏教学的目的不是单纯让幼儿玩游戏,而是要把游戏当作手段和载体,让幼儿在游戏中学习知识、开发思维、启蒙思想,才是游戏的最终目的。所以,农村幼儿教师应当明确,游戏是为教学服务的,必须与教学内容密切相关,在设计游戏之初就要想清楚游戏能否对教学产生帮助。简而言之,不要为游戏而游戏,要为学习而游戏。

### (二)启发性

幼儿参与游戏是为了获得知识,而学习知识的重点不在于死记硬背,在于从中得到启发,所以,游戏的启发性也是游戏教学的重要原则。启发性原则是指在游戏教学中,教师要承认幼儿在活动中的主动性,重点调动他们的游戏主动性,同时在活动中发挥自身引导作用,引导他们独立思考,积极探索,生动活泼地参与游戏和学习,从而能够自觉地掌握知识,并提高分析问题和解决问题的能力。

例如,"摸东西"这个游戏就很具有启发性,教师先准备一个物体,不可为尖锐物体,也不可为具有刺激性气味的物体,也不能选取触摸感辨识度很高的物体,可以选取一些柔软的棉织物,接着让幼儿蒙上眼睛,通过触摸来判断摸到的是哪种物体。在这一游戏过程中,幼儿能够极大地开发自己的大脑,运用多方面的思维能力,从记忆中搜寻可能的事物,这种头脑风暴与触摸手感相结合的方式对幼儿大脑思维具有很大启发性。又比如,幼儿教师通过多媒体屏幕展示几个抽象的图形,图形是某种物体的平面效果,并且不具备颜色,就像一个影子一样,然后让幼儿猜。假如是一个与圆类似的形状,幼儿可能会猜那是一个球、一个苹果、一个橘子、一面钟等;如果是方形的,幼儿可能会把方形猜成一本书、一张照片、一幅地图、一台电脑等。在这个游戏中,幼儿大胆地发挥自己的想象力来猜,运用自己所学的知识来表达,可以起到很好的旧知复现和整合作用,同时也有效培养了其自身的想象力和创造力。

### （三）多样化

针对幼儿所进行的游戏教学应该多样化。首先，不同游戏有不同的针对性，有些游戏侧重锻炼幼儿的手脑协调能力，有些游戏侧重锻炼幼儿的随机应变能力，有些游戏侧重激发幼儿的创造能力和创新意识，而有些游戏能够激发幼儿的学习热情，对其未来的学习和成长起到促进作用。其次，如果长期进行同一种游戏，会让幼儿丧失对该游戏的热情。游戏之所以能够取得良好效果，就在于它的"新鲜"，如果游戏者已经习以为常，那么游戏将无法发挥应有的作用，所以农村幼儿教师应当开动脑筋，不断设计新鲜的游戏，或者在原有游戏的基础上进行升级、翻新，以适应以后的教学需求。针对农村幼儿园的玩具、游戏经费不足等特殊情况，幼儿教师可以收集一些能利用的废旧物品，和幼儿一起做一些简单实用的游戏道具，同时也锻炼了幼儿的动手能力，为幼儿创设一个良好的游戏环境，设计富有农村气息的多样游戏。例如，用稻草编辫子、搓绳子、玩跳绳、跨绳、抓尾巴等游戏；在瓶子里装上不同量的水制作打击乐器进行演奏。除此之外，纵横交错的田埂是幼儿天然的平衡木；小水沟是练习跨越的天然资源；小土坡是幼儿攀爬、躲藏的好去处。

### （四）地方性

农村教学要着重体现农村的地方性，把地方性作为游戏教学的优势与特色。事实上，每一座村庄都有自己的独特之处，一方水土养一方人，在不同环境下，会产生不同的文化底蕴，而幼儿教师在游戏活动中就要充分体现地方文化底蕴。有些农村环境秀美、依山傍水，有的农村毗邻大海，拥有丰富的水产以及多年的滨海文化。例如，天津杨柳青具有年画文化；新泰市南泉头村有老寨山战斗遗址红色文化；安徽太和有"书画艺术之乡"的美称等。农村中的游戏教学需要教师把农村当地特色与教学活动紧密结合起来，这样不仅能在游戏中向幼儿传输知识，提升幼儿能力，还能让他们了解地域文化、提升文化素养、陶冶艺术情操、牢记历史使命。虽然他们以当前年龄无法完全领会某些事物，但是教师经常进行相关教育，就可以促使幼儿在潜移默化中改善对文化的态度，增强热爱家乡和建设家乡的使命感。

### （五）时代性

时代性要求游戏活动反映社会发展的脉搏。如今，农村经济发展较快，新鲜事物层出不穷，反映现代文明的物品也很快在农村出现和普及。如电脑、电话、有线电视、农民文化街的出现、乡镇企业的崛起等。这些能反映家乡发展与变化的新生事物都可以在游戏中得到反映和体现。

### 三、农村幼儿游戏教学的实践案例

农村幼儿园的游戏设计应该多样化，这样不仅能培养幼儿自主学习的意识，还能让幼儿学到生活中的常识，以及其他地理、文化知识。如二十四节气游戏（包括立春游戏、立夏游戏、寒露游戏、大雪游戏等）、民俗民风游戏（包括元宵节游戏、端午节游戏等）等，这些游戏均可在一定程度上提升幼儿的文化素养。实际上，根据幼儿在幼儿园中的大、中、小班的区分，游戏同样分为大、中、小班三大类游戏，这样更符合各年龄阶段幼儿身心发展的特点。

#### （一）农村幼儿园小班的游戏

小班的幼儿刚刚离开家长进入校园，有可能会对新环境感到陌生和排斥，进而产生一些焦虑感，教师应当组织一些贴近生活的多元形式的游戏活动，如唱儿歌、讲故事、听歌曲、进行情景游戏等，让小班幼儿快速融入集体，适应新的环境和生活方式，促进其身心健康发展。

1. 我来做"爸爸""妈妈"

由于小班幼儿可能存在想念父母的情况，因此，教师有必要为他们提供一些洋娃娃，让他们进行角色扮演游戏，扮演洋娃娃的父母，这样既有趣味性，还能缓解新环境带来的压力。在游戏中，幼儿能够体会为人父母的责任感、成就感，体会到父母对自己孩子的无私和辛劳，能够慢慢地形成换位思考和替他人考虑的美好品格，还能学到照顾他人的小技巧。

第一环节——幼儿教师问："小朋友，假如你已经成为洋娃娃的父母，你会怎么做呢？你会为自己的洋娃娃购买什么样的礼物呢？"（在这一过程中，教师要有感情地引导幼儿进入游戏环节，让幼儿发挥想象，真正把自己当成大人，并鼓励幼儿大胆想象、大胆表达。）

第二环节——幼儿自主选择角色，并且开始进行角色扮演游戏。幼儿教师可以问："小朋友们，你们有没有发现今天与往常有所不同呢？这么多的洋娃娃都没有父母陪伴，一会儿就请你们做他们的父母，好好照顾他们，好吗？"（这一环节目的在于使幼儿明确在接下来的游戏中要做的事，即照顾洋娃娃，展现幼儿内在的真善美。）

在该环节中，幼儿教师也可以亲身示范，如以母亲的身份抱着洋娃娃，哄她睡觉、喂她吃饭、喂她吃药，或者带着洋娃娃去逛街、买礼物、做游戏等。

第三环节——幼儿教师与幼儿共同欣赏和点评游戏。在这一过程中，幼儿教师有必要鼓励每一位幼儿，具体不论该幼儿表现好不好，教师都应当投以赞许的目光，这样不仅能取得更好的课堂效果，还能激发幼儿身上照顾他人的美好品质。

2."老鹰"捉"小鸡"

老鹰捉小鸡能够极大地调动幼儿的积极性，锻炼幼儿的肢体协调能力和运动能力，还能增进幼儿教师和幼儿的感情。

第一环节——幼儿教师带领幼儿集体进行热身活动，接着由幼儿教师扮演"老鹰"，幼儿扮演"小鸡"，并使幼儿排队站好，做好游戏前的准备。

第二环节——游戏开始，在游戏过程中，教师可以与幼儿进行对话。例如，教师："我做老鹰转个圈，一把捉住你。"幼儿："我做小鸡叽叽叽，吃白米。"这样的对话既能丰富游戏的内容，又能让幼儿尽快进入游戏中。

第三环节——在游戏中，教师不能速度过快，那样容易让幼儿崴伤脚，应该把游戏节奏放慢一点，在适当时机"出击"，分别抓到所有的"小鸡"后游戏结束。游戏结束之后，教师要查看是否有幼儿受伤，并帮助所有参与游戏的幼儿放松身体。

## （二）农村幼儿园中班的游戏

中班的幼儿比小班幼儿有更多的精力和游戏兴趣，并且能够根据自己的喜好提出和选择将要进行的游戏项目。所以，中班的游戏可以采取投票的形式选定，而不是像小班一样，完全依教师选择，比如，"汽车钻山洞"的游戏。

第一环节——幼儿教师先准备三种不同颜色的小汽车玩具模型，准备一个比三辆小汽车总长度要长并且能够容纳小汽车穿过的空心硬纸筒。

第二环节——幼儿教师把三辆小汽车连接起来，让它们钻进"山洞"，等所有汽车都被纸筒挡住后，向幼儿提问："小朋友们，你们仔细观察，看看是哪个颜色的车先进去？哪个颜色的车紧跟第一辆车进去？哪个颜色的车最后进去？"随后把小车拉出，证实幼儿的回答。

第三环节——幼儿教师把车倒着钻进"山洞"，等所有汽车再次被纸筒挡住后，提问："小汽车倒车啦，小朋友们，你们再仔细观察，看看是哪个颜色的车先进去的？哪个颜色的车紧接着进去？哪个颜色的车最后进去的？"随后，再次把小车拉出。

通过这种课堂游戏，教师能够帮助幼儿更好地辨明不同颜色的区别和顺序，还能锻炼幼儿感官、回忆等各方面的能力，让他们养成善于观察、善于回忆的好习惯。

### （三）农村幼儿园大班的游戏

相较幼儿园小班和中班，大班的游戏方式与游戏主题都要显得更加丰富，游戏会运用到多种道具、材料，而且幼儿通常有一定的思维推理能力。例如，运用积木、泥土建造指定的建筑模型，这种游戏教学有利于开发幼儿的智力、创造力、动手能力。另外，扔沙包游戏、剪纸游戏等有助于锻炼幼儿肌肉的灵活性和注意力的集中性等。

1. 剪纸游戏

剪纸是我国传统的民俗艺术，是手工艺品的精华与代表，让大班幼儿进行剪纸游戏，有利于他们了解传统文化，提高动手操作能力。游戏环节如下。

第一环节——收集课堂剪纸游戏需要用到的相关材料，包括剪纸艺术品、各种卡纸、安全剪刀、胶水、胶棒、各色的荧光笔等。

第二环节——首先，教师带领幼儿欣赏优秀的剪纸作品，培养他们对剪纸艺术的审美，使他们了解剪纸背后所蕴含的中国文化，同时针对不同的剪纸图案与颜色的特点，教给幼儿一定颜色搭配的技巧；其次，鼓励幼儿进行剪纸游戏，先将长方形的卡纸对边折四折，用荧光笔画出自己想要剪出的图形，勾画图案的时候要注意对称美学，图案不能过于随意和夸张，然后把图形沿着轮廓边缘剪下，创作出幼儿自己的剪纸作品。

第三环节——引导幼儿欣赏、润色、展示自己的剪纸作品，先让幼儿互相进行点评，之后教师进行点评。在点评的过程中，教师要注意，不可打击幼儿的自信心，要时刻鼓励幼儿，激发他们的创造性意识，这样不仅有利于培养幼儿对游戏的兴趣，还有利于幼儿在今后的发展生活中积极参与各种活动，从而感受到"美感"的快乐，学到更多的知识和技能。

2. 立春游戏——"我与春天捉迷藏"

通过这一游戏能够帮助大班幼儿发展想象力、语言表达能力、肢体协调性与柔韧性，让他们了解关于我国节气的知识，并能够让幼儿在课程之中放松身心，提高学习效率。

第一环节——提前准备好《春天在哪里》音乐以及与春天相关的PPT、视频、图片等资料，还有干净的眼罩。通过观看影音资料，幼儿可以更加直观地认识春天，进而在教师的带领下一起学习和了解春天的相关知识。

第二环节——首先，选出一名幼儿作为游戏活动中"抓人"的选手，并帮他戴上眼罩，戴上眼罩后开始播放音乐"春天在哪里呀春天在哪里，春天在那小朋友的眼睛里……"教师与其他幼儿跟随音乐的节拍围着蒙眼的幼儿转圈。其次,教师随机摸一个幼儿,在该幼儿大声说出"嗨,我在这里"后,被蒙眼睛的幼儿便摘下眼罩寻找说话的幼儿。最后,若该幼儿被"抓"到,则游戏结束,依次重复。

总的来看,为了让幼儿能够拥有美好的童年回忆,拥有快乐的童年生活,教师应当注重各种游戏活动的内容,注重游戏与教学的融合,让幼儿在游戏中成长,并让这种游戏教学精神得以传承。

# 第二节 科学教育

进入现代社会,很多教育家表明科学知识应当出现在人一生中最早的教育阶段——幼儿教育阶段。与此同时,农村以其贴近自然的特性为幼儿提供了更多接触生物与自然的机会,这种优势更有利于激发幼儿对自然和科学的好奇心与求知欲。所以,农村幼儿教师必须顺应这一潮流,掌握科学的教育方法,让幼儿萌生热爱科学的思想。农村幼儿教师若想掌握科学教学法,则需先了解何为科学,因为科学与科学教学是不可分割的整体,可以说科学是科学教学法的基础。

## 一、科学教育的相关概念

### (一)科学的内涵

在古代印度,"科学"代表"特殊的智慧",在古拉丁语中,"科学"代表"知识""学问"。1893年,康有为把科学的概念引入我国,并开始使用"科学"两字。此后,"科学"一词在我国得到普遍使用,并逐渐成为国家最重要的发展动力。

当代的科学指普遍经验或客观真理,是系统化、公式化的知识,包含自然科学、社会科学、思维科学以及哲学和数学。它们是人类智慧文明的结晶,是人类历史进程中经验总结的总和,是准确反映自然、社会、思维的知识理论体系。

1.科学是不断地追问与思考

任何事物都处于不断发展变化之中,人们不应用静态的眼光看待科学,而要把科学当作指导自己获取知识、创造财富、改造自然的实践活动,这显然需要科学研究人员对它进行不断追寻。正如爱因斯坦把科学定义为"探求意义的经历",这也在提示我们科学更应当是探索的活动,所以科研人员需要在追寻中不断思考与创新,因为发明创造以及用新的方法探索世界都需要思考。

2. 科学是无所不包的知识体系

科学是人类对现实世界中一切事物的认知,包罗万象的知识共同构成了广博的知识体系。不同地域的人都在日常生活、科研生活中运用科学知识处理和应对事务,小到衣食住行,大到航天航空,科学作为知识体系,无处不在,无所不包。例如,符合营养学的饮食搭配、符合生理学的作息安排和锻炼活动、符合美学的服装搭配、符合天体物理学的航空飞行、符合化学的制药过程、符合地理学的地质勘探等,可以说人类当代文明的任何事情都建立在科学知识的基础之上。

3. 科学是世界观

众所周知,科学源于人类的求知欲以及实践活动,这二者分别从内在层面与外在层面指引人类走向科学之路,所以科学除了是不断变化追寻的实践活动外,更是人类内在的一种态度。"科学精神是通过科学思想、方法、思维和理智所体现出来的严肃认真、客观公正、敢于创新、尊重事实、坚持真理、修正错误等精神、气质。"[①]

本书将科学的态度总结为如下几点。

第一,科学态度需严谨。科学的主旨在于追寻真理,真理必须具有准确性、价值性的特点。在中世纪时期,神学与科学分庭抗礼,神学认为信仰主导理性,科学则认为理性决定信仰。一种观点只有能够被理性所检验,才能具有成为信仰的资格,所以科学必须严谨,必须有可靠的理论和实践依据作为支撑。

第二,科学态度需包容。科学是包罗万象的知识体系的总和,不同学科有不同的科学,不同学者也有不同的看法。对待科学应持有兼容并包的态度,允许不同的声音出现,能够倾听和考虑他人的不同观念与解释,争取做到去粗取精、去伪存真。

第三,科学态度需探索。探索是一个形成认知的过程,是升华自己认知的必经之路。伟大的科学家哥白尼曾说:"人的天职是勇于探索真理。"童第周曾说:"科学世界是无穷的领域,人们应当勇敢去探索。"这都表明探索的态度对科学来说不可或缺。

---

① 施燕.学前儿童科学教育[M].上海:华东师范大学出版社,2006:3.

## （二）科学教育的内涵

科学教育指以培养科学技术人才和提高民族整体科学素质为目的的教育。在19世纪，西方国家盛行古典主义教育，小学教育课程包括阅读、写作、算数等，中学教育课程主要为古典文学、古典语言学，强调教师和书本的权威。随着第二次工业革命和各民族独立运动的展开，人们极大地认识到科学对人类发展的重要性，自然科学开始被列入重要教学课程之列。第二次工业革命至第二次世界大战之前，科学教育在重视科学知识的同时，更重视科学的学习方式，直到近现代，科学教育已经成为世界教育事业中的主导课程。具体来看，科学教育呈现如下特征。

首先，教育目标为提升科学素养。现代科学教育的目标已经从促进学生科学知识与技能的积累转变为推动学生科学精神与科学素养的提升，人们更加关注对科学实践起指导作用"形而上"的科学素养，它主要包含精神、态度、习惯等层面。

其次，教育内容要面向日常生活。随着科学本身向社会各行各业的渗透，教师要让学生学习以后在生活中所需要的科学技术知识，获得解决问题的能力，以便将来能够更好地适应社会生活。

## （三）幼儿科学教育的内涵

科学表明，0~6岁是人类好奇心最大的阶段，这时期的幼儿常常会表现出一些普遍的好奇特征，对任何事物都要看一看、嗅一嗅、摸一摸，甚至舔一舔。例如，有些幼儿喜欢把物品拆开，查看里面有哪些东西；有些幼儿喜欢把不同的物件组装起来，看看经过组装能形成什么形状；有些幼儿喜欢把物体扔出去，看看扔出去的物体是怎样滚动的。以上的活动都表明幼儿在思索"怎么样""为什么"等问题。

随着年龄增长和感官、思维、印象、想象等能力水平的不断提升，幼儿开始主动去寻找答案，这就需要幼儿教师进行科学教学。而在进行科学教学时，教师要将科学生活化、简单化、游戏化，让幼儿明白科学就在身边，就是我们经常接触的客观世界。

有经验的幼儿教师都有体会，幼儿常常会问到关于科学的问题，如鱼为什么可以生活在水里，月亮为什么是亮的，太阳为什么能够发热，自己是如何出生的，电灯泡为什么会发光，等等。幼儿教师要耐心地告诉幼儿，这些问题都有答案，答案就在科学里，培养幼儿对科学的好奇心和对科学知识的向往，在此基础上对幼儿进行符合其年龄特点的科学教学活动。

## 二、农村幼儿科学教育实践的原则

### （一）生活化

教师在教授科学知识的同时，要注意受教育主体自身的特性，幼儿的智力还在萌芽和快速发展中，他们不能理解真正意义上深奥的科学理论，因此，针对幼儿所进行的教育活动就应当更加"亲民"，更加通俗易懂和生活化。

曾经的教育学认为，传授科学知识是科学教学的重点，现在认为针对幼儿的科学教学应当以培养科学态度为首要目标。幼儿科学教育是幼儿在幼儿教师专业的鼓励、引导、支持下，对周围环境进行主动自觉的探究，从而形成对科学的积极态度和情感的教学活动。其重点在于：第一，幼儿科学教育需要幼儿教师的专业引导；第二，幼儿需要养成主动探究的主体倾向；第三，幼儿能够获得感性认知。

教学内容应当从幼儿的兴趣点出发，更加贴近幼儿的日常生活，这是因为大自然与社会蕴藏充足的教育价值，带来的直观形象能让幼儿更容易获得感性知识。在幼儿努力积累感性知识的过程中，幼儿教师有必要进行正确引导，增强幼儿的探究动机，促进幼儿知识储备迅速丰富。古今中外的多数教育家都主张让幼儿在生活中学习知识、学习科学，例如，蒙台梭利认为教育应当与生理学、医学等科学结合，并具有实践性；夸美纽斯认为教育应遵循自然、源于生活；陶行知认为"生活即教育""教育即生活"，明确指出了教育与生活的关系。

### （二）探究化

幼儿教育之所以要探究化，是因为幼儿天生好奇，具有探究的本能，在这种思维方式下，他们只有通过感官观察、动手操作、动脑思考才能真正认知并内化科学知识。如此一来，教育探究化就成为了指导农村幼儿教师开展科学教育的重要原则，这一原则分为以下几个方面。

第一，帮助幼儿形成疑问。形成疑问是幼儿探究的开始，是探究的出发点。幼儿有了疑问，便开始想办法解决疑问，获得答案，进行自主探究。

第二，帮助幼儿进行假设。帮助幼儿运用自己的经验和思考对疑问进行猜想和假设，并持续加以鼓励，为幼儿主动建构认知提供可能的依据。

第三，帮助幼儿进行验证。幼儿按照自己的想法开始验证假设，如果验证证明假设正确，他们便能够形成稳固的知识，如果验证证明假设错误，教师应帮助他们重新进行假设，直到正确。

### （三）多样性

与游戏教学相同，科学教育同样具备多样性的特点。

一方面，主要由于科学具备多样性，同样的科学教学手段不能适用于所有的科学知识。例如，物理教学应当以物体的实验为主，可以运用钢珠进行重力实验，可以运用海绵等物进行形变实验；天文常识应当以视频教学和模型教学为主，可以利用地球仪、星球模型，可以利用科普视频短片或科幻动画片进行教学。

另一方面，对于幼儿来讲，科学随时随地都潜藏在事物背后，农村幼儿教师应当通过日常的各种活动让幼儿发现不同的科学现象。例如，在幼儿的午餐、户外运动、午休、洗漱等活动中，教师都可以穿插多样性的科学教育活动。

## 三、农村幼儿科学教育的实践案例

"纸上得来终觉浅，绝知此事要躬行"，农村幼儿教师必须将幼儿科学教育落到实处，要有具体的教育途径和计划，要能够通过展示典型事例、讲解科学知识、做科学小实验等让幼儿了解科学的奥妙，让他们在学习过程的初期阶段就能懂得一些科学小常识，培养自己对于科学的兴趣，为将来进入社会提供更多帮助。

### （一）科学实验

科学实验是人们获得自然知识与信息的基本手段，在相关活动中，人们能够排除主观因素和偶然因素的困扰，真实地把握客观现象，具体实验包括模拟性实验、封闭性实验、系列性实验、对比性实验等。

在实验过程中，幼儿教师首先要演示实验前做的预备性实验，让每个幼儿都清楚地观看一遍实验过程，同时注意在实验过程中与幼儿互动，如进行提问与回答；其次，在实验中，教师要为幼儿提供充足的实验时间以及多样的实验材料，指导幼儿在安全第一的前提下进行科学实验，把幼儿安全放在首位，另外，还要指导幼儿科学运用各种实验工具；最后，帮助幼儿记录实验过程、实验结果，并作出实验总结。

1. 灯泡小实验

第一环节——幼儿教师提前准备好实验活动需要用的小灯泡、电池、电线、毛线、塑料绳等材料，同时为实验活动增添一个故事情节或情景。例如，山羊伯伯家里没电了，看看哪个小朋友能够做出小灯泡，为山羊伯伯送去光明呢？于是，幼儿开始对教师提供的材料进行琢磨和研究，想办法把灯泡弄亮，教师针对不同问题对幼儿分别进行指导和鼓励。

第二环节——当有幼儿成功把灯泡接通，使其发出光亮时，教师要继续对还没成功的幼儿进行鼓励，并告诉大家，如果不采取接通电线的方法，小灯泡也能亮，把小灯泡底部的螺纹放在电池的正极凸起处即可。

第三环节——当大部分幼儿都已经把灯泡接亮后，教师提出更高的要求，即看看哪个小朋友能够让灯泡的光变得更亮。这时，幼儿的积极性会得到更大的调动。幼儿可以通过将不同电池连在一起来提高灯泡亮度。最后教师进行实验总结，再次讲解实验原理、方法，让幼儿加深印象。

2. 自制陀螺小实验

第一环节——幼儿教师为幼儿讲解陀螺旋转的原理和制作方法。具体内容为：陀螺在旋转的时候，不仅围绕它本身的轴线转动，还围绕一个垂直轴做锥形运动，要让陀螺立起来，必须不断地施加外力，否则一旦失去外力的帮助，陀螺很快就会倒下来。同时，幼儿教师要提前准备好实验需要用到的废旧光盘、卡纸、水彩笔、火柴棒、各种颜色的即时贴等材料。

第二环节——告诉幼儿用各种即时贴装饰光盘，然后将粗细适中的水彩笔从光盘中小孔穿入，并固定住。当陀螺被制作成功后，教师要让幼儿用力拧转陀螺，然后放手，让陀螺旋转，看谁的陀螺旋转时间最长。

第三环节——让幼儿在陀螺的旋转中发现科学内涵，指导幼儿分别用水彩笔的两头做支点，观察陀螺旋转速度和时间的不同；观察陀螺旋转速度不同时，光盘上即时贴颜色的变化；调整支点到地面的距离，观察陀螺旋转时间长短的变化；指导幼儿用不同的力度旋转陀螺，观察陀螺旋转的时间长短。

（二）科学阅读

科学阅读是让幼儿通过对含有科学知识的书籍进行阅读，书籍包括含有科学知识的谜语、诗歌、童话故事、画册等，从而获得科学领域知识的科学教育教学活动。以上书籍能够起到培养幼儿科学兴趣、扩大和丰富幼儿科学经验的作用。

1. 阅读科学故事

科学故事是科学中的发现、发明、创造融于小故事中，用故事表现科学，用科学升华故事。例如，富兰克林"捕捉"雷电的小故事，富兰克林是著名的科学家，他生活于 18 世纪，当时社会中的封建迷信思想认为雷电与大地上的电不同，具有更多神秘色彩。他为了破除人们的迷信，在雷雨天做了一个大风筝，在风筝上安装了一根尖细的铁丝，用丝线将铁丝连起来通向地面，丝线的末端捆绑好一把铜钥匙，把钥匙再插入莱顿瓶，然后再把风筝放上天空，当雷电打到风筝时，风筝上的丝线根根竖立。经过观察，天上的雷电与日常的电具有同样的特性，至此，天雷的迷信色彩开始被破除，人们变得更加相信科学。根据这种原理，富兰克林发明了避雷针，把天空中威力巨大的雷电能量导入地下，使高大建筑物能够避免被雷电击中。

2. 阅读科学儿歌

儿歌本是一种抒情言志的文学体裁，运用高度凝练、概括性的语言生动表达作者的情感，具有朗朗上口、通俗易懂的特征。科学儿歌集科学性与文学性于一体，既有丰富的想象，让幼儿有继续读下去的欲望，又有一定的科学知识，对于幼儿来讲，能够起到很明显的科学教育作用。

例如，科学儿歌《比尾巴》中提到："谁的尾巴长？谁的尾巴短？谁的尾巴好像一把伞？猴子尾巴长，兔子尾巴短，松鼠的尾巴好像一把伞。谁的尾巴弯？谁的尾巴扁？谁的尾巴好像大花扇？公鸡的尾巴弯，鸭子的尾巴扁，孔雀的尾巴好像大花扇。"又比如《银河系》中提到："银河星系真奇妙，形状像块大怀表。又像一个大馅饼，中间厚来四周薄。包容恒星两千亿，星云星团数不了。太阳掉进银河里，像颗沙子那么小。"《地球圆圆》中提到："地球圆圆，爱转圈圈。地球自己转，一圈是一天。围着太阳转，一圈是一年。年年月月转，永远转不完。"以上科学儿歌，在符合幼儿阅读水平的前提下，把天文、生物等科学知识以通俗易懂的方式告诉幼儿。

从上文的叙述中可以看出，虽然幼儿科学教育具有不同种类，但始终遵循一个原则，即符合幼儿的年龄特征。同时，方法与方法之间也不是完全孤立的，有时科学儿歌也可以在科学游戏中体现，科学实验也应当与科学阅读互相融合。总之，在新时代下，农村幼儿教师必须真正提高对科学教育的重视程度，这样除了有利于促进自身专业发展外，更有利于幼儿科学素养的提升。

## 第三节 启发教学

农村幼儿教师应当掌握启发式的教学方式，让学生达到举一反三的程度，否则相关教育便会失去它应有的作用。一个教师"一言堂"地给学生灌输知识是无法取得良好教学效果的，所以，教师需要持续思考怎样启发学生自己去思考和琢磨。

### 一、启发教学的相关概念

启发教学即在日常的教育工作中，教师要充分了解教学任务和幼儿学习的客观规律，从幼儿实际情况出发，运用多种不同方式，以启发幼儿心智为主旨，提升幼儿的知识理解力，调动幼儿的主动性，发扬教学的民主性。

#### （一）启发教学的发展历程

我国自古就有举一反三的说法，孔子云："不愤不启，不悱不发，举一隅不以三隅反，则不复也。"宋朝的朱熹解释说："愤者，心求通而未得之意；悱者，口欲言而未能之貌。启，谓开其意；发，谓达其辞。"这是说，"愤"就是对于一个问题想要尽快解决的心理状态，"悱"是对一个问题进行思考后，想要表达却无法完全说出口的状态。本节与朱子的观点是一致的，孔子之意应当为在教导学生时，不到他冥思苦想仍不得其解的时候，不去开导他，不到他想说却说不出来的时候，不去启发他。给他指出一个方面，如果他不能由此推知其他三个方面，就不再教他了。

在西方，启发教学要稍晚于俄国，初见端倪应是古希腊伟大哲学家苏格拉底，他的"反诘法"具有启发的含义，或者称为"助产婆问答法"，该教学法由讥讽、助产术、归纳、下定义四个步骤组成。首先，要对对方的发言不断提问，让对方反思自身，产生解决内在心理矛盾的想法；其次，帮助对方思考、寻找答案；最后，归纳总结出事物普遍的共性与本质，得到一种正确的普遍定义。

通过对我国与西方的启发教学进行比较研究，本节认为二者有以下异同点：在教育目的上，都是为了学生能够获得全面而系统的知识，培养他们思维的活跃性，但是孔子更强调"温故而知新"，苏格拉底强调探求新的知识；在教育方法上，都运用对话的形式，两种启发教学活动都是借助以教师为主导的一系列提问进行的，但是苏格拉底使用单纯的提问，孔子还注重让学生进行更多自主思考；在教育内容上，二者都主张道德知识，分别认为"仁"与"善"是最大的美德，但是孔子还注重"六艺"的教育。

到了近代，捷克的夸美纽斯、瑞士的裴斯泰洛齐、德国的赫尔巴特均提倡启发教学法，他们认为注入式的教学是一种强迫，相当于强行把他人的思想加到自身的思想中，只是泛泛地增加概念，自己不能创造新的观念。在现代教学论指导下，启发教学已经取得较大发展，尤其是在幼儿园中，启发教学开展得更是如火如荼。但在这背后，启发教学仍存在一些误区，需要农村幼儿教师加强重视。

### （二）启发教学的特征

启发式教学作为一种高效的教学方法，在农村幼儿园的实践中主要有以下几种特点。

1. 主动性

主动性，即在教学活动中，幼儿学习的积极性、创造性，思维的发散性均得到良好的发挥。在真正践行启发教学法后，幼儿能在今后的学习生活中树立明确的目标，能够主动自主地学习，遇到问题能够不畏艰难，有恒心、有毅力。

多年的教育经验告诉我们，任何没有主体自觉的学习和教育行为都将走向失败，只有坚持内外因结合，内因起决定作用，才能真正达到预期目标。

2. 客观性

客观性，即教学内容、教学方法的选择和实施符合幼儿的客观实际，这种客观实际包括幼儿日常生活的实际需求、学习水平和身心发展特点等，从实际出发是一切学习工作能够成功的必要条件。教育作为一种"以人为本"的活动，必须对客观存在的"人"有清晰的认知。

3. 互动性

互动性，即教学过程中师生互相配合和相互作用，是上面所述主动性的补充，师生的互动性应该与幼儿自主性相配合，随各种客观条件的改变而变化。具体来看，启发教学的互动交流不是单纯的交流，而应当有更丰富的实践含义。首先，互动性是针对幼儿的问题、需要等进行的双向信息交流，是有针对性的，而非盲目性的；其次，互动性需要教师指点方法，引导幼儿思考和解决问题，并不是教师直接把答案和盘托出。可以看出，互动性体现了教师在启发教学中点化、引导幼儿，提高幼儿学习积极性的重要作用，这构成了幼儿主动学习的先决条件。

### （三）幼儿启发教学的误区

1. 以教师为中心

众所周知，教育应当以受教育者为中心，但在某些启发教学的实践中，教师会忽略幼儿内心的想法，忽略研究和了解他们的思维状态，以自己所以为的启发方式当作真正的启发。当教师内心有关于某些问题的答案而幼儿此时还没有掌握时，教师会通过一系列的问题把答案问出来，例如"是不是呀？""是选择第一个吗？""答案是1还是2呢，应该是2吧？"这种过于主观、浅显的提问并不是真正的启发，这样做只能让幼儿被动、盲目地跟着教师的思路走，不能做到能动思考。

2. 启发教学时间太短

很多幼儿教师认为启发教学就是讲一堂课，在课程快结束之时对幼儿提出几个问题，就能够让他们在课下深入思考，培养他们举一反三的能力，实际上，这种做法并不奏效。

幼儿的接受能力比较有限，教师在四十五分钟的课程中对幼儿进行"满堂灌"，幼儿本就吸收不了太多知识，此时已经比较疲劳，这就导致启发教学流于形式。教师应当把能否真正激发幼儿的主动性、积极性作为启发教学是否有效的衡量标准。

## 二、农村幼儿启发教学实践的原则

### （一）转变启发教学观念

在真正践行启发教学时，幼儿教师必须认识到启发教学的内涵与本质，必须认识到启发教学不同于以往的课堂灌输，这显然需要幼儿教师先转变教学观念。

首先，转变教育教学思想，充分认识"启发式"在幼儿教学中的重要地位，教师要把启发式教学思想当作深化课堂教学改革和优化教学结构的指导思想，真正实现"应试教育"向"素质教育"的转变。

其次，转变对待学生的态度，尊重学生学习的主体地位，从根本上废止"满堂灌""注入式"的教学模式。教师要最大限度地调动学生学习的积极性、主动性和创造性，把学生从"一言堂""满堂灌"的束缚中解放出来，从"题海"中解放出来，真正贯彻"轻负担、高质量"的教学原则，使学生生动活泼、主动地进行学习。

### (二)树立启发性意识

根据学界的总结研究,幼儿教师应当树立以下六种新型启发性意识。

1. 情感意识

幼儿教师的情感意识表现为对职业、对学生的热爱,从而促进师生情感的交流,这是启发意识的前提。

2. 特长意识

教师在启发过程中要注重发掘、洞察幼儿的特长,针对他们每个人的长处进行有区别、独特的启发活动,从而取得事半功倍的效果。教师要学会用自身的"启"之长,结合受教育者的"发"之长。

3. 目标意识

在启发过程中,教师应具有目标意识,能够根据教育部门、幼儿特性、教育经验建立起符合实际的目标。

4. 问题意识

问题意识这一词出现于学界、教育界、科研界等多个领域,任何人想要成功,都需要先具有明确的问题意识。问题是思维火花的引线,所以启发活动也要围绕问题展开。

5. 形象意识

形象意识是教师把课本中的虚拟知识具象化、实体化的一种能力,幼儿教师应当针对幼儿喜欢想象、富有求知欲的特征,启发他们加深对形象的理解,该过程可以运用多媒体、模型等。

6. 创新意识

创新是一个老生常谈的问题,任何一个专业的幼儿教师都不可缺少创新意识,在启发教学中教师更须注意创新,注重因人而异、因势利导、相机点拨。

### (三)引导幼儿自主思考

根据孔子"不愤不启,不悱不发"的说法,启发教学的本质应体现在"愤"与"悱"之上,所以启发式教学必须先让幼儿保持独立自主的思考,使他们在这种思考下"思而有得"。如果幼儿的思维一直跟随他人,不激活自己的思维,就不会有"愤"与"悱"的感受,之后更不会得到真正的启发。"启发式教学的核心是调动学生的积极思维。学生学习时都必须经过想的环节,启而不发,不仅表现为学生说不出来,还表现为学生想不出来。想是关键,是启发的前提和基础，如果学生连想都没想，就无从进行启发。"[①]

所以，在进行启发式教学时，农村幼儿教师先要看自己是否能有效引导幼儿独立思考，看幼儿能否进入"愤""悱"的阶段。这需要考察教师的提问能力，第一，问题要难度适中；第二，要有适当的思考时间。满足这两点，教师才能让幼儿自主思考，才符合启发教学的原则。

另外，在幼儿能够自主思考的前提下，教师还应当对幼儿进行正确引导，要点明问题的关键，不要把结论直接、完全告诉幼儿。

教学活动在以前被人们认为是单纯的"教"，有照本宣科的成分，现在人们开始注重"教""学"二者的结合，"教学"包括两方面，即教师教学生和学生学知识。在教育活动中，教师作为幼儿学习和发展中的指路明灯，应当发挥指导作用。这要求幼儿教师在幼儿迫切汲取知识的状态下进行引导，帮助幼儿"运思"，在幼儿没有思维方向的时候指出方向，在其思绪混乱的时候指出正确的思路，在其遇到困难时铺路搭桥。

### （四）启发式提问

"学起于思，思源于疑。"提问是幼儿教学中最直接、最常用的一种交流方式，也是重要的教学手段。教师通过提问设疑、解疑和反馈，能激活幼儿的思维，帮助其掌握重难点，还可以发挥自己的主导作用和幼儿的主体作用，及时调控教学进度。好的提问设计能使课堂教学事半功倍，差的提问则会大大降低课堂效率。所以，教师应重视提问这一艺术。

针对提问对象的不同，提问方式有以下三种。

1. 自问

教师自己问自己，所提出的问题不需要幼儿回答的一种提问方式。当讲授的内容需要引起幼儿注意或阐述某种道理时可采用这种提问方式，有助于加深幼儿对重点内容的理解和掌握。

2. 泛问

这是教师提问后每个幼儿都可以自由回答的提问方式。当讲授的内容需要幼儿对以前学过的内容或刚讲过的内容加以判断时均可采用这种形式。但应注意提出问题后给幼儿留有一定的思考时间，使每个幼儿都能自由地回答问题。

3. 点名问

即教师点名要求某位幼儿回答问题。为了使幼儿集中精力听讲，对于讲

---

① 郭方玲,吉海玲.启发式教学[M].青岛：青岛出版社,2006:32.

课中非常重要的内容，教师可采取这种提问方式。最好的办法是教师在对要求回答的问题进行提示后，让幼儿举手，由教师针对性地点名。

上面三种提问有各自不同的作用和要求，教师在教学中要学会灵活运用，以取得良好的教学效果。

### （五）对幼儿经常鼓励

假如幼儿在思考过程中遭遇困境，找不出其中的原因时，常常会表现出不自信、沮丧等状态，此时，教师一定要多多表扬、鼓励幼儿，万不可批评、辱骂他们。科学研究表明，经常受到鼓励的幼儿比经常遭到批评的幼儿将来更容易成功，前者生活幸福率比后者生活幸福率要高一倍以上。可见，在启发教学中，教师的鼓励对幼儿是至关重要的。

从《论语》可以看出，孔子是开鼓励教学之风的典范，他从来不以师长的身份训斥学生，而且对学生的发言和评论从来不表示对错，而是告诉学生要畅所欲言、发挥想象。因此，在进行课题讨论时，教师要尽量让所有幼儿都发表自己的想法，让他们在群体的讨论中发展自己的思维，吸收别人的长处。

当代农村幼儿教师要对幼儿多进行正面引导，多加激励、表扬表现好的幼儿，对于表现不太好的幼儿也不能批评，要有所鼓励地对待幼儿表现出来的缺点与不足，要从正面提出要求。例如，有的幼儿上课爱走神，教师可以说："你现在表现越来越好，注意力比以前上课时更集中了，希望你再接再厉，争取成为我们班级上课听讲最认真的学生。"这样正面激励比指出缺点更有效果，这不仅是一种讲话的艺术，还是启发自主教学的重要原则。

## 三、农村幼儿启发教学的实践案例

启发教学的具体应用一定要根据教学的客观规律，引导学生进行开放思维活动，充分调动幼儿的积极性。本节认为，农村幼儿启发教学通过讲故事或提问的方式进行是可行性最高的。

1. 乌鸦喝水小故事

教师："有一年夏天，天气特别炎热，好多天都没下过一次雨了，火红的太阳晒得地皮都发烫，小河和池塘的水都干了，人们只好从井里打水喝。一只乌鸦口渴极了，到处找不到水喝，它想起人们常到井边打水，于是就向井边飞去。正好井边放着一个大瓦罐，里面还有半罐子水，乌鸦一看高兴极了。它探着身子站在水罐的罐口，准备痛痛快快地喝水，可是那罐子太深了，里面的水又很浅,乌鸦伸长了脖子还是喝不着水。这可怎么办呢?乌鸦想把水罐子推倒,可是那水罐太重了,凭乌鸦的力气根本就推不动。罐子里面有水可就是喝不着,乌鸦又渴又气。它用爪子抓起一块石子对准水罐子扔了进去,想用石子把罐子砸碎,谁知石子'扑通'一声刚好掉进了水罐里,水罐子一点儿也没破。可是聪明的乌鸦发现,石子掉进罐子里后,里面的水好像比刚才高了一些。这下子,乌鸦有办法了,它连忙用嘴捡起一块石子,用爪子抓起一块,把两块石子都投进了水罐里,水又升高了一些,但还是够不着。乌鸦没有泄气,它一次一次地把石子运来,投进水罐里,罐子里的水也一寸一寸慢慢地向上升了,最后乌鸦终于喝到水了。乌鸦站在那罐子的口上,痛痛快快地喝了个够,它觉得这水特别甘甜、特别解渴,因为这水是它动脑筋想办法才喝到的。"

公元前6世纪,古希腊寓言家伊索基于流传的民间故事,加工创作了具有讽刺性质的动物故事,只为传达为人处世的道理。

在上述借助故事所进行的启发教育活动中,教师要遵循寓教于乐的理念,在讲完故事后对幼儿进行思维引导,让他们了解故事引申的深刻内涵。

乌鸦喝水的故事告诫人们,遇到困难的时候要善于思考,开动脑筋,这样再困难的事情也会迎刃而解。这世界上的一切事物都值得我们去留心探索、发现,我们需要用智慧的眼睛去发现问题的本质,千万不要被事物表面所迷惑。乌鸦给人的感觉是愚蠢的、讨厌的。对于幼儿而言,让其形成对乌鸦的偏见、定见、成见是非常不适合其发展的。每一个生命都值得被尊重,哪怕是丑陋的乌鸦,其背后也有不朽的生命故事。作为万物之灵的我们,应该用一种理性、超然的态度看待这个美丽星球上的一切,包括外表上看起来不怎么顺眼的乌鸦。人类没有理由给乌鸦添上"愚蠢""讨厌"的标签,更何况乌鸦其实是聪明的。

2. 狐假虎威小故事

教师:"有一天,一只老虎正在深山老林里转悠,突然发现了一只狐狸,便迅速抓住了它,心想今天又可以美美地享受一顿午餐了。狐狸生性狡猾,它知道今天被老虎逮住前景不妙,于是就编出一个谎言,对老虎说:'我是天帝派到山林中来当百兽之王的,你要是吃了我,天帝是不会饶恕你的。'老虎对狐狸的话将信将疑,便问:'你当百兽之王,有何证据?'狐狸赶紧说:'你如果不相信我的话,可以随我到山林中去走一走,我让你亲眼看看百兽对我望而生畏的样子。'老虎想这倒也是个办法,于是就让狐狸在前面带路,自己尾随其后,一道向山林的深处走去。森林中的野兔、山羊、花鹿、黑熊等各种兽类远远地看见老虎来了,一个个都吓得魂飞魄散,纷纷夺路逃命。转了一圈之后,狐狸洋洋得意地对老虎说道:'现在你该看到了吧?森林中的百兽,有谁敢不怕我?'老虎并不知道百兽害怕的正是它自己,反而因此相信了狐狸的谎言。狐狸不仅躲过了被吃的厄运,还在百兽面前大抖了一回威风。"

　　从上面这个故事,教师可以告诉幼儿,一切狡猾、奸诈的人总是喜欢吹牛皮、说谎话,靠欺骗过日子。对于那些像狐狸一样仗势欺人的人,我们应当学会识破他们的伎俩。这种人虽借外力能逞雄一时,但其本质上最虚弱不过,不堪一击。所以,人们一定要靠自己的努力脚踏实地做事,不能撒谎欺骗别人。诚信是做人的基本准则,教师需让幼儿从小养成诚实守信的好习惯。

## 第四节　情境教学

　　情境是情境教学的核心概念,那么什么是情境呢?在我国,情境与情景含义十分相似,甚至很多时候人们将两词混用,把"情境教学"当作"情景教学"。

　　通过查阅资料,《辞海》将"情境"定义为:一个人在进行某种活动时所处的社会环境,是人们社会行为所产生的具体条件。而"情景"是具体、直观、吸引人的场合和情形,二者虽然有重叠的成分,但很明显"情境"的范围要更大。经过研究,本书认为"情境"比"情景"包含范围更大,更具动态性与过程性,更能突出幼儿教学中教育与时俱进和多样化的特色。

### 一、情境教学的相关概念

#### (一)情境教学的发展历程

　　情境教学产生于 20 世纪中叶的英国,该教学法的本质在于激发学生的情感。在我国,情境教学的带头人为李吉林女士,她是中国著名儿童教育家,情境教育创始人,著有《训练语言与发展智力》《情境教学理论与实践》《李吉林情境教学详案精选》《为儿童的学习》等十余本专著。在长期的研究下,李吉林创立了情境教育理论与操作体系,实现了理论与实践的结合,对教育界影响深远。"情境教育是我国基础教育改革的一颗璀璨明珠,它兴起于新时期,发展于新世纪,深化于新时代。李吉林从古典文论'意境说'中汲取理论精华,历经四十余年的不懈奋斗,构建蕴含本土气息与创新精神的情境教育体系,为创新具有中国特色的教育学派提供了一个成功范例。"①

情境教学在我国的发展大致分为三个阶段，第一阶段是1978年至1996年的探索时期，第二阶段是1997年至2006年的发展时期，第三阶段是2007年至今的完善时期。

1. 第一阶段（1978年至1996年）

自1978年以后，李吉林大胆运用传统课堂学习之外的情境教学法，开创了"看情境说话""看情境写作"等新型教育模式。后来从古典文论《文心雕龙》中得到启发，明确提出"情景交融，境界为上"八字理论。"1983年，邓小平提出'三个面向'题词发表，李吉林备受鼓舞，提出情境教学既要弘扬民族文化传统，又要面向现代化建设；既要立足中国本土，又要借鉴西方先进经验；既要切合现实诉求，又要着眼未来发展。根据儿童全面发展的目标，将语文情境教学向思想品德、数学、科学、音乐、体育、美术等学科拓展，并结合各科特点构建具体策略，将认知活动和情感活动有机结合起来，促进学生素质的全面提高。"②

2. 第二阶段（1997年至2006年）

在这一阶段，情境教学被李吉林分成四类：一是学科情境课程，这是基于各科教材的特点营造并渲染富有"美、智、趣"的情境；二是主题性大单元情境课程，李吉林在国内率先开发"主题性大单元情境课程"，它是以德育为主导，以语文为龙头，使各学科的教学走向融合，充分利用课程内容中的"最大公约数"，将其整合起来，围绕主题从不同方面开展教育活动的一种综合课程模式；三是野外情境课程，这是通过优选周围世界的典型场景，开展观察说话、情境作文、环境调查、科学探究、社会实践等校外教学活动，使儿童在积极探索周围世界的同时，潜移默化地受到审美和道德教育的一种生态课程模式；四是过渡性情境课程，在新生入学的前三周开设"过渡性情境课程"，注重创设生动的、富有美感的情境，将室内短课与室外观察有机结合起来，增设户外活动，从而减缓学前教育和小学教育之间的坡度，创新幼小衔接的教育方式。

3. 第三阶段（2007年至今）

这一阶段，李吉林对情境教学又有更卓著的发展，她提出："择美构境，境美生情，以情启智，把情感活动与认知活动结合起来，引导儿童在境中学、

---

① 王灿明.情境教育四十年的回顾与前瞻[J].南通大学学报（社会科学版）,2020,36(2):132.
② 王灿明.情境教育四十年的回顾与前瞻[J].南通大学学报（社会科学版）,2020,36(2):132.

思、行、冶的儿童学习范式。"① 她还认为："情境学习以'利用艺术之美''情感生成之力''凭借儿童活动''发展想象、培养创造力'为对策，进行教学设计……营造了高质量的学习环境——一个愉悦的、丰富的、安全的，且可以活动其中的环境。"②

情境教学在我国走过这几十年的奋斗历程，见证了教学方式与教育观念的较大转变，通过变革促进我国创新教育构建，推动我国教育事业逐渐走向完善。可以说"情境教育是民族的、本土的、也是开放的、发展的。"③ 这要求对于情境教学的研究永远不可松懈，而幼儿教师也要时刻学习如何进行情境教学。

### （二）情境教学与幼儿情境教学

情境教学指的是在对社会和生活常识经过加工提炼后教授于学生而使用的教学法，具有很大潜移默化的暗示作用，它主要包含榜样作用、课内游戏、角色扮演、诗歌朗诵、绘画、体操、音乐欣赏、观光旅游等。可见，情境教学内涵甚广，甚至包含游戏教学、科学教学等教学法中的部分内容。

尽管情境教学适合于多种教育阶段以及多种学科，但是由于幼儿在认识事物时更具生动性、形象性、情感性，而情境教学也具备生动形象的特点，所以，情境教学更应当用于幼儿园的教学活动之中。

在农村幼儿园进行情境教学时，幼儿教师应结合幼儿园的特点进行规划。教师要依据教学目标，从农村实际出发，在教学的相应环节加入或自创与教学内容相适应的情境，由此大大激发幼儿学习的热情，引发幼儿群体的情感共鸣，使他们能在轻松愉悦的情境中积极主动地学习一切新知识，从而达到良好的教学状态。可见，情境教学对于幼儿发展具有极大的现实意义，所以，农村幼儿教师对情境教学实践必须予以高度重视，不可懈怠一丝一毫。

### （三）幼儿情境教学的特点

情境教学之所以区别于其他教学方式，原因就在于它不同于以往传统的教学方法，如讲授式、讨论式等，具体特点如下。

---

① 李吉林.中国式儿童情境学习范式的建构[J].教育研究,2017,38(3):91-102.
② 李吉林.学习科学与儿童情境学习——快乐、高效课堂的教学设计[J].教育研究,2013,34(11):81-91.
③ 王灿明.情境教育四十年的回顾与前瞻[J].南通大学学报（社会科学版）,2020,36(2):140.

首先，教师要注重教学的直观形象性与寓教于乐性。学习情境能极大地影响幼儿学习和吸收知识量的情况，所以对于教师而言，研究适合大多数幼儿的教学情境是首要任务。当前学界认为，针对幼儿的教学一定要注重突出直观性、生动性与形象性，这是因为幼儿还无法思考抽象性的事物与问题。所以，教师要尽可能地提高自身直观反映知识以及模拟情境的能力。

其次，教师要能够调动幼儿的积极性。让幼儿从被动的"接受者"变成主动的"参与者"，指导他们通过认真观察、思考、交流、合作、反思等多种方式学会与现实相关的各种知识。

再次，教师要能够在教学中起引领和主导的作用。正如上文所说，在启发教学中，教师应当注重自身的主导和引领作用，同理，在情境教学中，教师也要有这种主导作用。这是因为幼儿还是身心尚未完全发育的幼小群体，他们无法独立自主地在特定情境中理解教师想表达的主题和知识要点，必须依赖教师的准确指导或针对性引导，才能够调节自己的学习行为，从而进行独立思考。

最后，教师要与幼儿形成一种互动交流的状态。情境教学成功与否很大程度取决于师生能否很好地互动和交流。双方的良性互动不仅能够活跃课堂气氛、激发幼儿学习兴趣，还有利于幼儿把情境下的教学素材内化为自己所理解的知识。

### （四）幼儿情境教学的必要性

1. 幼儿心理发展的需要

首先，幼儿心理具有直观的特点，需要同样具有直观性的情境教学方式。人处于3～6岁这一阶段时，往往喜欢借助可感事物的具体形象认识事物，获取相关印象与知识，具有很大的直观色彩。他们开始对事物进行初步、简单的概括与分类，分类的依据正是这种直观的思想，如颜色、气味、形状等，这表明幼儿思维水平、概括水平比较低，教师只有借助情境教学这种比较形象、直观的方法进行教学才能获得更好的效果。

其次，幼儿的记忆模式主要是无意识记忆和形象记忆，需要利用情境教学所特有的加深印象与联想印象的优势。无意识记忆是指大脑对外界信息的储存功能，是对于记忆内容没有任何目的和要求的一种记忆，形象记忆是对于具有固定形态的物质产生记忆。针对幼儿上述记忆方式，幼儿教师应当注意发现能引起幼儿注意和反应的有趣物体，如小动物、小玩具等。通过这种记忆，教师可以把想要让幼儿记住的知识联系起来，具体做法可以先让幼儿回忆与已经认识的形象事物相类似的物质，然后帮助他们把新事物与已经记得的知识相结合，最后加深他们对于这两种事物或知识的联想。通过长期训练，幼儿不仅能够加深对知识的印象，还可以充分感受到学习的趣味性。

最后，幼儿的情感系统逐渐完善，"融情于景"能够培养幼儿的高级情感，让幼儿慢慢形成更加符合审美、道德、理性的处事风格。例如，他们逐渐拥有了超出低龄儿童的喜怒哀乐，感情生活变得日益复杂。低龄儿童不在乎阅读的方式，也不在乎流出的鼻涕有多难看，但情感系统日趋完善的幼儿就开始意识到别人对自己的看法和自己需要采取的应对方式，尴尬、笨拙、内疚、忌妒和寂寞等不熟悉的感情会困扰这部分幼儿，甚至给他们带来恐惧。同时，他们更加期望自己能够受到他人的鼓励与关注，希望受到他人的认可与喜欢。受到情境教育的幼儿群体，他们的举止将更加得体，能在烦躁时克制自己，而且注意力更易集中，能在交往中形成友好的人际关系，学习成绩也更好。

鉴于此，幼儿教师运用的情境教学法十分符合幼儿这一阶段的情感发展特征，能够让他们变得善于理解，学会描述感情，建立感情词库，并能够逐渐找到缓解自己不良情绪的方法。

2.新时代幼儿教育事业的需要

随着新社会的发展，人们对于幼儿教育的要求不再仅仅是注重社会价值，而是更注重人的自我实现，注重幼儿独立、创新、个性等品格的发育，注重未来人才人格的全面均衡发展。

首先，我国幼儿教育的目标开始向塑造幼儿人格与培养幼儿品德的方向转变，这要求实施情境教学。情境教学能够考虑如何让幼儿更好地适应社会生活，培养其优良品德，能够在教学活动中引导幼儿思考。所以，为了夯实幼儿个性发展的基础，使他们养成良好的个性，教师必须把这种生动、形象、有趣的情境教学进行下去。

其次，我国幼儿教育的目标开始向培养独立性人才的方向转变，主张将学习与发展中的幼儿自身看作决定性因素。真正成功的教育应该是"顺应"的教育，它能够让幼儿的心与教育的方向保持一致，让幼儿自愿、主动地进行学习。在这种学习过程中，幼儿依靠自己的努力，独立完成各项任务，虽然仍需要教师的辅导，但只是辅助性的部分。所以，教师要创造能够激发幼儿独立学习兴趣的情境模式，让他们依靠自己，慢慢提升自己的知觉、记忆、想象、语言等多种能力。

## 二、幼儿情境教学实践的步骤

### （一）情境构建

幼儿教师必须深入钻研教学相关内容，加强对情境教学相关因素的了解与研究，然后通过多重方式、手段构建出适合幼儿学习的教学情境，如设置问题、故事讲解、语言渲染、角色表演、多媒体课件、游戏等。

在教学活动不断发展的过程中，幼儿教师还要具备优化教学情境的能力，如鼓励幼儿在情境中讨论、问答、解说等，让幼儿针对学习中的问题各抒己见，互相交流，使每个幼儿都能在情境中产生一定思考。

### （二）情感感悟

情感感悟是情境教学的第二步，在先前构建出的情境之中，幼儿已产生了一定的情感体验，在现阶段，要将这种体验升华成一种感悟。幼儿教师要真正引导幼儿深度融入情境，让他们亲自进行更深层次的体验，全身心学习领悟，产生一种独特的"情感纽带"。可以说，情感作为纽带，是贯穿于整个教学过程中的，师生的情感随着课文情感的起伏而推进、延续。课堂教学因为有了情感纽带的牵动、维系而变得更富诱惑力。

"在这一过程中，学生的主动参与、积极投入是教学的外在形态，而学生的情感触动、思维与感悟的结合则是内在动力，学生在此情形下完成知识的学习等教学目标。学习过程丰富复杂，不仅受学生个体当前学习状态、情绪、智力水平等因素的制约，还会因学习内容的不同而具有不同的实施策略。学生感悟的实现建立在教师的情感促进的教学之中，情感的促进在于学生的感悟，而感悟的过程也就是探索未知的过程，二者是相辅相成的。"[1]

### （三）再现情境

再现情境是对情境教学之前两个步骤的深化，有利于幼儿加深对情境的记忆，从而产生更加深刻的感悟与思考。但是，在情境再现的步骤之中，教师要适当采用多种方式进行情境展现，不断对该模式进行优化，让幼儿一直处于比较轻松愉悦和新鲜的氛围之中，这样才能让幼儿愿意再次进入情境。所以，教师只有根据教学需要在不同时候调整情境，才能使幼儿持续保持好奇、好学的心态。

---

[1] 李秀伟，韩吟．情境教学[M]．青岛：青岛出版社，2006：31．

## 三、农村幼儿情境教学的具体应用

### （一）运用语言创设情境

首先，生动、幽默、诙谐的语言能够起到更好的教学效果，能够促进更好的课堂氛围形成，让幼儿对知识的理解程度大幅提升。其次，语言是人与人之间交流和表达感情最主要的媒介，相比于肢体动作，语言更具准确性，并且人能够通过改变语调表达出不同的情绪。最后，农村幼儿园的教学条件较差，而运用语言创设情境对硬件要求极低，只需要幼儿教师生动的语言描述即可。所以，在农村幼儿园中，用语言创设情境进行教学便显现出了必要性，慢慢地，运用语言描绘、表达情境就成为农村幼儿教学中最常见的、最主要的情境教学方式。

例如，幼儿教师要为幼儿展现一幅生机盎然的春天景象，教师可以说："小朋友们，春天来了，万物复苏，百花齐放。春姑娘悄悄地给大地披上了一层绿色的服装，小燕子从南方赶来，它们嘴里叽叽喳喳，仿佛在说'春天来了，太好了，我最喜欢春天了'。结冰的河逐渐融化，里面的鱼儿快活地在水里舞蹈，时不时吐出几个水泡。小鸭子也扑通一下跳进河里欢快地游动，好像要把一个冬天的疲惫与寒冷全部洗掉。在这美丽的季节，小朋友你们有什么想说的吗？"教师也可以在运用语言描述情境的同时，适当加上自己的肢体动作，让语言更加生动，从而更好地吸引幼儿的注意力，提高幼儿的学习效果。

### （二）运用多媒体创设情境

虽然很多农村幼儿园还缺乏多媒体设施，但是在国家政策的贯彻落实之下，很多幼儿园已经把普及多媒体设施列上日程，相信在不久的将来，农村幼儿园的小朋友们也可以体会到这种全新的教学方式。所以，幼儿教师也应当学会运用多媒体创设情境。

上文已经论述过，幼儿更善于观察具象化、生动形象化的事物，而非抽象事物，那么，多媒体恰恰符合幼儿这一特征，能够解决知识的抽象模糊性与幼儿思维直观表面性之间的内在矛盾。

首先，多媒体技术通过屏幕、投影仪等设备，把美妙的场景、图案、声音直接呈现出来，能产生很好的情境教学效果。

其次，运用多媒体技术创设的情境显得更加直观，它包含图形、文本、图像、影视、动画、音乐、解说等多重技术，能够让幼儿在视听感官得到极大满足的同时，极大地提高学习兴趣。通过组织多媒体情境教学活动，教师可以拉近师幼关系，促使情境教学在固有的听、说、读、写方式上有所突破，为幼儿提供学习内容与情感相统一、理性与感性相融合的情境。

最后，运用多媒体还便于课件资料积累、修改、共享，减少幼儿教师的备课时间，他们可以把更多的时间和精力运用到课程以及关注幼儿日常起居上，在一定程度上，这也有利于提升教师的教学质量和幼儿的受教育程度。

具体而言，运用多媒体进行动画片情境教学时，教师可以播放幼儿最感兴趣的动画片，并要求他们在动画片结束后用画笔画出动画片中最喜欢的一个角色，并根据这一角色编一个小故事，如蜡笔小新、哆啦A梦、喜羊羊与灰太狼等。通过这种情境教学，教师明显能够帮助幼儿锻炼其观察能力、绘画能力、思维能力、逻辑能力等。

### （三）运用角色表演创设情境

在情境教学中，教师可以运用角色表演创设情境弥补多媒体情境教学的不足。例如，幼儿可能特别喜欢视频中的某个角色，很想指导它去做一些其他事情，然而动画视频的剧本已经被规定好了，幼儿的思维便受到限制。通过角色表演，幼儿可以亲身扮演自己喜欢的角色，亲身体验那种乐趣。该方式能够更加有效地激发幼儿的情感，激活幼儿的思维，促进幼儿萌发强烈的探究欲望。在幼儿主动性和创新精神得到最大限度发挥的同时，教学内容将会显得具体化、直观化，这能够帮助幼儿对教学内容产生一个感性的认识。

在实践时，模拟角色一般分为以下步骤：熟悉情境、理解角色、担当角色、体验角色、表现角色、产生感悟等。例如，幼儿在扮演蜡笔小新的时候看惯了蜡笔小新的懒散心态，而想要让他改变以前的习惯，成为老师、同学都喜爱的好学生，幼儿就可以通过以前对蜡笔小新的理解，加上自己的演绎，呈现出"新蜡笔小新"。当"新蜡笔小新"由于乖巧懂事、热爱学习而受到大家喜爱的时候，幼儿就能够形成一定的内心感悟，进而可能因为这样的情境更加热爱学习。

### （四）运用实物创设情境

运用实物创设情境指运用与教学内容相关的事、物、景等来创设情境。比如，在英语教学中，幼儿英语教学往往以名词为主，为幼儿讲解英语的时候运用实物比较容易实施。当讲到关于水果的英语单词时，教师提前准备好苹果、香蕉、桃子、葡萄等水果，哪位小朋友表现比较好，教师可以把水果奖励给他，将虚拟的英语单词与现实的物质结合，能极大加深幼儿对知识的印象。在幼儿数学教学中，主要是简单的加减法，而数学是很抽象的科目，运用实物可以使数学变得容易理解。教师可以提前准备卡通人物的小模型，在此基础上组织加减法运算的时候，可以让模型排列站好，把虚拟的数字附加在物质性的模型身上，幼儿能够在轻松开心的氛围中学会知识，理解教学内容。在常识教学中，如组织幼儿认识"红绿灯""斑马线"时，教师可以准备"小红绿灯"，还可以在教室的地上用粉笔画出"斑马线"，这都能起到让幼儿加强生活常识记忆的作用。

### （五）运用问题创设情境

运用问题创设情境指教师向幼儿抛出一个问题，看幼儿如何思考、如何回答。人的思维总是由问题激发的，幼儿学习的过程是不断发现问题、分析问题、解决问题的过程。只有那些有价值的问题才能使幼儿的思维处于主动积极、愉快地获取知识的活跃状态，反之，引入那些质量低劣、毫无价值的问题不仅浪费课堂时间，还容易引起幼儿的反感。

幼儿园教师要能主动地创设问题情境，自然而然地引出一些问题，迅速吸引幼儿的眼球，激发幼儿的求知欲和学习兴趣，使幼儿处于一种积极思考的求知状态。

教师在幼儿园课堂上最好能够把情境内容与幼儿的日常生活实际紧密联系起来，让幼儿能够在自己平常熟悉的生活情境中思考教师提出的问题，增加幼儿的直接经验。这样不仅有利于幼儿理解生活情境中的问题，还有利于幼儿体会到在生活中知识是无处不在的，让他们认识到学习知识的重要性，激发他们学习的兴趣，促进他们更好地投入学习中。

# 第四章 农村幼儿教师专业发展需求——安全层面

2018年11月8日教育部印发并实施了《新时代幼儿园教师职业行为十项准则》，其中第五项准则指出新时代幼儿教师应当"增强安全意识，加强安全教育，保护幼儿安全，防范事故风险"。所以，农村幼儿教师要顺应时代潮流，严格遵守准则，熟练掌握各种安全知识，真正符合幼儿教师专业发展的需求。

## 第一节 熟知事故应对知识

### 一、树立自身安全意识

#### （一）安全意识的必要性

在思想上，幼儿对事物的了解以及认知水平普遍偏低，缺乏自我保护意识；在身体上，幼儿发育不够完善，身体不够强壮，极容易受伤；在生活习惯上，幼儿比较跳脱，做事常常"随性而为"，而农村又是社会安全与保护的薄弱环节，加强幼儿的安全教育，提升对幼儿的安全保障能力刻不容缓。

因此，农村幼儿教师应当具备系统的安全知识。可现实是，很多幼儿教师需要负责几十个幼儿的安全，面临十分琐碎的现实问题，他们对于幼儿的安全教育往往显得力不从心，很多幼儿教师因为自身使命感不强，道德素养不高，并不能真正意识到安全的重要性。这就需要农村幼儿教师严格遵守幼儿园各项制度，学习安全知识，转变安全意识，指导幼儿遵守安全制度，包括火灾、地震、游乐、饮食等方方面面。

"教学未动，观念先行"，促进转变与提高农村幼儿教师的安全意识就如同一个指向标，指引农村幼儿教师朝着专业发展方向不断前进。幼儿安全教育的观念提示我们,应当依据幼儿安全教育的目标做好幼儿安全教育工作。安全意识就是人们头脑中建立起来的"安全第一"的稳定观念,人们在日常生活与工作中难免碰到各式各样的突发状况,而在各种状况中,人们能够避免突发状况带来的危害即安全意识最好的体现。

### (二)安全意识的内容

首先,农村幼儿教师需要树立"安全第一"的观念,将"安全大于一切"视为职业准则。可以说,"安全第一"是一切工作的试金石,不仅是对生命的最大关怀,还是对国家、幼儿园、幼儿的负责,对自己岗位的负责。

其次,农村幼儿教师要把幼儿作为安全教育的主要目标,一切安全意识的培养和一切安全活动都是为幼儿今后能够更安全、更健康地成长提供保障。

最后,农村幼儿教师要遵循"预防为主"的原则,一定要在幼儿安全教育过程中预先做好事物发展过程中可能出现偏离主观预期事件的应对之策。

## 二、掌握游乐安全知识

《3—6岁儿童学习与发展指南》指出:"幼儿每天的户外活动时间一般不少于2小时,其中体育活动不少于1小时。"这说明,幼儿需要进行课间游乐活动,正因如此,农村幼儿园也逐渐获得搭建较多游乐设施的资金,他们在政策的支持下,在园内搭建滑梯、秋千、沙池、旋转木马等游乐设施,旨在与时代接轨,希望能通过游乐开发幼儿的运动天赋,并且能让幼儿在快乐中学习。然而,安全问题时有发生,究其原因:一是环境、设备的老化而引发幼儿受伤;二是幼儿教师保护不利导致幼儿受伤;三是幼儿自身缺乏自我保护意识导致受伤。其中,硬件与幼儿意识都不是一朝一夕可以改变的,但是农村幼儿教师的游乐安全知识是短期可掌握的,而且应该熟练掌握。

### (一)游乐前的检查

在开展幼儿游乐活动之前,教师应当认真谨慎地对活动场地、活动设施以及自身和幼儿的衣着进行全面检查,以消除所有的安全隐患。

1. 场地的检查

幼儿教师应当对幼儿准备进行游乐的场所进行全面检查,首先要看地面,检查是否有石头等异物存在,其次要检查周边是否有施工活动,如果有施工,教师可以设置警示牌,或者告诉幼儿不要去其他地方,以确保幼儿活动中的安全。

2. 设备的检查

在幼儿进行游乐活动之前，教师要先对相关器械进行检查，主要看螺丝是否松动、零件是否老化、是否有突起会划伤幼儿的皮肤等，如果仅存在器械表面不平的问题，可以将柔软的泡沫垫铺在上面，这样能有效防止幼儿被划伤。

3. 着装的检查

对于幼儿来讲，游乐项目是成人与幼儿共同参与的娱乐项目，教师承担着引导和保护的责任。首先，教师自己要穿着便于行动的衣物，如运动衣和运动裤，如果穿过于紧身或宽松的衣物不便于做出保护幼儿的动作；其次，幼儿也要穿着合适的衣物，不能过大、过长，不能带绳子，口袋里不能装有任何物品，鞋子不能太大，以保证自身安全。

### （二）游乐中的保护

1. 充分热身

幼儿在做任何活动之前都应做热身的准备活动，热身应当以轻微的运动量活动四肢关节，目的是提高之后运动中机体的柔韧性和安全性，所以热身是不可或缺的。但是，很多幼儿教师带领幼儿活动的时候往往忽略这一环节，为了节约时间和减少麻烦，就直接带幼儿开始活动，事实上这是很危险的，这样容易让幼儿因热身准备不足而造成摔倒、肌肉拉伤等情况，严重的甚至会骨折，这种情况值得教师深思。

具体来讲，热身动作的幅度与时长应与接下来活动的类型和季节相关。首先，开展比较温和的运动项目时，可以缩短热身时长，开展相对剧烈的运动时，适当增加热身时长。其次，在炎热的夏天，幼儿本身处于一种比较兴奋的状态，而且容易疲劳和出汗，热身时间可以适当缩短；在寒冷的冬天，幼儿的身体比较僵硬，则应适当延长热身时间。此外，热身活动还要按照循序渐进的原则，肌肉群要采取从小到大的顺序，可按照头、肩、手臂、腰、腿的顺序来编排。

2. 明确规范

在户外活动前，幼儿教师一定要给幼儿制定明确的规范，让他们严格按照这一规范来进行活动，这对幼儿的安全极为重要。

以滑梯和秋千为例。幼儿在登上滑梯之前首先要排队，要严格有序地一步一步、一位一位上台阶，并且整个过程需要用双手扶着栏杆，等幼儿登上滑梯顶部，在滑梯口坐下等候命令。不可让幼儿一起滑行，一定要等前一个幼儿滑下去以后，才能让下一个幼儿开始滑行，以免出现挤伤等后果。

在下滑的过程中，要让幼儿上半身保持直立，用脚朝下滑，绝对不可让幼儿从滑梯口倒着滑下去，或者肚皮朝下趴着滑下去。

当幼儿滑到滑梯底部时，要让他们立即起身，离开滑梯，为下一位滑行的幼儿腾出空间。绝对不可让他们坐在滑梯底部，否则非常危险。

在荡秋千时，应让幼儿坐在秋千中心，双手扶着秋千两边的绳索，不可站立或跪着，且上半身要保持正直。并尽可能让他们重心后移，因为秋千在空中荡起来时，如果重心不稳就可能有被甩出去的危险。教师在后面推的过程中要缓慢发力，不能发力过猛，也不能在幼儿正面推，那样容易导致幼儿跌落。

### （三）游乐后的总结

与日常教学活动一样，游乐活动结束后，幼儿教师应当有总结，即根据幼儿的游戏情况做出相应的总结。总结可采用教师提问、幼儿回答的模式，包含的问题大致有以下几个：当日开展的游乐项目有哪些，每个幼儿在活动中的表现如何，每个幼儿的安全意识如何等。

通过以上的对话，幼儿教师对幼儿有了更清晰的了解，幼儿也能在教师的引导下加深对于自我保护和各项规则的认知。长此以往，幼儿就能在安全的前提下锻炼身体、愉悦身心，化被动活动为主动锻炼，形成一种热爱运动的好习惯。

## 三、掌握火灾安全知识

农村幼儿园是培养幼儿的主要场所，由于幼儿园人群密集，园内幼儿年龄小，自我保护能力和疏散能力较弱，且需要成人护理，一旦发生火灾，疏散逃生困难，易发生人员伤亡事故，给社会和家庭带来无法挽回的惨重损失。而我国幼儿园在防火问题上存在较多不足，如园领导对消防安全不重视、幼儿教师消防意识薄弱、对幼儿安全教育不到位、建筑物不合理等，这都增加了幼儿园内火灾的安全隐患。所以，园内对于各类火灾隐患要早发现、早排查、早消除，确保幼儿、教师的生命财产安全，这就要求幼儿教师具有自救能力和一定的随机应变能力。

### （一）常见起火原因

2001年6月5日，江西广播电视发展中心艺术幼儿园因点蚊香引起火灾，造成13名幼儿死亡，酿成大祸的原因是16号床边过道上的蚊香引燃棉被。无独有偶，2010年1月17日，北京朝阳一家无照经营的幼儿园发生火灾，致使2岁女童被烧死。2010年4月19日，江西抚州南城县天一山的金贝贝幼儿园发生火灾，原因是电器短路，最后使幼儿园教室中的电视机着火而引发火灾。可见，我国幼儿园发生的火灾多由蚊香、电器短路、食堂油火、设施不齐全、非法营业等导致。

1. 设施不齐全

幼儿园设施的合格性是校园安全的重要指标，我国《托儿所、幼儿园建筑设计规范》对各种幼儿机构都有明确而具体的要求，要求幼儿园必须配备消火栓、应急照明、自动警报系统、灭火器等设备，干粉灭火器也要定期更换。而园领导对消防安全不重视，幼儿教师消防意识薄弱使以上要求在很多幼儿园并没有得到落实，尤其是某些无照经营的幼儿园，甚至连自动警报系统都没有配备。

2. 教师和食堂人员不规范行为

有的教职工对消防安全不够重视，在日常使用电器等物品时不够规范，容易引起火灾，如多媒体、电视、热水器、烤箱、电饼铛、微波炉、音响、控制台等电器，棉质的床单被褥、毛绒玩具、床帷等日用品。

不规范使用以上电器容易导致线路老化及电器超负荷工作，而幼儿的生活物品多为干燥的易燃品，只要遇到一点明火便容易引起大火，这就形成极大的安全隐患。

（二）防火常识

幼儿园一定要在今后的管理工作中建立健全消防安全制度、加强源头把控、改善消防设施、加强幼儿安全教育，这一切都需要农村幼儿教师的配合与实施。农村幼儿教师首先需要学会相关的安全常识。

第一，要用正确的方法安装和使用教室内的电器，必须接地线的电器要使用三孔电源插座。

第二，不用湿手触摸电器，不在湿的地方摆放电器，如幼儿上课用的电视、多媒体等设备。

第三，人走断电，用完断电。下课后，或不使用电器的时候一定要断电。插拔电源插头时不用力拽拉电线，这是为了防止电线的塑胶绝缘层脱落而引发触电。

第四，认识和了解电源的总开关，在关键时刻能及时关闭总电源、断开连接。

第五，不随意拆卸或安装园内电源线路、插头、插座等电路设备。

第六，养成良好的习惯，在园内不吸烟，并监督他人，发现有人吸烟即刻制止，不应让校园存在乱丢的未熄灭的烟头、火种。

第七，不能在园内存放易燃物，如酒精、汽油等化学物品。

第八，要经常提醒园内电工师傅进行电路检查，以防出现电路隐患问题，如电气线路老化、短路、漏电等，如果发现问题要及时修理。

第九，不可将自己的物品放在园内的各种通道处，如走廊、楼梯口、消防通道，一定要保证各个通道的通畅性，以便应对突发火灾等状况。

（三）火灾逃生与救助知识

倘若身处火灾现场，幼儿教师应遵循以下原则。

第一，保持自身情绪稳定，千万不要方寸大乱，不可盲目行动。火灾发生后，幼儿往往惊慌失措，这时教师应尽量稳定幼儿的情绪，要迅速观察并判明火势的情况，针对周边环境，做出具体而正确的判断，选择最佳的逃生路线和方法。

第二，教师在逃生过程中要帮助幼儿用湿毛巾捂住口鼻，如果没有毛巾，可以用枕巾、衣服、床单。因为危及人类生命的往往不是燃烧的明火，而是滚滚浓烟，烟雾中含有大量有害气体，在高温下，它们能在几秒钟内使幼儿窒息。所以，要防止或者减少幼儿吸入有害气体，并采用压低身体的方式逃离。

第三，在逃生过程中，教师要辨明火点的方位，并统一带领幼儿迅速寻找火势较小的门口，如果火势实在太大，教师应当带领幼儿在火势比较小的角落等待救援，万万不可带着幼儿四处乱跑。如果幼儿园是平房或者低矮的楼房，逃生过程相比于城市高楼容易些，教师在火势小的地方带领幼儿跑出即可。如果在二楼或三楼，在万不得已的情况下可以寻找窗口，扔出棉被等可以起到缓冲作用的物品，然后跳到棉被上。但若是高楼，幼儿教师应当想办法带领幼儿在大火封路前逃出烟雾区，关闭紧挨烟火方向的门窗，打开背火的窗户，等待救援人员。

第四，如果有人身上着火，教师要迅速帮助幼儿脱掉身上的衣物，或者用拍打的方式扑灭火苗，如果燃烧面积较大，应当让幼儿躺在地上快速来回滚动，这样可以压灭火苗。千万不能奔跑，否则只会加速火焰的燃烧。

## 四、掌握地震安全知识

地震多发于我国的西南地区，但纵观历史，我国多数地区都曾经历过地震。所以，无论幼儿园处于哪一个地理位置，幼儿教师都应熟练掌握地震安全知识。

如果地震时，幼儿都在一楼，教师应当立即组织幼儿迅速撤离到空旷的操场上，在撤离过程中要注意远离其他教学楼以及秋千、滑梯等大型游乐设施。万一撤离不够及时，暂时无法跑出，应带领幼儿全部躲在桌椅板凳下或者讲台下面，等待地震有缓和后再进行逃生。

如果地震时，幼儿在二楼或二楼以上，教师不应让幼儿迅速逃离，而应该先组织所有幼儿躲在桌椅板凳下，需要注意的是，不可以躲于吊灯、吊扇正下方。然后，等待第一次地震结束后带领幼儿迅速撤离到教学楼外的空旷处。

如果地震发生于课间休息时，教师应组织楼道中的幼儿有序快速地撤离教学楼，让操场上的幼儿保持自己的位置，让教室里的幼儿先钻到桌子下面，等候教师带领逃生。

如果地震时，幼儿正在睡午觉，教师应当打响紧急闹铃，迅速叫醒幼儿，让他们用枕头护住头部和颈部，然后迅速躲到床下，利用两次地震之间的短暂时间逃离到空旷场地。

如果地震时，幼儿正在户外，教师应带领幼儿在操场的中央地带蹲下或者趴下，不可以乱跑，以免摔倒，要避开人多的地方，更不可随便返回室内。

假如地震时不幸被埋住，教师要保持冷静，用坚硬的物体敲击掩埋物，如石块、金属物品等，如果暂时无人救援，也不要持续大声呼救，这样不仅容易让自己过早虚脱，还会引发身边废墟二次坍塌，更加危险。要尽量保护自己的生存空间，尽力寻找水和食物，鼓励幼儿，增强他们活下去的信心。

## 第二节 做好校园安全工作

幼儿园的班级安全工作主要包含校内和校外两个部分，在以班级为单位组织的各项活动中，教师要对于可抗因素进行管理与预防。

### 一、防止校内踩踏事件

2013年3月28日，西北工业大学附属小学学生在曲江海洋馆乘坐扶梯时发生踩踏事件，16人受伤。

2013年4月17日，深圳龙华街道书香小学组织661名学生去儿童体验中心拓展训练，有10多名学生在乘坐扶梯时发生踩踏事件，致使多名学生受伤。

2014年9月26日下午，昆明明通小学发生踩踏事故，致6人死亡。

2017年3月22日上午，河南濮阳第三实验小学也发生踩踏事故，造成1名学生死亡，20余名学生受伤，其中5人重伤。

这一系列学生踩踏事件为学校的安全工作敲响警钟。小学如此，幼儿园则更需要严加防范。

防止发生校内踩踏事故的关键在于学校集体活动时间的安排、幼儿教师对幼儿的安全教育的重视程度以及幼儿自身对安全知识的了解。

（一）学校加强管理

每所幼儿园都有早晨开会或者做操的时间，而这一时间段往往最容易发生踩踏事件。因为这一时间人群较为集中，而且由于可以到操场上玩耍，幼儿都很兴奋，很有可能前面有人摔倒，后面的幼儿并未留意，没有止步，从而酿成踩踏的惨剧。

学校在管理上可以考虑将集体活动分为两次进行。例如，某幼儿园一共有大、中、小班共10个班，学生约300人，上午10点做课间操，学校可以让小班和中班的学生在9点30分开始做操，待他们做操结束并回到教室后，再让大班学生出来做操，这样可以有效减少做操时的人流量，有效防止踩踏事故的发生。

学校可以在校园内的各个角落张贴防止踩踏的标语，例如：

上下楼梯要礼让，轻声慢步靠右行。

走楼梯守秩序，进教室不喧哗。

我要安全，我懂安全。事事安全，人人安全。

上下楼梯靠右边，脚下踏实才安全。

（二）教师加强引导

幼儿教师要起到监督和引导的作用，每逢上下学、做操、开会时间，幼儿教师应当在楼道中、教室门口、校园门口等人流密集处引导幼儿有序地进出。幼儿教师必须准时到岗，严格禁止幼儿打闹，同时，不允许家长在这一时间段挤入校园接送孩子，因为相对于幼儿来讲，大人轻轻一碰就可能让他们摔倒。

另外，幼儿教师要有对幼儿加强安全教育的能力与知识，本书将其总结为以下几点。

第一，教育幼儿不在楼梯以及狭窄通道处追逐打闹，人多的时候不能拥挤推搡，更不可故意制造一种紧张、恐慌的气氛。

第二，通过人群密集的楼道时，要保持警惕，假如发现有同学摔倒了，要马上停下脚步，大声呼救，让教师和学生一同把人群疏散开。

第三，当有人流朝着自己涌来时，要立刻躲到旁边，不要被人流冲倒。

第四，万一不小心冲进了拥挤的人流，一定要尽量先站稳，身体不要失去重心，哪怕鞋子掉了，也不要弯腰去捡，否则很容易被撞倒，要尽可能抓住比较稳定的物体，用来稳住重心，等人流过去再离开。

第五，一旦在人流中被撞倒，要想方设法把自己的身体蜷缩成球状，双手紧扣于颈后，保护好头、胸、腹等重要部位。

## 二、杜绝食品安全问题

食品安全是我国一直以来存在的问题，近几年来，食品安全问题屡见不鲜。而在幼儿园中，幼儿出于好奇心理，对于任何食物，甚至其他事物都有"品尝"的欲望，这需要幼儿教师了解真正对幼儿有益的食物以及最好的饮食方式，杜绝食品安全问题给幼儿带来的危害。幼儿教师应当熟知以下食品安全常识，并对幼儿进行普及教育。

### （一）熟知食品安全常识

1. 幼儿最佳饮品是白开水

科学表明，幼儿多喝白开水可以促进新陈代谢，增强免疫功能。经常喝白开水的幼儿体内脱氧酶的活性普遍高于其他同龄人。幼儿通常活泼多动，常喝白开水的幼儿在经过大量运动后，肌肉内乳酸堆积较少，不易疲劳，百利而无一害。

2. 幼儿不可过量食用冷饮

在炎热的夏天，幼儿往往喜欢食用雪糕。而事实上，夏天人体胃酸分泌减少，抑制肠胃细菌的能力减弱，过量食用雪糕容易导致腹泻、肠胃炎、脾胃虚寒等病症。再加上幼儿本来就体质较弱，过量食用雪糕容易刺激肠黏膜，引起胃肠不规律收缩，从而出现腹痛、肠胃功能失调等症状。况且，市面上很多冷饮食品都不达标，不符合卫生标准，所以幼儿教师更要教育幼儿不可过量食用冷饮。

3. 幼儿不可以过量饮用碳酸饮料

科学表明，儿童期饮用碳酸饮料会出现高磷低钙的机体内环境，长此以往，会给骨峰量带来负面影响，更会为将来发生骨质疏松症留下隐患。

4.幼儿食用果冻会影响营养吸收

果冻大多由海藻酸钠、琼脂、明胶、卡拉胶构成，并加入人工合成的香精、甜味剂、酸味剂等，以上物质食用过多会影响幼儿对脂肪、蛋白质的吸收，尤其会使铁、锌等无机盐结合形成一种混合物，使机体无法对其进行吸收利用。再者，幼儿的身体自我保护机制还不够完善，在食用果冻时容易出现果冻进入气管或支气管的情况。

5.幼儿不可以随便食用营养品

很多家长认为幼儿正处于长身体的关键时期，需要大量营养，于是为幼儿购入很多营养品，如人参、鹿茸、阿胶、冬虫夏草、蜂王浆、燕窝等。而事实上，这些补品对体弱的成人和老人有强身健体之功效，但只会给幼儿带来不良影响，甚至引起性早熟。

### （二）食物中毒应急预案

倘若幼儿出现食物中毒的情况，幼儿教师应当在第一时间做出反应，让幼儿能在最短时间内得到救治。

如果是轻微中毒，如腹痛、呕吐、腹泻等，幼儿教师要及时为幼儿补充水分、盐分，防止因水分流失过多而造成脱水。另外，催吐也是一种可行的方法。幼儿教师首先要把自己的手洗干净并进行消毒，然后将食指慢慢放到幼儿的口中，刺激幼儿进行反射性呕吐，这样能够缩短有害物质在幼儿体内存留的时间。最后，幼儿教师应对幼儿进行安抚，轻拍后背，令其休息。教师需要注意的是，催吐要适当，不可强行催吐，那样只会让幼儿干呕，从而损伤食道，甚至会因头部供血不足而晕厥。

如果是重度中毒，如出现头晕、心悸、昏迷、抽搐等症状时，幼儿教师要在最短时间内把幼儿送到医院急诊室，不可有片刻停留。回到幼儿园后要将幼儿食物的残渣交到化验室，查出食物中毒的原因，以便后续处理。

## 三、保证外出活动安全

幼儿园各个班级时常开展校外集体活动，幼儿的年龄特性使他们更习惯通过自己的感知去观察一切事物。通过观察世界，幼儿能够感知世界的多姿多彩，如去其他幼儿园进行联谊，去科技馆、博物馆进行科普教学等。可见，活动的开展对幼儿的成长与学习是必不可少的。

在农村中，虽然没有博物馆、科技馆等场所，但是有稻田、麦田，有美丽的小溪、小河，还有放羊的牧民，这些对幼儿的发展也能起到良好的辅助作用。在课外活动中，农村幼儿教师需要确保每一个幼儿的人身安全，在安全的前提下学习知识，增添学习的趣味性。在具体实施中，教师可以使用如下方法，以确保活动安全。

### （一）制定奖惩制度约束幼儿行为

通过奖惩制度约束幼儿在校外的言行举止。在以往的经验中，教师带领幼儿外出活动时，幼儿总自顾自地玩耍，不听从教师指挥，这实际上存在很大的安全隐患，倘若行走在车流密集的国道、省道路口，则容易出现交通事故。

专业的幼儿教师要善于运用奖惩制度。例如，某农村幼儿教师准备以班级为单位带领幼儿去小溪边开展户外活动，在出发之前，教师对幼儿提前声明：这次活动后，对于听话的幼儿，每人奖励一颗棒棒糖；对于不听话的幼儿惩罚其做值日。只有通过幼儿的喜好制定相应的制度，才能让幼儿守纪律、懂规范，从而大大降低危险发生的概率。而且，在动机的层面改变他们的行为，比起一味地教导要更加灵活，更符合幼儿的天性。如果不采用以上实物奖励的方法，教师只需对幼儿说："如果这次大家都乖乖听话，下次老师还带大家出来郊游，如果有人不听话，四处乱跑，老师下次就不带大家出来了。"这种方式是以外出活动的次数作为奖惩依据，在一定程度上，比单纯给幼儿棒棒糖更具吸引力，也更具意义，更能约束幼儿，让他们在校外的活动中处于安全范围内。

### （二）外出之前做好周密准备

首先，在外出之前，幼儿教师要严格落实活动报备制度，外出由两名以上幼儿教师带队，患病的幼儿不能参加，公布详细活动计划以及收费标准，坚持自愿参加的原则，在征得幼儿家长同意之后，方可开展活动。

其次，外出地点要秉持"安全、就近、有保障"的原则，活动地点尽量选择熟悉、交通便利，有一定人流量的地区，不可去人烟稀少的偏远地区，活动时间以半天为宜，因为幼儿年龄较小，长时间的体力活动容易引起他们水土不服。

再次，强化幼儿的安全意识，在外出之前，幼儿教师应对幼儿进行集体安全知识教育，并记录幼儿家长的联系方式、家庭住址以及工作单位。要极力引导幼儿遵规守纪，可由多名教师共同带队，提前联系医疗保障队，重视交通安全，重视对司机驾驶技术的考察。

最后，对整个计划的各个步骤进行严格审查与流程梳理，要科学规划行程、制订周密的应急预案，更要把安全保障工作落实到每个步骤之中。如遇突发情况，如歹徒抢劫，一定要尽可能将损失降低到最小，并及时与公安、医院联系。

### 四、园内日常安全工作

上述各类安全事件虽然骇人听闻，但从全国范围来看，其发生率并不高，只要每一位幼儿教师、每一位领导引起重视，就可以将隐患扼杀在摇篮之中。同时，要知道的是，幼儿和教师大部分时间都在幼儿园中度过，更多时候应对的是日常琐事和每日的规律性事件，那么针对这些事件要如何做到安全和规范呢？

#### （一）进餐过程

幼儿正处于生长发育的重要时期，一日三餐的健康与营养对他们的身体影响很大。《3—6岁儿童学习与发展指南》明确指出："为有效促进幼儿身心健康发展，成人应为幼儿提供合理均衡的营养，保证充足的睡眠和适宜的锻炼，满足幼儿生长发育的需要。"而幼儿进餐的安全隐患主要在于被食物呛到、被热汤烫到、被地上的汤水滑倒等。所以，幼儿教师在幼儿进餐时要进行悉心照料，主要包括幼儿餐前洗手、确定食物温度、给幼儿提供轻松愉快的进餐环境。

餐前：指导幼儿合理有序地摆放椅子；指导幼儿分组洗手，并让小班长监督大家的洗手情况；组织幼儿进入座位，在入座过程中，幼儿教师要提示幼儿座位与餐桌保持适当距离。幼儿入座时要保持上身正直，腿置于桌下；幼儿教师要使幼儿保持安静，准备就餐。

餐中：教育幼儿判断食物的温度，如温度过高千万不可食用；纠正幼儿不良的进餐习惯，如大口吞咽，以避免幼儿被食物噎住；为幼儿介绍不同食物中含有的营养成分，教育幼儿不偏食、不挑食，均衡饮食。

餐后：幼儿教师要收拾餐桌以及地面，防止幼儿在就餐过程中因为食物洒在地上而滑倒；指导幼儿擦嘴、漱口，并做一些动作幅度较小的活动。

#### （二）午睡过程

幼儿在午睡过程中容易引发的安全事故大概有如下三点：第一，幼儿携带毛绒制品上床睡觉，细小的毛容易造成幼儿呼吸困难，甚至窒息；第二，幼儿在睡觉过程中翻身，导致不慎跌落；第三，幼儿的睡觉姿势不正确，如用被子蒙头睡、趴着睡等，这样很容易造成幼儿缺氧。

睡前：检查幼儿的衣着，不允许将存在安全隐患的物品带上床；提醒幼儿小便；帮助幼儿摆好枕头、拉开被子，让其准备入睡。

睡中：引导幼儿用最正确、最安全、最舒适的姿势入睡，坚决杜绝蒙头睡、趴着睡等不良睡姿；关注幼儿午睡中的状态，如果发现踢被、发烧等情况要及时处理。

睡后：幼儿刚睡醒时身体比较乏力，幼儿教师要辅助幼儿起床，防止幼儿因刚刚睡醒感到头晕而摔倒。

### （三）盥洗过程

幼儿在园内的盥洗过程包括洗脸、洗手、漱口、梳头四个环节，其中洗手最为频繁。盥洗池往往是石质或瓷质，质地坚硬，而盥洗室的地面又比较湿滑，幼儿很容易在不经意间磕碰到自己的头部或摔倒在地，又由于幼儿生性活泼，喜欢在盥洗室嬉戏打闹，这更增加了盥洗过程中的风险，幼儿教师必须提高警惕。

在幼儿盥洗过程中，幼儿教师应做到以下几点：教育幼儿在盥洗时要分组，排队进行洗漱，不可以拥挤；提醒幼儿不要边洗边玩，以防止香皂、洗手液等甩到地面上，致使幼儿摔倒；告知幼儿，洗漱所用的任何物品都是不可食用的；悉心指导幼儿洗手，顺序依次为打开水龙头、淋湿双手、关上水龙头、擦肥皂、搓洗手心、手背、手腕、冲净双手、擦干双手。

值得一提的是，目前在农村很多幼儿园中，缺乏可提供流动水源的水龙头，这增加了细菌滋生的可能性，容易使幼儿幼小的身体感染细菌。所以，农村幼儿园应当增加资金投入，对盥洗设备进行升级。

## 第三节 协同家长内外联动

新时代农村幼儿教师专业发展要求教师具备与家长合理、有效沟通的能力，能在沟通互动下，与家长共同构建保护幼儿安全的"围墙"，同心共筑爱的"保护伞"，协同家长内外联动、家园互动是当代农村幼儿教师必不可少的专业素养。正如《幼儿园教育指导纲要（试行）》中指出："家庭是幼儿园重要的合作伙伴。应本着尊重、平等、合作的原则，争取家长的理解、支持和主动参与。"

然而，现实生活中却或多或少地存在一些问题，如沟通频度不能满足家长的需求、沟通作用不能更加深入和具体化、家长对幼儿教师的信任力缺失、幼儿园的相关管理和制度不够明确等。针对上述状况，幼儿园与幼儿教师需要做出更好的转变，提出妥善的应对之策。以期"家园合作、内外联动"能够更具实效性，能够为幼儿的安全提供更全面的保障，从而促进幼儿更加茁壮健康地成长。正如著名教育家陈鹤琴先生所说："幼稚教育是一件很复杂的事情，不是家庭单方面可以胜任的，也不是幼儿园单方面可以胜任的，必须两方面共同合作方能得到充分的发展。"[1]

## 一、树立安全合作观念

"身体未动，观念先行"，协同校园内外共同保障幼儿的安全需要幼儿教师与家长改变以往的旧观念，把家庭和幼儿园看成一个紧密联系的有机整体。可以说，树立协调互通的幼儿安全教育、家园合作观念，是有效开展幼儿安全教育家园合作工作的第一步。

### （一）幼儿教师的角度

幼儿教师应当积极进行自我调适，进行自我角色定位的转化，把自己从教育事业的指挥者转变为教育事业的商议者，在涉及幼儿的园外活动以及幼儿的部分园内活动时，要善于倾听家长的意见和建议，克服职业倦怠感，充分信任家长。

首先，幼儿教师可以为家长指点迷津，提升家庭教育的科学性、方向性，丰富家园合作的内涵。因此，教师应该遵循教育影响一致性和连贯性原则，树立协调互通的幼儿安全教育家园合作观念，避免因为家长和幼儿园对幼儿安全教育存在的分歧而导致幼儿安全知识和技能的缺失、错乱。

其次，幼儿教师更要加强专业学习，在不断的教育实践中积累对幼儿的了解和认知，理性思考如何根据每个幼儿的特点，与他们的家长采取不同的沟通方式。

### （二）家长的角度

家长的态度对"家园合作"有重要的影响，家长的合作意识、沟通观念、教育观念存在较大的差异。有些家长认为家长与教师都是为幼儿好，只要是幼儿园提出合理的建议以及请求家长协助与帮忙的事件，家长都愿意亲力亲为；

---

[1] 陈鹤琴.家庭教育——怎样教小孩[M].北京：教育科学出版社,1994:2.

但有的家长认为，幼儿园收钱就应办事，应当包办幼儿的一切事宜，包括学习、安全、饮食等，不认同协同合作的方式。

针对以上问题，家长应明确自身的角色定位，要与幼儿教师构成一种相互尊重、相互合作的平等关系，积极参与到幼儿教师的工作中。如果所有的家长都缺乏对"家园互通"重要性的正确认识，不能明确各自的角色定位，那么将使幼儿教师的工作效率大打折扣，成为幼儿保育工作中巨大的阻力和障碍。所以，家长应积极主动地参与到交流活动中，配合幼儿园的一切工作，明确自身应尽的义务与职责，以"一切为了孩子"为第一要务。

## 二、运用多种沟通技巧

幼儿教师作为与家长沟通的主力军，必须善于学习，在过去的沟通中总结经验，并向同事"取经"，学会多种沟通技巧。

### （一）增进了解的技巧

心理学认为，当某人受到他人的肯定后，他将感到高兴，能够增加自我价值感和满足感，反过来，也更加乐于去理解、肯定他人。所以，要想与他人互相增进了解、加深理解，首先要展现真实的自己，其次要学会肯定别人。幼儿教师要向家长展现自己多方面的工作状态以及幼儿在幼儿园的良好表现，让家长清楚教师的工作流程、幼儿在园的动态。当家长对教师有了充足的了解并受到教师的肯定后，他们就会慢慢地开始站在教师的角度思考问题，积极配合教师开展各项工作。

教师要保持这种状态，尽可能让家长在今后也能随时了解自己的工作情况和他们孩子的状况，与家长建立一种良好的关系。同时，教师要在适当时机开展家长会、家长委员会、家长开放日等活动，对支持幼儿园工作的家长表示感谢，并有所表彰，让家长在群体中也能互相交流、学习育儿经验，促进教师与家长、家长与家长之间的良性互动。

### （二）化解矛盾的技巧

家长与幼儿教师虽然都以用心培养幼儿为共同出发点，但由于双方拥有不同的身份，扮演不同的社会角色，处于不同的社会环境，在协同合作过程中难免产生矛盾。所以，幼儿教师既要有预防矛盾产生、防患于未然的能力，又要有出现矛盾后尽快解决的能力。

一般来讲，矛盾产生于误会。为了避免误会产生，幼儿教师要学会表达。

比如，幼儿到家后说自己中午没吃饱，肚子非常饿，家长的第一反应可能就是幼儿教师没有尽到应尽的义务，没有给孩子充足的食物。而实际情况很可能是幼儿中午肚子不舒服，教师怕他吃撑会使肠胃更加不适，于是想让幼儿少食多餐。但这时，如果教师不会表达，不会向家长解释事情的原委，就会引起误会，形成矛盾。

所以，教师应当在工作中逐渐摸索，一方面要了解哪些事情容易让家长产生误会；另一方面要学会多与家长沟通，可以更多地为家长提供他们孩子的情况。当然，假如矛盾不可避免，教师也要保持冷静的态度，站在家长的角度来解决问题。

### （三）与农村祖辈家长沟通的技巧

农村中存在很多留守儿童，他们的家庭中除了幼儿就只有老人，于是照看幼儿的重担全都落在老人的肩上，由于老人对幼儿过分宠爱，幼儿极易形成恃宠而骄的性格。在这种情况下，幼儿教师应掌握与祖辈家长沟通的技巧。具体如下：要把尊重祖辈家长作为准则，一切交流与沟通都要建立在尊重长辈的基础之上；要主动与祖辈家长问好，语气要温柔；要时常关心祖辈家长的身体。当幼儿教师能做到以上几点时，与祖辈家长沟通的技巧便已经掌握一半了。

在沟通时，要尽量理解、体会祖辈家长的思想，他们走过漫长的人生岁月，有丰富的人生阅历，在很多时候容易固执于自己的看法，但幼儿教师万不可顶撞他们或指出他们的错误所在，一定要"边劝边哄"，俗话说"老小孩"，老人与幼儿都需要"哄"。经过以上努力，祖辈家长一定会被教师的真诚所打动，从而与幼儿教师良好地进行沟通，积极地参与到协作活动中。

## 三、构建多元安全合作

首先，农村幼儿教师可以在网络或园内开展家长课堂、家长安全讲座、家长助教、家长进校园等活动，通过多元化的合作模式把安全知识传递给每一个幼儿。在农村幼儿教师的指导下，家长能够在家中更好地培养幼儿的安全意识与能力，如日常生活中的交通规则、饮食卫生、防电防火、防摔防烫、防止咬伤等。其中，最重要的是交通规则的合作教育，当代社会交通事故频发，据有关部门统计，每年约有 30 000 名 0~14 岁的儿童死于交通事故，究其原因，某些司机开车比较快固然是一方面因素，但主要还是由于儿童交通意识薄弱，而交通意识薄弱的原因在于教师教育不力以及家长管理不足。教师在园内为幼儿讲述交通法规相关知识后，幼儿只能形成比较浅显和模糊的印象，若要真正具备系统、完善的交通知识和形成严格遵守交通法规的习惯还要靠幼儿家长的言传身教。

其次，农村幼儿教师可以向家长宣传和推广关于幼儿的保教知识，虽然家长不是专业的保育员，但是他们有对幼儿最真挚的爱，懂得一些基础的保教知识，有助于他们在家中更好地照看幼儿。

再次，农村幼儿教师可以建立家长交流中心，便于家长与教师之间、家长之间相互交流、互相了解，随时随地了解幼儿的安全状况。

最后，教师要对家长的教育背景进行全面深入的了解，如对家长的职业、特长等进行统计和整理，以便开展安全教育活动时可以加以利用。"可以在充分尊重家长意愿的前提下，让家长轮流担任安全指导员，根据各个年龄班的实际情况，由家长结合自身特长发起有针对性的安全教育课程。"[①]

---

① 陈海风.家园合作 奏响安全"三部曲"[J].好家长,2017(10):89.

# 第五章 农村幼儿教师专业发展需求——主体层面

## 第一节 端正师风师德

由于师风师德内容在第一章已有论述,此处不进行过多赘述,仅对如何提高师风师德进行论述,即实践层面。

### 一、幼儿教师学习反思

#### (一)终身学习

终身学习指社会中每个成员为了适应社会发展和实现个体发展的需求,贯穿于人一生中持续的学习过程,正所谓"活到老,学到老"。

终身学习能够帮助我们解决生活与工作中的难题,获得更广阔的发展空间和不断提高我们的生活品质。

对于专业的农村幼儿教师来讲,学习是职业生涯中不可中断的"命脉",是充实其精神世界,使其获得精神财富,健全人格修养的方法。停止学习,也就意味着失去进步的动力。新时代的农村幼儿教师必须树立终身学习的学习观,这是对知识的渴求,更是对德行的修养。

通过学习,幼儿教师能够更系统地掌握最新的相关幼儿教育理念,领悟到幼儿的培养过程真正的意义。与此同时,通过学习能提高幼儿教师对工作的热爱,树立其崇高的职业理想。

#### (二)勤于反思

曾子曰:"吾日三省吾身:为人谋而不忠乎?与朋友交而不信乎?传不习

乎？"① 这是说每天我都进行多次自我检讨和反省，替主人出谋划策是否做到忠心不二了呢？与朋友交往是否做到严守信用了呢？老师所传授的知识是否经常温习了呢？以上论述点明了反思对不同人群的重要性。

作为农村幼儿教师，如果在日复一日的工作中仅把心思放在照顾幼儿的事情上，不反观自己的内心，不对自己的精神世界进行提升，将永远不会进步。

专业的幼儿教师要努力打破常规，经常对自己的教学过程进行反思，从而获得对幼儿教育更具创新性和准确性的体悟。在教学工作中，幼儿教师应当善于反思，对教学工作进行有目的的计划安排以及宏观调控。每当一个阶段的工作完成后，教师应当对这一阶段的自我表现进行反思，要追问自己"是否以幼儿为中心""是否在幼儿教育事业中全力以赴""是否让幼儿真正学会自己想要传授的知识"。

通过上述不断反思的过程，农村幼儿教师才能突破平庸，规范自己的一言一行，探寻幼儿教育最本真的内涵，转变固有的教育观念和模式，丰富关于师风师德的道德智慧，在通往专业发展的路途上更进一步。

## 二、校园完善师德培训

### （一）建立培训体系

幼儿园的师风师德培训体系必须系统化、稳定化，这需要校方领导将此项工作长久地进行下去，如果只是"三天打鱼，两天晒网"，就不会取得好的效果，毕竟从人类学来看，人类观念的转变是一个漫长的过程，这涉及主体内外多层因素的影响。

领导应当成立专门的培训组织，组织内需要有对幼儿教师能起到榜样和表率作用的人，如各部门主管、专家、学者、优秀教师等。这样的组织可以使幼儿教师在师德培训过程中具有明确的领导者，既能营造浓厚的学术氛围，又能利于学者们互相交流经验，还能为师德师风的实践工作提出具体的想法。

在培训过程中，需要遵循循序渐进的原则，通过清晰可行的计划、步骤，对全体幼儿教师进行师德培训，从而让他们在思想道德层面有更好的提升。可以采取分组讨论的形式，激发幼儿教师的积极性与主动性，让他们把自己对师风师德的思考表述出来，运用自我总结、自我剖析的方式表述自己的不足，以

---

① ［宋］朱熹.四书章句集注[M].北京：中华书局,2012:56.

及自己准备着力突破的地方；可以加强对国家颁布的《幼儿园教师专业标准（试行）》以及《幼儿园教育指导纲要（试行）》的学习。通过对以上内容的集中学习，幼儿教师能够获得自己学习时所无法获得的全新体悟，把法规和自己的职业规划深度融合，切实有效地提高师德师风水平。

### （二）培训体系需要实践性与多样性

首先，师德培训活动应当与幼儿教师在幼儿园的教学活动紧密联系，不能脱离实践谈培训，要在做好当地师德调查的情况下，结合师德建设中的问题，对教师进行有针对性的培训。毕竟幼儿园的师德培训是在幼儿教师每日工作的幼儿园，因此一定要回到实践中去，这样可以避免空洞的道德说教，让培训过程更具说服力。

其次，师德培训场所应当具备多样性，可以在多媒体室、博物馆、会议室等多个场所进行培训，要善于打破常规、丢掉陋习，找到最适合幼儿教师学习的场所。师德培训方式应当具备多样性，可以在各种公益活动、集体活动、研讨会等活动中穿插进行，要勇于放弃僵化呆板的培训方式，甚至可以举办相关内容的演讲比赛，加大师德宣传力度，激发教师追寻师德的热情。

## 三、社会开展师德监督

除上述校园与教师自身关于师德的培养外，社会各界也对幼儿教师的师风师德有监督的责任义务。

师德监督需要遵循多角度、多领域、全方位的原则，发动社会多重身份的人，站在不同立场对幼儿教师进行监督。

第一，教育部门。教育部门要把幼儿教师的师德建设与监督当作与其他重要事务并重的任务，平常就应当做好师德监督，通过师德的培养来抵制幼儿教育行业的不良风气，教育部门在监督过程中不能徇私舞弊，要命令专业人员做好检查工作，把监督师德作为"日常必做功课"。

第二，教师同事。同为幼儿教师，同事之间的互相监督能够更加准确地发现每一位教师存在的师德问题。这是因为常年的同事关系让大家相互之间非常了解，在对方将要犯错之际，同事能够更快地互相提醒，相互提示和彼此共勉，这种监督方式能让幼儿教师没有太大的心理负担和压力。

第三，家长监督。家长是最了解自己孩子的人，虽然幼儿教师在园内与幼儿朝夕相处，但父母出于疼爱，所有的注意力必定都放在孩子身上，假如自己的孩子身上出现问题，家长肯定是最早能发现的人。近几年出现的幼儿教师师德沦丧事件并没有被媒体和校园最先发现，而是被幼儿家长最先了解，足以说明家长监督的重要性。

第四，媒体监督。新时代是信息化时代，任何消息都能在媒体爆出后几分钟被全国人知晓。既然有广泛、迅速传播消息的能力，媒体就应当勇于承担这份重任，在师德相关报道中做到及时性和准确性，要本着对幼儿、对职业负责的态度进行专业报道，从而对师德失范的教师起到一定的警示作用，促使其形成良好的师风师德。

## 第二节　热爱本职工作

专业的农村幼儿教师需要热爱本职工作，热爱才能具有工作的动力。而热爱不仅来自内心，还来自外界条件，如果工作与工资不成正比，即便内心热爱，这种爱的程度也会大打折扣，所以要使幼儿教师真正热爱本职工作，需要"内因"与"外因"相结合，"外因"即满足教师的需求导向，"内因"即教师学习的传统文化。

### 一、满足教师需求导向

#### （一）以需求为导向的必要性

需求是机体因感到缺乏某种物质（不仅限于可感事物层面），从而力图获得满足的心理倾向，是机体自身所处环境及各种情况在头脑中的反映。农村幼儿教师的需求是农村环境下特定职业的需求，具有它自身的特性。由于相关部门对农村幼儿教育活动关注度不够，农村幼儿教师工作艰苦，条件差，报酬少。据不完全统计，幼儿教师是所有职业中流动性最高的，约50%的幼儿教师到手工资不足2 000元，仅有15%的幼儿教师工资超过3 000元。这是教师离职率高的重要原因。以上问题需要各界人士对幼儿教育引起重视，把教师需求当作导向，摸清幼儿教师的需求方向，提高幼儿教师的待遇，对幼儿教师经常加班、过度劳累的情况进行改善。

具体来看，幼儿教师的工资一般是看级别、幼儿园的性质和规模，级别越高、规模越大，教师的工资就越高。农村幼儿园本就地处偏远，规模不大，在一般的农村私营幼儿园，幼儿教师仅能获得1 000～2 000元的薪资；如果是公办幼儿园，有编制的教师在3 000元左右。但是，所有的幼儿教师身上都有"加班族""月光族"等标签,在物价飞涨的现代社会,幼儿教师每天工作十个小时以上,心中要时刻想着幼儿的教学计划和进度、班级的教具、教育、保育、保洁的相关情况。劳力的同时要劳心,加班的同时要与家长沟通,沟通的过程还要始终保持良好的态度,却只能获得微薄的收入。

比如,在省级市区某乡镇公立幼儿园中,教师在扣除最低档次的保险与公积金后,只剩下不到2 000元,除去加班,在正常工作的9小时内完全没有停歇。长此以往,农村幼儿教师这份工作无法满足他们的需求,自己的付出与收入不匹配,使他们对该职业失去信心、失去热爱,向专业化教师行列发展的人将会越来越少。

（二）满足教师需求的途径

针对以上问题,有关部门必须以农村幼儿教师的需求为导向,努力为他们解决工作时间过长、工资过低的问题。首先,政府应当进一步加大投入,提高补助标准,尤其要加大对贫困区县、发展相对滞后、财力薄弱地区的投入。其次,适当提高普惠性幼儿园的收费标准,经过计算,幼儿园支付一名幼儿一个月的运营成本要近千元,而很多幼儿园为了吸引学生收费较低,只能从降低幼儿教师的工资入手,应当对此种情况加以改变。最后,政府应当为农村幼儿教师缴纳保险。幼儿教师是神圣的职业,但他们更是人,也是普通的群体,生存是最基本的需求,若无法保障生存需求,工作何以稳定,何以心安?

## 二、教师把职业当成乐趣

农村幼儿教师必须有发自内心去热爱本职工作的想法和需求,这就需要把职业当成乐趣,摒弃以往固有的思想,建立新的自我认同观念。

曾经的教师普遍把教育当作一种生活的手段或者一个"饭碗",在自己惰性思维的影响之下,不再开发新型的教学方法,认为老旧的教学方法已经能够达到教育的效果,殊不知,教育与学习一样,"逆水行舟,不进则退"。教师不注重自己独立科研与创造的能力,也就无法实现自己的突破与职业水平的提升。这就导致很多幼儿教师在工作上力不从心、自我倦怠,在保育和教育中都呈现落后的趋势,就更不用提开展实践工作和教研任务了。长期如此,教师便会失去对职业的热爱,在被社会淘汰之前先被自我淘汰。所以,农村幼儿教师必须随着时代不断进步,通过不断学习加强和提高自身的理论素养与实践能力,以适应教育改革的新形势。

在自我认同的过程中,很多教师发现现实自我与理想自我的差距之后,开始退缩、抱怨、止步不前，这是不可取的。教师应当不断完善自我，敢于接受不足，从而立足本位，面向未来，稳步提升自己。

首先，认清自我要善于发现自身的短处与不足，应当鼓起勇气、立足现实，把自己的不足纳入自我提升计划之中。假如为了无谓的虚荣而掩饰真实的自己，欺骗的只有自己，更不利于自我认同与提升。正所谓"祸莫大于不自知"，这就是说最大的祸事便是不了解自我、不面对自我。古希腊哲学家苏格拉底曾说过："最大的美德就是认识你自己。"可见认清自我的重要性。

其次，认识自我的过程要全面、客观。要学会正确评价自己，不偏不倚，不要夸大，更不能妄自菲薄。事实上，人在社会中都有自己独特的作用和特点，每个人都有每个人的长处，要客观对待。从认识到认同，再到把职业当成乐趣，需要一个较长的过程。在这期间内，教师要通过自己的认识与体验，把幼儿教师角色中的社会期望与要求转化为个体的心理需要，坚守自己对教师职业的初心，培养农村幼儿教师特有的使命感。

最后，要有幼儿教师职业的使命感。认同的最大来源在于自我使命感的实现。比如，一个人终日无所事事、吃喝玩乐，没有既定的目标，没有人生的规划，没有每一个阶段任务完成后的喜悦与成就感，更没有职业赋予自身的使命感，那么，他就体会不到使命感带来的责任与义务，无法实现自我价值，在内心深处便无法真正认同自我。所以说，幼儿教师只有真正具有职业的使命感，积极承担社会职责，完成社会任务，产生相应的角色意识与定位后，才能实现自我认同，才能有益于提高对本职工作的热情，实现与兴趣、动机、情感的完美统一。

## 第三节　提升专业素养

要想改变农村幼儿教师当下的发展状态，提升其水平与素养，必须从两个方面入手：一方面是幼儿教师自我独立提升素养，另一方面是社会外在支持促进教师提升素养。

### 一、专业素养的自我独立提升

在20世纪的很长一段时间内，学者与专家一贯认为，促进农村幼儿教师专业发展的重点在于社会支持机制，殊不知，主体的独立自我提升也同等重要，其对农村幼儿教师专业成长以及他们的职业生涯发展具有重要的内在价值和意义。21世纪的农村幼儿教师专业化成长主要指在教育领域内的自我创造和提升，只有真正具备这样的意识与能力，幼儿教师才能主动去学习、思考、探究、总结、评价，才能在今后的保育工作中持续积累经验，获得长足有效的发展，才能真正感受到自己的汗水与智慧所产生的价值，才能感受到幼儿教师职业所带来的荣誉与尊严。

前文已经对幼儿教师专业发展的素养进行了概括，此处仅简要介绍，并从实践层面进行论述。"专业素养"，顾名思义，就是一定要具有专业性，更要包含"素""养"多个层面，即职业道德、职业操守、身心发展、专业能力、专业知识、保育结合效率等。此外，其他素养对新时代幼儿教师的专业发展也很重要，包含社会化的人的各项能力，如反思能力、逆向思维能力、组织计划能力、实践开展能力、观察分析能力、人际交往能力、心灵疏导能力，以及自身特有的专长和特点等。那么，如何实现上述能力和水平的提升呢？

首先，农村幼儿教师要学会与幼儿进行交流，在交流过程中要尊重幼儿，用心倾听他们幼小心灵的"呼声"。对幼儿提出的要求，幼儿教师要以是否对幼儿有益为标准，对幼儿有害的要求不予支持；对幼儿下达的命令，更要以促进幼儿身心健康发展为首要条件。在交流过程中，幼儿教师要注意言辞和善，幼儿犯错不能严厉责骂，应当循循善诱，以引导的方式让幼儿认识到自己的错误，从而主动改正。

其次，农村幼儿教师要学会与家长成为伙伴，与家长的交流应当遵循商议式、协同式、理解式、换位式等方式和原则。例如，教师想让家长在家中加强对幼儿的辅助教育，可以先与家长商议，晓之以理，动之以情，让家长能在百忙之中抽出时间自愿辅导幼儿；并向家长说明家园协同教育的优势以及该做法的意义；教师要学会站在家长的角度换位思考，以理解性的语言与家长沟通，理解家长的辛苦，强调自己的教育理念，从而达成共识，构建良好的"伙伴关系"。

最后，农村幼儿教师要处理好与同事的关系。同事是幼儿教师在教育事业中最可靠的"盟友"，二者的身份均为幼儿教师，他们考虑问题的出发点是一致的。在特殊情况下，教师可以适当寻求同事的帮助，如幼儿突发高烧、幼儿受伤或者教师自身的突发状况等。

可见，农村幼儿教师自我提升的各项能力以及根据自身素养发展的需求作出相应提高的能力既是幼儿教师很重要的内在需求，又是提高自己职业胜任力、幸福感，消除职业倦怠、职业焦虑的法宝；是提高自己专业水平，成为一名教育事业的忠实践行者、推动者的需要；是现代社会发展、教育不断改革的需求；是获得健康向上的生活品质的需要。此外，农村幼儿教师还需要获得外在机制的支持。

## 二、专业素养的外在支持提升

农村幼儿教师专业发展的外在支持需求包括经济需求、福利需求、职业地位需求、亲友认可度需求、研学机会需求等。以上外在条件的满足会直接影响幼儿教师对该行业意义和价值的认知，从而促进幼儿教师的专业化发展。

首先，农村幼儿教师需要和谐、稳定、愉悦的工作环境。幼儿教师的工作对象为幼儿，面对天真烂漫的幼儿，教师必须跟上他们的步伐，做到共同娱乐、共同学习，形成一个具有良好氛围的团体，而这一切只有在和谐、稳定、愉悦的环境中才能实现。这样的工作环境和氛围能让教师保持一种轻松的状态，不会因为工作时间较长而感到疲惫，从而能更好地应对工作、处理问题。

其次，农村幼儿教师需要政府部门的支持。众所周知，农村幼儿教师是我国教师队伍中的弱势群体，面临着多重矛盾，如工作与生活之间的矛盾，学习与考核之间的矛盾，工作压力大与工资水平低之间的矛盾等。要想解决这些矛盾，只能依靠政府在宏观管理和大环境方面给予扶持。政府要真正重视农村幼儿教师这一弱势群体，把他们摆在与其他教育阶段教师同等水平与位置上，真正推动幼儿园持续发展，完善幼儿教师的保障制度，调控幼教市场，在职称评选、荣誉、休假、轮班上进行一定改革，以吸引和留住农村幼儿教师，激发教师对本职工作的热爱，提升他们的各项素养。

最后，农村幼儿教师的发展需要幼儿园领导的正确引导。幼儿教师是幼儿教育事业的主力军和排头兵，而园长是幼儿教师的第一责任人。研究表明，幼儿教师的发展方向、发展质量与幼儿园的领导者和幼儿园的各项制度具有密不可分的关系。所以，幼儿园的管理者应当制定更加完善的园内管理制度，应当尊重幼儿教师在专业发展中的独特性，应当创造调动幼儿教师专业发展的各项机制和体系，让农村幼儿教师感受到自身职业生涯的美好，从而爱上本职工作，提升专业素养。

## 第四节　研究幼儿心理

心理是人脑对客观现实主观能动的反映，而幼儿心理指3～6岁幼儿的心理特征和发展趋势。21世纪以来，多名学者认为，0～3岁的婴儿心理应纳入幼儿心理的范畴。笔者认为，0～6岁婴幼儿的心理特征和发展趋势应当统称为婴幼儿心理。

《幼儿园教师专业标准（试行）》的基本理念指出：要遵循幼儿身心发展的特点与规律，关爱幼儿，重视幼儿的身心健康。可见，农村幼儿教师对幼儿心理的研究是专业发展的要求。

### 一、幼儿心理的影响因素

幼儿心理的影响因素有两种：一是遗传因素，这也是幼儿心理成长和发展的主要因素；二是环境与教育因素，同样对幼儿发展具有重要意义。

#### （一）遗传因素

作为生物特有的一种现象，遗传指父母通过染色体把自己的生物特征传给子女，其中对于幼儿心理发展最具意义的是脑的容量与结构特征，这是形成幼儿不同心理环境的根基。

不过，幼儿的心理也处于不断发展与变动之中，其中会有一定的规律，摸清遗传规律，探究遗传素质的正常与否，是促进幼儿心理正常发展的基础。有些幼儿是由于遗传上存在缺陷基因，才造成的心理障碍。

#### （二）环境与教育因素

虽然遗传对于幼儿心理发展具有重要影响，然而需要强调的是，幼儿出生后的心理发展方向还要依靠环境与教育，它们能为幼儿心理发育提供更多的可能性，在一定程度上决定幼儿的发展方向、速度、水平。

在幼儿的成长过程中总会出现各种令人不解的行为，身为农村幼儿教师，要对幼儿心理有一定了解，防止幼儿出现心理问题，确保幼儿心理健康。

## 二、幼儿的心理特点

### （一）充满好奇

幼儿心理的第一个特点就是好奇心强。由于来到世界的时间比较短，对事物的认知比较少，幼儿处于天生的好奇状态之中，对周围一切事物都感觉十分新鲜，都想一探究竟。幼儿习惯对事情"打破砂锅问到底"，如收到礼物的时候，幼儿从来不会等待，总是喜欢第一时间拆开，然后仔细看看里面装的是什么。根据这一特点，在培养和教育幼儿的同时，幼儿教师要注意培养幼儿的好奇心和兴趣。"兴趣是学生获取知识、拓宽眼界、丰富心理活动的最重要的推动力，是实现理想的桥梁，良好的开端是成功的一半。因此必须利用儿童好奇的特点，激发他们的学习兴趣，提高课堂的教学效率。"①

### （二）喜欢模仿

幼儿心理的第二个特点是喜欢模仿。由于好奇心较强，他们喜欢根据不同事物的特征进行模仿。可以说，幼儿时期的动作、语言、技能、行为习惯、品质等的发展都离不开模仿。这种模仿行为对幼儿智力的开发和抽象能力、思维能力的提升都有所影响。模仿可以分为无意识模仿、有意识模仿、外部模仿、内部模仿。在教学过程中，教师可以让他们多模仿、多思考。"贪玩好耍是儿童的天性，若教师能巧妙地将这一特点引入学习中，就能使学生感受到学习的乐趣，大大激发他们的学习兴趣。针对这一特点，幼儿教师可以在教学中精心设计一些有趣的游戏、活动等，让学生边玩边学，在有趣而愉快的过程中掌握知识。例如，在教学 5 以内的减法时，选 7 个小朋友玩老鹰捉小鸡的游戏，1 个扮老鹰，1 个扮鸡妈妈，其余 5 个小朋友扮小鸡，当老鹰捉到了 1 只小鸡时，请小朋友列出算式再说出得数，小朋友都能说出'5-1=4'；当老鹰捉了两只小鸡时，问他们可以列一个什么减法算式，得数是多少，学生会兴奋地异口同声地说'5-2=3'，这样在玩中学、乐中悟，实际效果很好，学生们很有兴趣。"②

### （三）情绪不稳

幼儿常常因为一些小事发脾气，又常常因为某些小事突然破涕为笑，这

---

① 李琳.遵循儿童心理特点,提高课堂教学效率[J].新课程（小学版）,2013(2):119.
② 同上。

源于他们的年龄特性，也与此时的一些外部因素有关。首先，幼儿往往在2岁左右开始发展自我意识，随着他们自我意识的不断增强，变得喜欢说"不"，喜欢拒绝，喜欢随自己的性子做事；其次，此时的幼儿交流能力有限，无法随时准确表达自己心里的想法，如果一时无法表达，很可能因为着急而"爆发"；最后，幼儿处于一种特殊的敏感期，在这一时期，他们会对外界事物很敏感，如果他们熟悉的事物或状态被改变，他们就会敏感、焦虑、烦躁。所以，幼儿教师对于幼儿，尤其是小班幼儿，一定要给予足够的情感支持，要对他们有更多关心；要经常组织他们做喜欢的事，如过家家、玩水、玩泥巴等；要在课堂讲究"民主"，培养他们的自立意识，让他们慢慢学会在课堂上表达自己的想法。

### 三、农村留守幼儿的心理特点

当代社会出现大批农村劳动力外流的情况，使得农村留守儿童数量激增。大多数留守儿童正处于身心发育关键期，尚未形成独立的价值观，容易受外界环境因素的影响，也更易形成极端性格，导致自卑、孤僻、焦虑等心理问题的出现。

留守儿童由于缺乏父母双方的陪伴，比其他儿童更容易出现心理健康问题。可是迫于生活压力，他们的父母又不得不外出务工，这导致农村留守儿童普遍具有胆怯、冷漠、敏感、任性等特点。农村留守儿童一旦遇到不顺心的事情就会十分暴躁、大发雷霆，他们常常会认为别人要伤害自己，容易产生敌对心理，具有很强的戒备心，经常因为一些小事与他人发生争执。

要解决农村留守儿童的心理问题，要从两个方面入手：一是家庭，二是幼儿园。

在家庭中，家长应时常与幼儿保持联系、进行沟通，重视自己的行为举止，重视对幼儿进行正确导向，不要过分强调金钱，培养幼儿的自立意识和道德荣誉感，如果发现幼儿有什么问题要及时打电话与幼儿园沟通。另外，家中的老人为幼儿准备的饮食要讲究营养均衡，同时在日常生活中也不要过分宠溺。

"学校作为人才培养的主阵地，在维系农村留守儿童健康心理上具备义不容辞的责任。新时期，学校必须尽快建立完善的心理健康教育机制，认真分析农村留守儿童的心理特点及成因，逐步改革优化课堂教学，给予农村留守儿童全面的人文关怀。在素质教育背景下，教师的主导地位得以确立，其系列的思想行为表现直接影响了工作成效。对此，学校需进一步确立健康心理养成教育的重要地位，加强专业化师资队伍建设，及时更新他们的思想理念，提高其职业素养和专业技能，使之能够提供更完善的教育服务。"①

综上所述，"家园"双方的合作对于留守儿童的心理健康十分重要。农村幼儿教师在园内要更多关注这一批特殊的幼儿，多分析他们的心理特点，有针对性地帮助他们养成健康的心理品质，这样才能促进他们更加健康地成长，才能更好地贯彻和践行新时代幼儿教师的专业标准。

### 四、幼儿教师与幼儿心理

幼儿教师的幼儿心理健康素养对幼儿的身心健康发展具有重要影响，这要求幼儿教师要研究幼儿心理以及与幼儿心理相关的内容。

当前，"幼教人员的幼儿心理健康素养存在显著的年龄差异，但无学历差异"。②这主要是因为，"随着时代的发展，人们越来越关注心理健康问题，新进幼教人员在其学习阶段就可能更多地接触和吸收心理健康方面的知识，因此相对于年长的、更早进入幼教工作的同行，他们能表现出更好的幼儿心理健康素养"。③

但是，"幼教人员普遍对幼儿心理健康问题辨识能力较差"。④这需要幼儿教师重视幼儿心理，并进行专业的幼儿心理健康素质培养："一是运用园本教研与集中培训相结合的方式，通过编制、发放《幼儿心理健康素养手册》，促进幼教人员了解幼儿的心理、行为发展特点，了解各种心理障碍形成的原因及表现；二是通过日常不断地学习、积累、自我提升，幼儿园教师逐渐了解并掌握观察、记录、评价幼儿的操作方法，并能将其运用于提升幼儿心理健康水平的实践中；三是通过开展主题活动、开办家长学校等途径，加强幼儿园教师与家庭以及社区的合作，创建互惠和相互尊重的关系，动员家长参与到对幼儿的观察与评价活动中来，以此促进幼儿心理健康的发展。"⑤

---

① 李丽红，缪祥彦.论农村留守儿童心理特点及健康心理的养成教育[J].教育教学论坛,2017(37):47-48.
② 杜建政,刘宁,张翔,等.幼教人员的幼儿心理健康素养现状[J].学前教育研究,2015(6):48-55.
③ 同上。
④ 同上。
⑤ 同上。

# 第六章 农村幼儿教师专业发展需求——心理层面

《幼儿教师专业标准（试行）》要求幼儿教师要了解、掌握幼儿心理的内涵、特征以及发展趋向，并能针对幼儿的心理状况做出相应的应对之策，从而指导幼儿健康茁壮地成长。本书认为，幼儿最突出，也是幼儿教师最应当掌握和培养的心理素质为自信心、逻辑性、好奇心。

## 第一节 培养幼儿的自信心

由于农村地区较为贫困，大部分家庭物质比较匮乏，再加上极低的家庭文化结构，低水平的社会氛围等因素，农村的幼儿群体容易具有较强的自卑感，缺乏自信，对自己普遍做出偏低的评价，所以与城镇幼儿相比农村幼儿更需要培养自信心。

根据观察发现，农村幼儿常常有害羞、内疚、忧伤等情绪体验，他们见到师长不敢直面相对，回答问题也是"唯唯诺诺"，极度缺乏个性。针对这些问题，农村幼儿教师必须强化法纪意识，杜绝体罚或变相体罚，应进行多元的幼儿课程教学，结合幼儿的年龄特征，积极研究提升他们自信心的方法，下文将对此展开论述。

### 一、自信心的相关概念

#### （一）自信心的内涵

自信心是大家耳熟能详的一个名词，是我国文化中的重要概念。孟子有"有诸己之谓信"的说法，韩非有"宁信度，无自信也"的说法，当时的"自信"与现在的"自信"有所不同，直到鲁迅提出的"自信"一词才赋予了其更多的近代意蕴，表明自信是一种内在力量，是人格的重要特征，是人走向成功所必备的心理素质和心理条件。

自信心必须建立在对自己和对事物的正确认识的基础上，缺乏自信使人畏缩不前，过于自信或盲目自信则会使人骄傲自满，只有正确的自信心才能使人意志坚定，不怕困难。

心理学认为，自信心是一种反映个体对自己是否有能力完成某项任务的信任程度的心理特性，是一种积极、有效地表达自我价值、自我尊重、自我理解的意识特征和心理状态。幼儿拥有自信，对其一生的发展都大有裨益，那么幼儿如何培养自信？自信来源于哪里？教师又当如何去做呢？

### （二）幼儿自信心的来源

幼儿的自信心主要源于两个方面：一方面是家庭，另一方面是幼儿园。在家庭里，父母、祖父母、亲友都能对幼儿产生一定的影响，在幼儿园，教师、同学同样如此。

其中，父母和幼儿教师对待幼儿的语言与方法是幼儿自信心的主要来源。这是因为幼儿与父母、幼儿教师的接触时间最长，同时他们是能够起到表率作用的成年人，而成年人往往是幼儿的首要模仿对象。

首先，父母是幼儿最早的启蒙老师，身为家长，身为幼儿最亲的人，应当明确了解自己孩子在应对不同问题时所采取的不同措施，应该在适当的时候为幼儿做出正确的表率，指导孩子的行为。在休闲时光，家长可以通过讲故事的方式教育幼儿树立自信，教育幼儿勇于面对一切。在日常生活中，父母要以身作则，夫妻之间保持一种美满的状态；让幼儿时常感到大人对自己的关心与爱护；要经常展现自己的自信，如经常说"小意思""我能行"；要对幼儿常说鼓励的话语，如"相信你""相信自己""你能行"等；让幼儿尽量独立完成力所能及的事，不要总是伸出援手。

其次，幼儿进入幼儿园后，幼儿教师就是父母以外对幼儿树立自信心影响最大的人。在幼儿眼中，最崇拜的人就是自己的父母，而幼儿教师是最像父母的人，他们任劳任怨、不辞辛苦地照顾幼儿起居，为幼儿传授知识，幼儿把这些都看在眼里，在内心深处也是崇拜教师的，所以教师一定要起到榜样的作用，时常表现出友好、自信等品质，并且要经常激励幼儿，长此以往，幼儿的自信心就能得到培养。

但是，如果家长与教师忽略幼儿的心理健康，不重视他们自信心的培养，他们很可能会有很多不自信的表现，不仅对他们自身，还对别人也有不良影响。

### （三）幼儿不自信的表现

（1）好胜心过强，喜欢证明自己的能力，掩盖自己内心对自己的否定。

（2）脾气暴躁易怒，对其他同学不够友善。

（3）经常自夸和炫耀自己，如买了新的球鞋、新的文具等。

（4）对课程没有兴趣，经常逃课去操场或者厕所。

（5）对待其他人表现得十分冷漠，让人不易接触。

（6）对很多事情没有把握，不愿意亲自尝试，希望教师能够帮忙。

（7）内心总是怀疑别人是不是讨厌自己，是不是不喜欢自己。

（8）即使被父母、教师惩罚也不愿意去学习，而喜欢自己的"小天地"。

（9）犯了错误没有勇气承认，并把错误推给其他人。

（10）不会好好保护和珍惜自己的物品，时常具有破坏心理。

（11）过于腼腆，面对陌生人不敢说话。

（12）在课堂上过于安静，面对教师的提问不敢做出回答。

（13）面对没有经历过的事情表现出较大的恐惧和慌张，担心自己无法完成。

（14）在家过于依赖家长，在园过于依赖教师，缺乏独立意识。

（15）不合群，无法与其他同学进行正常的语言交流。

（16）每当进入陌生的新环境时会异常安静，谨小慎微。

（17）担心别人对自己不怀好意，总是提防他人。

（18）受到批评或指责时闷在心里或者大哭，不能寻找改变自己的途径。

## 二、幼儿自信心的影响因素

### （一）欣赏与激励

对幼儿时常有欣赏、激励的目光与话语是每一位专业的幼儿教师应当做到的事，一句激励的话，恰如植物所需要的养料，恰如寒风后的一缕暖阳，恰如初春润物的雨水，能够滋润幼儿娇嫩的心灵。

在过去，农村的长辈常常以严格要求作为行动准则，并不擅长鼓励他人。到了新时代，农村幼儿教师必须改变固有的观念与做法，用赏识的目光、激励的话语对待每一个幼儿，帮助他们更好地建立自信。

曾经有学者做过一个实验，某幼儿园有几名学生总是无法保质保量地完成课后作业，有两名教师分别采取不同的方法应对。一名教师总是批评他们，并强行要求他们下次一定要完成作业，否则就让他们罚站，结果，教师失败了，没有取得自己想要的结果，他们仍然每次都无法完成作业。另一名教师主动去询问那几名幼儿没有完成作业的原因，他得知，原来是因为他们实在无法理解题目，他们内心也想完成作业，但是对题目感到十分困惑，感觉自己没有完成作业的能力。于是，该教师为他们布置了比较简单的作业，当他们把作业完成后，教师在班级进行了表扬，他们由此对做作业充满自信，此后，这几名幼儿真的每次都能完成作业了。所以，身为幼儿教师，要学会合理运用表扬，使幼儿变得更加自信。哪怕幼儿只取得微小的进步，也是值得表扬的，正所谓"不积跬步，无以至千里"，积少成多才是生活与学习的真谛。

有的幼儿缺乏自信，教师令其回答问题的时候，他们总是小心翼翼、不敢说话，就算说话，声音也非常小，这时候教师就应当经常与他们聊天、谈话，并表扬他们，可以说："在老师心中，你是最棒的，我之所以叫你回答问题，是因为其他人可能无法回答，老师相信你的能力，所以请大胆地说出自己的想法。"通过上述方式，可以帮助幼儿树立自信心。

### （二）适度表扬，与批评相结合

但是，凡事都要处于适度的原则之下，正所谓"过犹不及"，好的事情过度也会变成坏事，过度的表扬反而会让幼儿产生自负的心理，所以表扬要适度。

斯坦福大学的著名发展心理学家卡罗尔·德韦克曾带领自己的团队做过一个重大的实验，他们对纽约20余所学校的400名学生进行了长期的跟踪研究。实验发现，表扬组的学生在学习与实验中更容易失败，而且在将来的发展中很容易就有挫折感，这证明无论一个人多么有天赋异禀，都承受不了过度的表扬，那样只会让他们无法承受失败的打击。这与"捧杀"有相似之处，通过过度吹捧让受吹捧者骄傲自满、停滞不前，甚至导致后退。所以，幼儿教师在表扬幼儿的时候要注意以下几点原则。

1. 不要过度表扬

表扬过多容易让幼儿产生骄傲和膨胀的不良心理反应，他们甚至会认为自己高人一等，不需要努力就能获得成功，从而轻视努力与用功的重要性；他们会认为如果过于认真和努力，则表明自己不够聪明。

2. 不要凭空表扬

凭空表扬容易让幼儿过度抬高自己的自尊，容易让幼儿产生一种"以追求成功为目的就可以尝试任何事"的思维，反而割裂了现实与理想的联系，使幼儿忽略一些事情的现实性，从而在失败后丧失自信。

所以，教师对待幼儿的态度应当是该表扬时表扬，需要批评时也要给予适度的批评。

### （三）与家长"并肩作战"

自信心是个体心理长期发展的产物，仅依靠教师的努力很难树立，这就需要教师和家长共同培养幼儿的自信心，与家长"并肩作战"。

1. 为家长阐明培养幼儿自信心的重要性

很多家长忽视了培养幼儿自信心的重要性，认为这些都是次要的，只要孩子学习好、身体健康，其他的都不是问题。但事实上，学习不是衡量幼儿的唯一标准，积极阳光的心态更有助于人的成功。如果不培养他们的自信心，很多幼儿就会在做事之前否定自己，在挫折面前停滞不前，慢慢地，他们做任何事都不愿意付出努力，只会安于现状，最终导致一事无成，被时代的洪流冲垮。

所以，家长必须要认清自信心对幼儿的重要性，俗话说"信心多一分，成功多十分"，家长怎能不对它提起重视呢？因此这就需要教师与家长"并肩作战"，通过合作更好地树立幼儿的自信心，增强他们的自信心、学习兴趣，激发他们的求知欲，让他们能够提高素养，学会求知、劳动、生活、感恩以及认可和赞美他人。可见，家长和教师应当共同把日常关注的点聚焦在幼儿的学习与生活上，为他们的进步喝彩，指出他们的不足和提升的途径。

2. 共同培养幼儿的自尊心

在一定程度上，幼儿的自尊心是他们自信心的基石，自尊心的表现形式有多种，如自信、自爱、自负、自卑、偏执等，这些表现形式都建立在自尊心的基础上，其中前两种是由之产生的积极心态。英国著名心理学家威廉·麦独孤曾把自尊心称为"自尊情操"，认为自尊情操是理解思想活动的金钥匙，是培养道德品格的关键。自尊心被视为与情操同等的境界，可见自尊心对人极为重要，那么有自尊心的幼儿会有什么样的表现呢？

幼儿有自尊心，在很多事情上会比较要强，不想落在他人身后，认为自己有能力做得更好，成为其他小朋友的榜样；如果失掉自尊，幼儿对一切事情都会变得无所谓，自然也就失去了努力学习的动力，久而久之，那一点点仅存的自信心也会消失殆尽。有些家长会在不经意间伤害幼儿的自尊心，但是他们不以为意，如有的家长会说："你这孩子成天不学习，就知道玩，还净给我惹祸，你就不能学习学习同班同学小王、小张吗？看看人家是怎么学习的，任何事都能自己解决，你现在穿衣服都要我帮你，什么时候才能长大呀！"在很多家长看来，这些话似乎无可厚非，但是在幼儿心中会产生很大影响，他们年龄小，自我评价能力低，把家长以及教师的评价当成对自己最重要的评价，幼小的心灵会因为这些话语而受到伤害。

为了避免这种后果，幼儿教师必须告诉幼儿的家长，让他们细心留意幼儿情绪的变化，要改变以前的说话方式，不能认为幼儿年龄小就没有自尊。科学证明，自尊心在幼儿 3 岁左右甚至更早的时候已经产生了，"家园"应该共同维护幼儿的自尊，共筑他们的自信心。

3. 共同为幼儿创造凸显自己价值的机会

在日常生活和学习中，家长和教师都应学会给幼儿创造一些容易成功的实践机会，这些小活动和小任务能够增强幼儿的自信心，通过一次次"小小的"成功，幼儿会形成自信的人生态度以及"不达成功誓不休"的目标感。成功是一种态度，是强大的内心造就的。而成功的秘诀在于自信、坚韧与恒心，正如爱迪生所说："自信就是成功的第一秘诀。"没有什么快乐能够比获得成功、凸显自己的价值更纯粹。

所以，家长和教师可以根据幼儿的兴趣爱好，根据是否对幼儿未来发展有益，共同组织和开展各种各样的趣味活动与比赛，如幼儿的演讲比赛、唱歌比赛、运动比赛、书画比赛、朗诵比赛等。通过以上活动，让每个幼儿都能展现自己，收获掌声、享受掌声，即使有些幼儿没有特长，无法取得很好的成绩，也要为他们准备好奖品，让他们在掌声、奖品、鼓励中受到鼓舞与感动，从而肯定自己的价值，认为自己也能够受到他人的认可。

### （四）教育幼儿自我肯定

关于树立自信心，上文已经提到幼儿教师自身的努力、幼儿教师与家长的共同努力，但是如果幼儿自己不想改变，不相信自己，那么一切努力也将付诸东流，所以教师更要让幼儿在心理层面突破固有的枷锁，敢于相信自己。

1. 教育幼儿敢于相信自己

相信自己不仅是一种精神动力，还是一种勇气，重点在于自己是否敢于把使命赋予自己。教师可以采取多种途径培养幼儿自我肯定的心态，最简单、直接的途径便是时常对幼儿灌输关于"相信""勇敢"的名人名言，让他们在名人的熏陶下逐渐养成自我肯定的积极心态。例如，德国著名学者鲁多夫·洛克尔说："信心是行为的父亲，你只要相信你的目标，就可以说你已经走了一半的路程了。"这句话就充分强调了相信自己、肯定自己的意义所在。另一种途径是幼儿教师通过中国传统思想与文化熏陶幼儿，如"民无信不立""笃信好学，守死善道"以及"志于道，据于德"，这也凸显出树立远大目标和自信心的重要性。

2. 引导幼儿认清自己的长处

在人生的旅途中，一个人如果站错位置，用自己的短处谋生，而不是运用自己的长处，就会面临失败，而失败带来的打击只会让人丧失自信心。

每一个人都有自己的长处，善于认清自己的长处并展现它，也是一种能力、一种学问，但不可用自己的长处去对比他人的短处，要正确发扬自己的长处。

所以，教师应当在与幼儿长时间的接触中发现幼儿的长处，让他们认清自己的优势，并学会扬长避短。

## 第二节 培养幼儿的逻辑性

农村幼儿教师与家长都有一些共同的目标，如让幼儿健康成长，让幼儿爱上学习，让幼儿养成好习惯，让幼儿有更好的未来，等等。但值得注意的是，提高幼儿思维能力，让他们的思维更加有逻辑性、条理性，以及能够独立处理各种问题，才是实现上述各种目标的必要条件。农村幼儿教师要掌握一定逻辑思维能力，并把这种专业性的观念与知识落实到幼儿身上。

### 一、逻辑性的相关概念

在谈论逻辑性之前，先讲一下犹太人。犹太人教育幼儿十分强调逻辑性，他们认为单纯的智慧就好像"背着很多书本的驴子"，要想发挥知识的真正价值，必须要有思维能力、运用智慧的能力以及运用逻辑的能力。

反观我国以前的培养机制，家长和教师虽然重视知识教育，重视智慧的培养，不想让幼儿输在起跑线上。很多幼儿熟知几千个汉字，能够完成一百以内的四则运算，能够背诵近百首唐诗宋词，甚至在"科学"的学习指导方式下已经开始预习小学的课程，但是我们对幼儿逻辑性的培养表现出太多的功利倾向，缺乏反思与质疑，缺乏纯粹的逻辑思维培养，这很值得深思。当代幼儿教师应当善于培养幼儿的思辨性、逻辑性和条理性。

(一) 逻辑性的内涵

1. 逻辑

逻辑指思维的规律与规则，来自英语的"logic"，"logic"源于古希腊

"logos"一词，"logos"是古代西方哲学家赫拉克利特提出的"火本原说"中的重要概念。他认为世界与万物都是"在方寸之间永恒燃烧的活火"，此为万物之本原，而它们"燃烧""运动"所遵循的规律就是"logos"，"logos"本意为思想、理性、规律性、言辞等，随着历史的演替，人们开始用逻辑代表研究推理论证的学问。

中世纪的经院哲学、文艺复兴时期的经验主义以及现代的各项科学无一不与逻辑息息相关，可见逻辑对人类智慧开发、对社会生产力发展都具有极大的促进作用。

我国之前虽然已经有与逻辑相同或相似词义的词语，如春秋战国时期名家的"名学""辩学"，还有后来的"论理学""理则学"等，但始终没有出现"逻辑"一词，直到19世纪末，严复在《穆勒名学》中第一次把"logic"翻译成"逻辑"一词，后来为章士钊等人所推崇，于是"逻辑"开始在我国兴起。

逻辑具有如下特征：第一，符合客观事物发展的规律；第二，符合思维的规律与规则；第三，代表某种理论、观点、看法；第四，与逻辑学同义，表示研究思维形式及其规律的一门科学。

2. 逻辑性

逻辑性是逻辑在人类思维中的重要体现，是思维的一种特性，只有具有逻辑性，才能顺应事物发展的普遍规律。逻辑性在生活中的表现有很多，例如，有针对性地处理问题，根据问题的紧要程度进行排序，先处理最要紧的事务，把其他事务排在后面去做；学习开汽车的时候由易到难，先学习点火、起步，再学习转向、停车、加减档等操作；研究事物的时候先从基本概念入手，进而研究相关的其他内容与实践途径；等等。

### （二）逻辑的意义

1. 有利于提高思维能力

逻辑最主要、最根本的意义在于训练并显著提高人的思维能力，使人的思维方式与处事方式富有逻辑性，促进主体自觉运用逻辑常识，指导其科学处理人生中遇到的学习问题与工作问题。目前，我国已经将"加强学生逻辑思维能力，培养逻辑性思维"作为教学改革的重要目标之一，农村幼儿园作为我国幼儿教育事业的主体，同样不能忽视逻辑培养，农村幼儿教师不仅要掌握逻辑的基本知识，还要把这种思维运用到对每一个幼儿的培养上。

2. 有利于获得新的知识

一般而言，人类获取知识的途径有两条：一是亲自实践，在实践中发现知识；二是从他人之处得来知识，包括阅读、倾听等。这两种认知方法在16至17世纪的欧洲曾引起时间跨度较长的科学论战。第一派学者为"经验主义者"，第二派学者为"理性主义者"。前者认为后者的知识虽然具有正确性、普遍性，但是并不能发现新的知识，因而没有意义，只是在以前固有的模式下"闭门造车"，让自己越来越封闭僵化；后者认为前者的知识虽然偶尔能发现一些新奇的现象，但是并不具备普遍性，具有极大的偶然性。在这种持续不断的争论之下，人们逐渐开始重视第三种认知途径，即把两种途径结合起来，并加以符合逻辑的理性分析，通过推理得出正确的新知识。

当然，逻辑推理的知识也需要进一步检验，但是无论如何，它挣脱了固有求知的模式，自成一派，成为帮助人们获取知识的新途径。

例如，生活于18至19世纪之交的法国动物学家、地质学家乔治·居维叶曾经提出了著名的"器官相关法则"，他认为动物的身体是不可分割的统一体，各部分器官既有明确的分工，又相互联系。一天，他在面对质疑者时，掏出在巴黎附近地层顶部找到的一块哺乳动物头骨说道："根据相关原理，从这个标本的牙齿来看，我认为它是哺乳动物中有袋类的负鼠，它的腹部必然有一块小的袋骨，以支持它的袋子。"随即，他用器材脱去周围的岩石，袋骨真的展现出来了，人们非常惊讶，为什么毫不相干的两个器官却有着这样的联系。

这就是逻辑帮助人获取新知识的重要体现，即通过真前提推导出真结论。众所周知，所有的有袋哺乳动物均具备袋骨，而负鼠是有袋哺乳动物，所以负鼠有袋骨。通过逻辑学中的推论，人们便能获取新的知识。

3.有利于思维条理清晰

没有逻辑的人总会在不经意间陷入思维的泥沼，无法逃脱各种不同思维的禁锢。受到逻辑培养后，在思考问题的时候，人们就会采取层层深入、逐级递进、深入浅出等条理清晰的方法。

例如，教师在掌握了一定的逻辑性后，在教学过程中，总能顺应学生的思维方式，并根据学科学习的递进程度制订非常科学有效的教学方案。在农村幼儿园中，专业的教师如果想让幼儿认清颜色，能够对颜色有明确的分类，就会用具有不同颜色特性的水果来把颜色这一虚拟概念真切地展现在幼儿面前，如苹果、橘子、梨子、猕猴桃都可以作为教具，让幼儿从浅显的外形开始学习，到最后深入了解概念层面的颜色，这便是符合逻辑发展规律的教学实例。这种逻辑既让教师对自己的思维和教学步骤有清晰的把控，又能让幼儿由浅入深，了解到颜色的内涵。

## 二、培养幼儿因果逻辑的实践案例

根据我们的常识，世间的万事万物均由一定的原因和结果联系起来，有一定的原因，就有相应的结果；有结果，就必定有引起它的原因。幼儿教师可以通过幼儿提出能够锻炼逻辑思维的问题锻炼和培养幼儿分析事物原因与结果的能力。例如，在气温很高的情况下，从冰箱中拿出一个冰块会产生什么现象？此时就可以推测这个冰块将很快融化成水；如果把水放到冰箱里会产生什么现象？此时可以推测水凝固成冰。这两种现象产生的原因就在于温度的变化。又如，在晴朗的早晨，把窗帘拉上会产生什么现象？此时可以推测窗帘布把太阳的光线遮住了，所以屋内变黑了。

以上是幼儿因果逻辑最简单的思维训练方式，此外，本书利用幼儿喜欢的事物，以培养幼儿逻辑性为目标，设计了一些具体的教学计划，将在下文展开论述。

### （一）小赛车

小赛车是幼儿都比较喜欢玩的玩具，它能够吸引幼儿的目光。把赛车组装好，打开开关放在赛道上，它就可以在赛道上"狂奔"，又因为赛车能通过更换马达、电池、外壳而获得改变速度的效果，具有一定的实验观察意义，所以能够使幼儿了解因果逻辑关系。

（1）活动目标：增进幼儿对赛车构造的了解，让幼儿了解不同因素对赛车速度造成的影响，分析其中的原因与结果。

（2）活动准备：小赛车、普通电池、赛车专用电池、简易赛道、大马力马达、秒表。

（3）活动计划

教师：小朋友们，你们平常喜欢玩小赛车吗？

幼儿：喜欢！

教师：那我们先看看这辆"音速战神"能跑出怎样的速度，小朋友们可要擦亮眼睛呀。

（一名幼儿把赛车放在赛道的出发点，另一名幼儿手持秒表，当教师喊出"开始"之时，两名幼儿分别同时启动赛车和按下秒表的计时按钮）

第一回合结束后教师说：小朋友们请看，小赛车跑出了"××秒"的好成绩，它是不是很快呀？

部分幼儿：老师，老师，我觉得它还不够快，我希望它能更快。

教师：它确实还能够更快，小朋友们请稍等。

（教师偷偷给赛车更换电池和马达，换好后重复第一轮的操作）

教师：这一次小赛车是不是快多啦？

幼儿：是的，老师，小赛车跑得好快呀，你刚刚去做了什么？为什么它突然跑得这么快呢？

教师：这暂时是个秘密，请小朋友们好好想一想，影响赛车速度的因素都有哪些呢？你们可以用类比的思路，想想跑步跑得快的人都有怎样的特点呢？

幼儿：跑得快的人腿都很有力量，都有很多大肌肉。

教师：没错，小朋友，那么什么东西能够让赛车变得有力量呢？

幼儿1：是马达，小赛车的马达能够让小赛车跑得更快、更有劲儿。

幼儿2：是电池，听妈妈说电池是能源，能够提供很多很多的力量。

教师：非常好，小朋友，现在你们知道赛车跑得快的原因了，你们通过分析，得出了影响赛车速度快慢的原因。那么，好的马达和电池与赛车跑得快哪个是原因，哪个是结果呢？

幼儿齐声回答：好的马达与电池是赛车跑得快的原因，赛车跑得快是用好马达与电池的结果。

### （二）毛毛虫的消化能力

毛毛虫是一种常见的昆虫，幼儿每次见到毛毛虫都喜欢仔细观察，同时毛毛虫的消化能力很有特点，它们的肠胃消化能力有限，常常是吃什么颜色的食物就会拉出什么颜色的粪便，具有实验性与进行因果分析的可行性。

（1）活动目标：增进幼儿对毛毛虫的认识；培养幼儿判断事物因果关系的逻辑性。

（2）活动准备：五只毛毛虫、五个小玻璃容器、不同颜色的食物（白菜、菠菜、胡萝卜、白萝卜、黄豆、绿豆、黄瓜、紫薯等）

（3）活动计划

教师：小朋友们，你们喜欢毛毛虫吗？

幼儿：喜欢。

教师：但是我听说呀，毛毛虫能够拉出不同颜色的便便呢。

幼儿大笑……

教师：今天我们用毛毛虫来做实验，我们喂毛毛虫吃一些不同的食物，然后观察一下，看看毛毛虫的便便会不会有所不同，好吗？

幼儿：好。（幼儿们笑着回答）

（给第一只毛毛虫吃白菜、白萝卜；给第二只毛毛虫吃菠菜、黄瓜；给第三只毛毛虫吃胡萝卜；给第四只毛毛虫吃紫薯）

教师：小朋友们，现在我们已经给四只毛毛虫都喂食了不同颜色的食物，我们先让它们回到"家里"，好好休息，明天再来看看它们，好不好？

幼儿：好。（大声回答）

到了第二天，教师带领幼儿一起来观察毛毛虫的粪便。

教师：小朋友们，快快观察一下，毛毛虫拉的便便有什么不同吗？

幼儿1：老师，我发现小毛毛虫拉的便便是绿色的。

幼儿2：老师，我发现小毛毛虫拉的便便是白色的。

幼儿3：老师，我发现小毛毛虫拉的便便是黄色的。

幼儿4：老师，我发现小毛毛虫拉的便便是紫色的。

教师：你们知道为什么毛毛虫拉的便便颜色不同吗？

幼儿进行思考并回答：因为毛毛虫昨天吃了不同颜色的食物，有的毛毛虫吃了白色的食物，有的毛毛虫吃了绿色的食物，有的毛毛虫吃了黄色的食物，有的毛毛虫吃了紫色的食物。

教师：你们真棒，但是我还想问你们，假如一个毛毛虫把以上的食物全部吃掉，那么它将拉出什么样的便便呢？

幼儿齐声回答：毛毛虫将拉出彩色的便便。

教师：太棒了，小朋友们，你们可以告诉我这件事情的原因与结果吗？

幼儿回答：毛毛虫吃不同颜色的食物是原因，它们不能把食物完全消化，拉出不同颜色的便便是结果，原因决定了结果。

教师：小朋友们太棒了，那我们现在给第五只毛毛虫喂食以上所有颜色的食物，看看明天它会拉出什么样的便便，来证实你们的观点好不好？

幼儿：好！

第二天，第五只毛毛虫果然拉出彩色的粪便。于是，幼儿在这样培养逻辑性的活动中增强了寻找因果逻辑的能力，还获得了关于毛毛虫的小知识。

## 三、培养幼儿对应关系的实践案例

何为关系？所谓"关系"，就是某一事物与其他事物之间存在的联系，按照马克思的哲学思想，任何事物都处于与其他事物的普遍联系之中，只有与其他事物相互联系、相互促进才能不断发展，才能让自己的特性和作用逐渐显现，绝对不存在完全孤立的事物。

既然事物都处于普遍联系之中，认清事物的对应关系才是应对万变世界的重要准则，农村幼儿教师就需要具备这种专业能力。

**（一）图形对应**

（1）活动目标：了解图形及名称，能够认出真实事物分别具有怎样的形状。

（2）活动准备：三角板、直尺、小皮球，以及其他形状的一些物体。

（3）活动计划

教师：小朋友们，你们说说看，这个世界上都有哪些形状呢？

幼儿：圆形、三角形、正方形、长方形、椭圆形……

教师：很好，那么老师现在要教给大家一种能力，让大家把这些材料和形状对应起来，让你们清楚地了解每一种形状。（说着便拿起三角板、直尺、小皮球等物品，让幼儿喊出它们的形状）

（教师把提前打印好的纸拿出来，纸上面打印着不同的形状、不同形状的名称以及具有不同形状的物品）

教师：小朋友们，我们现在举行一个比赛，看看谁能够最快地把纸上的物体和形状对应起来。

（幼儿们开始用铅笔进行连线，分别将圆形与小皮球、三角形与三角板、长方形与直尺等一一对应起来）

通过以上的教学活动，幼儿教师能够培养幼儿对事物形状对应关系的认知，增强幼儿的逻辑性。

**（二）数量对应**

（1）活动目标：提升幼儿对数字的敏感程度，将数字与实物的数量相对应。

（2）活动准备：印有1至10数字的10张卡片和小型玩具模型。

（3）活动计划

教师：小朋友们，今天我们做一个游戏，表现好的人能够获得我手里的玩具模型。在此之前呢，我们先熟悉一下之前学过的数数，大家先从"1"数到"10"。

（幼儿开始数数）

教师：小朋友你们太棒了，下面我从卡片中抽出数字，你们就大声喊出来是几。

（教师从 10 张卡片中随机抽出一张，重复几次，等到幼儿熟练规则后，开始游戏）

教师：下面，我出示数字几，小朋友们就要从模型中选出相应数量的玩具模型哦。

幼儿：好！

（教师重复此前的步骤，如果拿出卡片"5"，则拿 5 个模型的幼儿是正确的；如果拿出卡片"3"，则拿 3 个模型的幼儿是正确的。多次重复，直到幼儿练习到全部能够拿对）

教师：小朋友们都太棒了，大家都能拿对正确数量的模型，让老师非常惊喜，那么老师送给每人一个小模型，希望小朋友们以后继续这么棒，能够更加热爱学习。

最后，教师对教室进行简单的清洁。

## 第三节　培养幼儿的好奇心

好奇心是幼儿难能可贵的品质，更是幼儿积极心态的一种体现，农村幼儿教师要把呵护与培养幼儿的好奇心视为专业发展的重要环节，要了解幼儿好奇心的相关概念，实施有效的策略，帮助幼儿培养好奇心、求知欲，把它视为日常保育工作的重要部分，并为此做出积极努力的探索。

### 一、好奇心的相关概念

#### （一）好奇心的本质内涵

弗朗西斯·培根曾说："知识是一种快乐，而好奇则是知识的萌芽。"居里夫人说："好奇心是学者的第一美德。"塞缪尔·约翰逊说："好奇心是智慧富有活力的最持久、最可靠的特征之一。"从中可以看出，好奇心是知识的基础，甚至比知识还重要，是学习与研究过程中最重要的美德，那么好奇心的定义又是什么呢？

好奇心是一个跨越哲学、生物学、心理学、教育学等多门学科和领域的概念，对它进行定义需要结合多方面来考量，不过应当以心理学对好奇心的定义为主。

在心理学的定义中，好奇心是个体遇到新奇事物或处在新的外界条件下所产生的注意、操作、提问的心理倾向。此外，好奇心还是个体寻求知识的动力，是个体学习的主要内在动机之一。动机是构成人类一切行为的动力源泉，从个体动机的出发点和目的性来看，动机包括外在动机与内在动机两部分，外在动机是由活动本身以外的目标引起的，幼儿不是为了满足自身要求，不是单纯以掌握知识为目的，而是为了获得达成学习目标后的奖赏和表扬；内在动机是自发的、不依赖附加报酬的行为，而好奇心恰恰是这种自发内在动机中的一个要点。

本书认为，好奇心不仅是人类寻求知识的动力，还是培养创造性人才的核心。例如，爱因斯坦被公认为是伽利略和牛顿后最伟大的物理学家，他提出了光子假设，解释了光电效应，创立了狭义、广义相对论，为人类文明发展做出了卓著的贡献。他年幼时最大的一个特点就是充满好奇心，他曾说："没有好奇心等于行尸走肉。"所以，好奇心的培养应当从小抓起。人类最初的好奇心来自婴儿的探究反射，观察发现，婴儿一旦发现新奇事物，就会用手去触摸，用舌头去品尝；当婴儿进入幼儿期，他们的好奇心会更加强烈，时常用动作、声音表达自己对周围环境的好奇。陈鹤琴认为："好奇心对幼儿之发展，具有莫大作用，幼儿凡对一切新的东西就产生出好奇心，一好奇就要与新东西相接近。"通过这种好奇，幼儿逐渐产生了创造性，只不过好奇心需要被保护与鼓励，否则就会逐渐消退，不利于创造性人格的形成。

（二）好奇心的基本特点

当前学界普遍认为，幼儿的好奇心具备如下特点。

（1）幼稚性。幼儿年龄较小，他们的思维水平、知识储备、经验水平都比较有限、幼稚，遇到事情往往考虑得比较简单，他们经常会模仿大人"发表"一些让人啼笑皆非的言论，但是身为成年人，不能对这些言论一笑置之，在他们单纯的童心背后，隐藏着巨大的好奇心，要正确对待他们幼稚表现下的好奇心。

（2）探索性。好奇心和求知欲的培养有共同的要求，即获取关于未知事物的知识，虽然幼儿的心理与生理尚不成熟，但是他们的好奇心十分强烈，他们经常喜欢向大人提问，还能主动去进行一些探索活动，在探索过程中，往往使用听、闻、尝、摸等多种方法，这都是幼儿求知欲的特征与具体体现。

（3）广泛性。成人往往只对自己感兴趣的知识有求知欲，并且这类知识具有很大的局限性，有时只包括自己工作范围内的知识，有时只包括自己所学专业范围内的知识。幼儿则不同，他们遇到的未知事物较多，对自然与社会中的各种事物都有强烈的好奇心，如天文、地理、动物、植物、建筑、颜色、音乐、舞蹈等，所以他们常常会向大人请教各种各样的问题，身为家长或教师一定要认清幼儿这一特点。

（4）情境性。最后，幼儿的好奇心普遍具有情境性，或者说好奇心更容易随着场景、环境的变化而快速变化，与人们常说的"三分钟热度"有相似之处，但是我们并不能因为幼儿"善变"就不重视他们好奇的问题。这是因为虽然大部分情况下幼儿好奇心的重心容易偏移，但教师对幼儿的耐心解答会让幼儿一生受用，从而对某领域产生持久的兴趣。

（三）幼儿好奇心的研究历程

1890年，詹姆斯把好奇心这一概念初次引入心理学研究的范畴，自此，学者们开启了对好奇心的研究历程。20世纪初，最具代表性的人物为威廉·麦独孤，后来的博莱恩等人对好奇心同样有着丰富的论述，并且博莱恩对威廉·麦独孤的理论进行了完善与发扬，为好奇心之后的研究指明了方向。

博莱恩指出，好奇心应当分为知觉性好奇和知识性好奇，其中的知识性好奇就是我们常说的求知欲，经常被用来研究幼儿的学习行为，它能够极大提高幼儿寻求知识的欲望，促进幼儿对知识产生渴求，这也是学界研究的重点。随后，他进行了一项关于幼儿好奇心的测试，他对参与测试的所有幼儿提出了一些涉及无脊椎动物的问题，并记录他们对每一个问题的好奇程度，测试后，把此前测试题目的答案随机交给他们，要求他们根据自己的问题寻找相应的答案，在这次试验后，博莱恩又做了一次相同的测试。研究结果表明，幼儿对那些使自己感到好奇的题目的回答效果显著优于其他题目，这说明好奇心与兴趣对幼儿学习知识具有良好的促进作用。

20世纪中叶后，以瑞士著名教育心理学家让·皮亚杰为主的学者对好奇心的研究达到了史上的第一个高峰，他以儿童对周围的好奇心与探索为基础，提出了影响深远的儿童认知理论。让·皮亚杰通过一系列实验与研究，发现幼儿对自己亲自发现的事物有极大的探索欲望与好奇心，容易对其产生理解和兴趣，从而获得更多知识。所以他指出，在儿童的认知过程中，幼儿教师要善于对幼儿进行引导，要求幼儿通过自己的兴趣努力寻找问题的答案，要使幼儿在教师不同的教学方法中产生学习兴趣，从而主动地进行学习，而不是过早地直接给予幼儿答案，这样只会起到反作用，让他们养成不爱思考的不良习惯。此后，更多学者在让·皮亚杰的影响下开始把好奇心与幼儿的认知能力结合起来，如密特曼、特雷尔、舒娜等人，他们认为充满好奇的阅读和研究能够使学生获取更多有价值的资料，从而有效提升他们的认知和理解能力。

20世纪70年代至80年代，好奇心研究迎来第二个高峰。进入21世纪，学者用信息差距理论对好奇心的认知理论进行填充，形成了好奇心研究的新局面。

但是，我国对幼儿好奇心的开发与教育尚处在摸索阶段，很多家长和教师把幼儿的好奇心视为无缘无故的"破坏"，不仅不会加以引导和表扬，还会严厉指责与打骂。同时一些教师往往忽视幼儿对陌生事物、陌生环境的好奇，只教育幼儿学习课本知识，在这种情况下，幼儿再也不敢萌发好奇心，只会在家长和教师限定的"条条框框"中循规蹈矩地生活。

根据2009年教育进展国际评估组织对全球21个国家的儿童进行的调查，中国儿童的想象力排名倒数第一，创造力排名倒数第五，中国中小学生认为自己有好奇心的不足5%，我国教育家刘道玉认为"中国教育的解放必须从解放儿童的好奇心开始",我国对儿童好奇心、创造力激发的工作已经刻不容缓。《幼儿园教育指导纲要（试行）》指出：要保护和培养幼儿的好奇心，如何正确对待幼儿的好奇心是教师面临的一个重要研究课题，保护幼儿的好奇心，激发幼儿的求知欲，善待幼儿提出的"为什么"，给幼儿开拓一个"放开想""放开做"的空间，促进幼儿全面发展是教育改革的题中之义。

### （四）幼儿好奇心的影响因素

影响幼儿好奇心的因素有很多，包括幼儿与生俱来的性格、幼儿身边的事物与环境、家长的行为、教师的行为、同学的行为、祖辈的行为以及网络的影响等。但总的来看，大致分为两点：内因与外因。本节认为，影响幼儿好奇心的最大相关因素是幼儿自身，而影响幼儿自身好奇心的主要因素是家长与教师的教导。

家长对幼儿好奇心的影响可以通过以下途径起作用。

第一，家长在日常生活中的处事方式。假如幼儿家长经常对身边的事物保持好奇，常常自己研究，或者做一些小发明，幼儿长期受到这种影响，自然能够激发好奇心与求知欲；假如幼儿家长每天都比较沉闷，下班后倒头就睡，从来不问"为什么"，教育孩子只是说努力学习、好好看书，那么幼儿即使有一定的好奇心，也会在这种氛围的长期影响下消磨殆尽。

第二，家长对幼儿的教育与说话方式。假如幼儿家长在面对幼儿提出问题的时候，时常说"你自己动手查一查、做一做""你可以试一试，看看会发生什么""这个问题需要我们共同去探索"等，则有助于幼儿好奇心的培养。要极力避免"这种问题没用，有这些时间不如去多看些老师给你们发的课本""不要想太多，去看电视吧""怎么这么多问题？我现在很忙，没空给你解答"之类的语言。

幼儿教师对幼儿好奇心的影响可以通过创设良好的学习环境，通过言行引导等方式实现。幼儿教师应当根据教育目的和幼儿生长所需为幼儿营造一个适宜的学习环境，运用多种资源，在适当情况下与幼儿家长合作，积极参与幼儿的"好奇心工程"。首先，应当创设新鲜、独特的外部学习环境，这种环境容易引起幼儿情感与认知的倾向，提高他们的好奇心水平；其次，培养幼儿乐观、好学的心理环境，激发幼儿探索的行为，包括各种类型的情感互动，如教师声情并茂地讲课，以及使用各种友善、理解性的肢体语言等，都能让幼儿感到轻松愉悦，在这种心理环境中，幼儿更容易产生和保持好奇心。

### （五）好奇心与兴趣

一般而言，兴趣与好奇心一样，都是人的一种内部动机，是人们力求认识某种事物并趋向某种事物和从事某项活动时特有的心理意识倾向。兴趣是以认知与探寻其他事物的内在需求作为出发点，从而对某种事物或行为产生积极的情感反应。兴趣能够促进人们了解和研究事物。

兴趣是一种心理反应，除了人被消极情绪"打压"的情况外，兴趣总在人的思想中存在，由于兴趣的刺激作用和感官的选择性活动，神经激活水平在梯度上协调变化，调节感觉通道和所涉及的整个脑机构活动。这时的神经过程负载由兴趣所激起的认知加工表现出平均水平比较高的兴奋状态，所以在有兴趣的前提下，人能够更好地进行认知活动。

本书之前已讨论过幼儿通常对自己感兴趣的事物才会产生好奇，对好奇的事物才会去求知，所以如果要培养幼儿的好奇心，就要先培养幼儿的兴趣。兴趣与好奇心具有普遍联系性，兴趣越高涨，好奇程度就越高，二者表现为正相关态势。那么，农村幼儿教师到底应当如何做？到底应当遵循怎样的原则呢？接下来将对教师的教学实践活动进行较为全面的论述。

## 二、培养幼儿好奇心的实践原则

在培养幼儿好奇心的过程中，幼儿教师要给幼儿更多想象的空间，强调发现知识的过程和主动探究的精神，更要给幼儿多一份鼓励和宽容，只有遵循以上原则才能取得最好的效果。布鲁斯·阿尔伯茨曾说过："对于每一个想要改进科学教育的人，其面对的挑战就是要创造一种开发利用儿童好奇天性的教育，使他们不仅在上学期间，在一生当中都保持着学习的动力。"

培养幼儿的好奇心对我国来说是一份任重道远的工作，幼儿教师作为"主力军"，必须在正确知识的指导下，明确自己的重任，保护、激励幼儿的好奇心，遵循构建好奇心的原则，以幼儿为本。

### （一）注重鼓励和宽容

俗话说"良言一句三冬暖，恶语伤人六月寒"，无论是成人还是幼儿都喜欢听到表扬和鼓励的话语，有时一个动作、一个微笑、一句简单的"你能行"就能起到意想不到的效果。尤其是对于幼儿来讲，幼儿教师一句鼓励的话能让他们倍感振奋，反之则会让他们畏首畏尾，再也不敢尝试未知的事情。

例如，幼儿对泥土中的小蚯蚓产生兴趣，想要进一步观察蚯蚓，幼儿教师应做的是鼓励幼儿，而不是批评和打击。

幼儿教师要保持一颗宽容的心，认可幼儿好奇的自由性与合理性，给他们自由的空间，也许幼儿偶尔会犯一些错误，但这些错误对他们来讲是可以理解的，所以宽容幼儿的过失，接受他们在学习过程中的失败，是保护幼儿好奇心的原则。

在农村的日常生活中，幼儿常常会依着自己的天性在沙子、泥巴里打滚，趴在地上观察"搬家"的蚂蚁，观察"打架"的螳螂，追着蜻蜓狂奔等，殊不知，这一切在成人看来幼稚的行为，恰恰是幼儿兴趣与好奇最大的体现，幼儿教师和家长万不可扼杀幼儿这份宝贵的好奇心，一定要鼓励他们对自然进行探索，这是培养幼儿好奇心的重要原则。

### （二）注重幼儿的自由发展

1. 让幼儿自由思考

诗人纪伯伦说过："我宁可做人类中有梦想和有完成梦想的愿望的、最渺小的人，而不愿做一个最伟大的无梦想、无愿望的人。"在我看来，人的心灵是有翅膀的，会在梦中飞翔。幼儿心灵虽然脆弱，但是更加丰富，他们的内心世界是多姿多彩的，他们的心灵是可以自由翱翔的。所以，幼儿教师只有遵循开拓幼儿思维的原则，让他们有一个自由飞翔的心灵，才能更好地培养他们的好奇心。

幼儿教师要帮助幼儿树立梦想，尊重他们的梦想，哪怕幼儿的梦想过于天真，过于遥不可及，也不要打击他们，要让他们变得更具想象力与创造力，当他们自发地做自己想做的事情时，好奇心便会被激发出来。要明白，成人永远不能对幼儿的想象力与梦想品头论足，永远不能限制或禁锢幼儿的好奇心。

2. 让幼儿自由玩耍

自由玩耍是幼儿心智成长过程中的重要环节，西方国家在这一点上做得比较好。教育心理学家霍华德·加德纳早已指出，中西方幼儿的学习方式存在较大不同：西方主张让幼儿自由玩耍，在幼儿玩耍的时候，成人从来不加干涉，习惯给幼儿更多自由的空间，让他们尽可能多地发现世界、探索未知，凭借自己的直觉去触摸、去感知；而中国幼儿在玩耍的时候，常常需要大人陪在身边，甚至指挥他们应该怎么玩，并限制他们。在笔者看来，幼儿需要更多自由的游戏时间，在游戏中提升想象力与创造力。幼儿教师也应当认识到这一点，因为幼儿多数的游戏时间是在幼儿园度过的，要充分认识游戏对幼儿成长的意义。科学表明，游戏过程是幼儿大脑最活跃的时间段，这时能更好地激发幼儿的好奇心以及产生其他一系列的积极心态。

### （三）注重引导的作用

对待幼儿的好奇心教师需要注重引导以及给予适当激励。

1. 引导幼儿提高对变化的敏感性

幼儿教师要引导幼儿去体验和感受周遭环境的变化，激励他们把自身精力放在这些变化中，并鼓励他们把这种体验与感受用自己的方式表达出来，明确讲出感受到了哪些变化，以及变化的原因、变化的作用。或许幼儿的回答不是最正确、最完美的，但是他们由此产生的思考是无价的，对他们好奇心的培养有百利而无一害。

2. 引导幼儿提高自己的动手能力

讲到动手能力，不得不提美国，美国极为重视培养幼儿的动手能力，在他们看来，实践高于一切，体验生活重于一切，幼儿教师常常带幼儿做手工，以提高幼儿的手指灵活度；学校常常开展各种各样的活动，鼓励幼儿自己动手表现主题，以促进幼儿动手能力与思维创造性的结合。总而言之，美国幼儿的动手能力是日积月累锻炼出来的，而问题与知识恰恰是长期的实践才能带来的，在各种问题的"折磨"下，幼儿总会在心里思考问题的原因，久而久之，好奇心便愈发强烈。所以，我国也要效仿这一点，多组织幼儿进行动手活动，让他们在实践中发现问题、思考问题、解决问题，激发好奇心。

3. 引导幼儿自己去探索未知的问题

要引导幼儿在好奇心与兴趣中找到平衡，让幼儿在兴趣的引导下探索未知的问题，而不是一味地"灌输"知识。

例如，在某一堂简单的科学原理课程中，教师不要全程主导实验，更不要直接把研究结果告诉幼儿，而应当先引导幼儿对该实验产生一定的兴趣，在幼儿产生兴趣后，组织他们对实验进行自主观察和思考，并引导他们在各种现象中发现和探索未知问题。该过程以引导为主，在所有幼儿都进行"头脑风暴"之后，教师再说出结论，这样一来，既能锻炼幼儿的思维能力，又能激发他们对实验的兴趣与好奇心。

4. 引导幼儿学会观察

观察是指有目的、有计划的知觉活动，是知觉的一种高级形式。通过观察，人们能够更好地发现问题、获取知识，可以说，观察与实践是激发好奇心的第一步。居里夫人曾经把观察定义为"学者的第一美德"，巴甫洛夫也一直将"观察、观察、再观察"作为学习的座右铭。

幼儿教师要引导和培养幼儿的观察兴趣，引导幼儿根据事物的特征进行系统性观察，根据事物的不同特点进行观察，如从左到右、从上到下、从整体到局部、由表及里等。对幼儿来讲，观察力是影响其智力结构的重要因素，是智力发展的基础，它能够直接影响人感知的精确性，影响人的好奇心、想象力、创造力、思维能力的发展，所以幼儿教师要引导幼儿学会观察。

# 第七章 农村幼儿教师专业发展需求——礼仪层面

礼仪是人类和谐交往的前提与准则，对于每一个个体而言，礼仪能够体现个人整体的素养，对于人类发展而言，礼仪能够体现人类社会的文明状态。在人类历史长河中，出于各种目的，发展衍生出各种各样的礼仪，不同国度、不同时代都有不同的礼仪，而我国被称为"礼仪之邦"，那么每一个国人都应当重视礼仪，作为幼儿的"启蒙者"，幼儿教师更应如此，应当熟悉并掌握各项礼仪规范。在《幼儿教师专业标准》中又有"衣着整洁得体，语言规范健康，举止文明礼貌"的要求，所以，农村幼儿教师熟练掌握相关的礼仪必不可少。

## 第一节 幼儿教师的职业礼仪

作为新时代的高素质人才，农村幼儿教师掌握礼仪不能仅仅停留在表面，应当首先学习礼仪的内涵，再去做符合规范的礼仪。春秋时期孔子云："人而不仁，如礼何？"这是说人没有内涵和仁爱，光有"礼"的形式是没有用的，所以，人应当了解礼仪的内涵，那么，礼仪是什么呢？

### 一、礼仪的相关概念

#### （一）"礼仪"的内涵

在中国，"礼"字包含太多的文化底蕴，孔子是说"礼"最多的一位思想家，后人为之作注颇丰，朱熹认为："礼，谓制度品节也。"我国《古代汉语常用字字典》中认为"礼"有三种含义：第一种是我国奴隶社会和封建社会的等级制度以及相应的礼节仪式；第二种是尊敬、礼貌；第三种是礼物。"仪"，在《辞海》中有礼节仪式、礼物、法度、仪器、容貌、匹配、倾心、"宜"、姓等含义。

在西方,"礼仪"源自法语"etiquette",本意指"法庭上的通行证",后来引申为"人际交往的通行证"。

在本书看来,我国古时的"礼仪"与当今的"礼仪"有所不同,古时的"礼仪"更倾向于一种制度和严格的礼节,而现在的"礼仪"是一种日常交往规范,但是究其根本,都要有一种"敬",即人与人之间互相的尊重、尊敬,在这一前提下处事,便不会有出格的情况发生。而西方的"礼仪"从一开始就颇具现代意蕴,在注重法律的西方社会,"礼仪"凸显出更多民主与平等的思想,但是,仍然指一种准则、规则,所以,当代的"礼仪"就是人们在社会生活中发自内心而表现出为人类公认的规范准则。

(二)西方礼仪的发展历程

西方礼仪虽然也有一定的历史,但是总体不如中国礼仪发展的历程长,而且其中的内涵也不如中国礼仪丰富,不过,西方礼仪也有其独特性,有很多值得借鉴的地方。

爱琴海地区是西方文明的发源地,最早以克里特岛和希腊地区的迈锡尼为核心,在古希腊,多名思想家、哲学家对礼仪进行了论述。例如,希腊东部小岛上的毕达哥拉斯,他是第一个注重"数"的人,被人们尊称为"数学之父",他提出"美德即是一种和谐与秩序",同时期的哲学家苏格拉底也认为,学习知识在于认识自己,在于了解自身的不足,他提出"认识你自己"这一主张,强调培植人的道德观念,并教导人们要待人以礼。公元前146年,古罗马帝国开始兴盛,逐渐统治整个西欧,奥维德在《爱的艺术》中也明确提出,人们不应贪吃贪喝,要符合礼仪,不可狼吞虎咽。比奥维德稍晚的教育理论家昆体良同样重视礼仪,他撰写的《雄辩术原理》一书对罗马帝国的教育情况进行了详细的论述。他认为,一个人的道德与礼仪教育应当从幼年期开始,优秀品质和对礼仪的重视程度都应当从幼儿开始培养,等他们到了学龄,就应当在学校中践行礼仪规范。后来,西方社会经过黑暗的中世纪,逐渐形成了封建等级制和烦琐的贵族礼仪,很多文献中记载了当时的宫廷礼仪和规矩。到文艺复兴时期,伊拉斯谟著有《礼貌》,书中详细描述了个人礼仪与进餐礼仪,后来的英国经验主义者培根也说道:"一个人若有好的仪容,那对他的名声大有裨益,并且,正如女王伊莎伯拉所说,那就'好像一封永久的推荐书一样'。"①另一

---

① F.培根.培根论说文集[M].沈阳:辽宁大学出版社,2018:29.

位伟大的哲学家约翰·洛克在他的《教育漫话》中也全面、深入地论述了礼仪在西方世界的地位、影响和意义。

总的来看，西方与中国礼仪相比，除中世纪黑暗时代之外，均没有过于明显的封建宫廷烦琐礼仪，而在礼仪的发展总体上呈现注重餐桌礼仪、餐桌文化、社交礼仪、绅士礼仪等，比中国礼仪更具现实性、社会性。而中国礼仪更注重人们内在的修养以及伦理纲常的表现。

### （三）礼仪的特点

作为世界各国时代的产物，礼仪具有综合性、社会性、时代性、继承性等特点。

#### 1. 综合性

众所周知，当代礼仪是综合性比较强的实践规范，它包罗万象，囊括人类个人生活与社会生活的方方面面，指人在与他人的交往生活中一贯保持公认的行为模式。礼仪一方面能够反映出时代的社会制度、社会体制，另一方面又体现出人们生活的风俗、习惯、文化等内涵，与人类生活所接触的一切对象密切相关。

#### 2. 时代性

根据上文的叙述，礼仪悠久的历史与多种变化已经毋庸置疑，当代社会，人们都能清楚地认识到礼仪是经历时间考验的产物，而不是某人"突发奇想"的偶然性产物。就我国而言，古时的礼仪主要体现为鲜明的等级特点，人们根据不同社交对象、不同关系、不同社交内容和要求，确立不同的礼仪等级、规范、规格、场所，皇宫内礼仪的等级与规格最高，而普通百姓之间礼仪并不明显。另外，见到不同级别与地位的人，所要求的礼仪均有所不同，例如，见到皇帝需要"三跪九拜"，见到王公大臣需要行"叩首礼"，见到地位相似的人则需要作揖，等等。

#### 3. 规范性

由于不同文化背景的人群在意识形态、思维习惯、行为方式上存在的巨大差异，为了避免产生隔阂与冲突，为了加强人们之间沟通交流，为了更好地进行信息传递、文化交流，人们需要一种比战争更具规范性并互相使人们能够尊重的媒介，即礼仪。于是，在此基础上形成礼仪的各种规范，人们通过具体的礼仪行为，表达各方特定的情感与意愿，从而真正加强彼此间的沟通与交流。

4. 策略性

策略，简单来说是计策与谋略，是实现目标的指导方略。礼仪也是一种策略，具体体现在两方面：一方面，礼仪是为了一定目的而进行的活动，为的是实现特定目标；另一方面，礼仪活动还需要提前确定活动举办的时间、地点、时机，这也需要预先进行比较完备的筹划工作。

5. 非强制性

就我国社会而言，古代一直都是"德法兼治"的社会，通常是礼法统一、德刑相济，违背道德不一定触犯法律，缺乏具体的惩罚规定，不具备强制性。

现代社会同样如此，人们遵守现代礼仪的规范和要求可以明显地加强人们之间的沟通，但是违反礼仪相关规范，却不会有相应的法律法规对其进行惩罚。

（四）礼仪的作用

在当代社会，礼仪是文明精华的产物，是人们素养的集中体现，是人与人、人与社会更好沟通的桥梁，学习礼仪对于个人、社会乃至国家都有很大的积极意义，本节将分别从个人、社会、国家三方面论述礼仪的作用。

1. 提高自身素养

人之为人，在于人知礼知耻，孟子云："人之所以异于禽兽者几希，庶民去之，君子存之。"表明人与禽兽就差那么一点，而这一点就是人的"仁义"与"礼"，用现在的话说就是人的社会性。

学习礼仪，能够培养一个人由内而外的品格与行为，包括气质风度、精神风貌、道德情操，还包括交际技巧、应变能力等。

请看如下一则故事：

一名学者带着自己的孩子去外面买菜，买菜的时候学者挑选得比较细致，因为晚上要招待客人，他不想因为自己的疏忽而让客人吃到不新鲜的食物，可是小商贩不乐意了，他说道："你看你穿得也很体面，买个菜怎么这么麻烦，你到底买不买？"学者听后没有与他争论，面对他的吆喝显得异常大度，于是付钱买了一些蔬菜就带孩子回家了。路上孩子问："爸爸，为什么你不与他理论呢？买菜不是可以仔细挑吗？那个人太粗鲁了。"学者答道："孩子，文明与礼仪是我们人类最重要的品德，无论何时何地，无论别人怎样对我们，我们都不可丢下它，要永远保持待人谦逊的态度。"可见，礼仪能够塑造一个人内在深厚的文化素养，提升人的思想境界与品格，正如古希腊哲学家赫拉克利特所说："礼貌是有教养的人的第二个太阳。"

2.带动社会风气

人与社会存在不可忽视的关系,这在两千多年前就被哲学家所认同,我国的孔子、孟子都认为个人遵守礼仪能够促进社会形成良好的风气,社会有好的风气,更能熏陶个人遵守礼仪;古希腊的柏拉图也认为,正义具有个人正义与城邦正义两个方面,这两方面互相支持、互相影响,正义在当时包含一切积极的内涵,自然包含礼仪层面的内容,可见,礼仪对于社会风气的塑造、影响作用巨大。当代有些人过于注重名利,有时为了获取利益而不择手段,丝毫不顾及礼仪规范,久而久之,他们这种个别的行为却会使得社会的整体风气变得混浊不堪。只有人们更好地学习礼仪,通过以身作则,潜移默化地影响,才能让以上问题逐渐得以化解,带动社会风气转向良性发展。

3.民族文化的体现

现在各个民族都比较重视人与人交往时的礼仪,把它看作国家、民族文化的重要体现。我国是文明古国、礼仪之邦,自20世纪以来,更加大力发展这种传统,我国建立的一些道德风尚、人际关系准则为其他国家争相效仿,但也有一些值得我们深思的地方。例如,在欧洲一些国家和东南亚等国,常常会出现用汉字书写的"保持安静""排队""不要乱扔垃圾"等字样,这说明中国的部分人群不够重视礼仪文化,个人礼仪的不足却给国家的礼仪层面造成不良影响。随着社会主义现代化步伐的加快,我国与国外的交流日益频繁,这都需要人们更加注重礼仪和文明,提高中华民族整体的文明礼仪,才能更好地促进国家精神文明建设,打造更好的民族文化形象,树立礼仪之邦的大国形象。

## 二、幼儿教师的职业仪表礼仪

对于礼仪的相关概念有了清晰的了解后,幼儿教师要通过自身行为践行礼仪规范,我们首先要谈的是幼儿教师的职业仪表礼仪。

美国现代成人教育之父卡耐基曾说过:"良好的仪表犹如一支美丽的乐曲,它不仅能够给自身带来自信,还能给别人带来审美愉悦;既符合自己的心意,又能左右别人的感觉,使你办起事来信心十足,一路绿灯。"[①] 可见,幼儿教师应当重视仪表对于自己职业的影响程度,不修边幅无法给人更好的审美体验,对人没有吸引力。服饰就像人的另一张脸,教师穿着漂亮得体的服饰,不仅能够给幼儿眼前一亮的感觉,能够提升自己的魅力指数,还能调动他们学习与活动的积极性,反之,拙劣的服饰品位和不符合礼仪的衣着打扮会极大降低教师

---

① 郭娅玲,黎钰林.教师礼仪[M].长沙:湖南师范大学出版社,2017:27.

的内涵、气质、感染力。

(一) 女教师职业仪表礼仪

女教师的职业服装具有实用性、审美性、象征性等特点，从中能够展现女教师的教学责任和义务，又能展现女教师庄严的气质。同时幼儿教师在此基础上也可以适当增添一些年轻与活力的气息，拉近与幼儿的关系，在工作中必须保持职业仪表的整洁、大方、得体，体现出教师应有的气度。

1. 休闲服装类

幼儿教师在工作时一般可以选择大方得体的休闲服装。鞋子选择平底鞋，因为站立的时候多，同时，高跟鞋发出的声音影响孩子活动，易转移幼儿的注意力；下装选择颜色不要过于鲜艳的长裤，不可穿着短裙，短裙不方便；另外，不要化浓妆，应保持自然妆容或者淡妆，饰品少带。不要穿另类服装，过于裸露或乞丐服等都不可以。

2. 裙类

（1）连衣裙

连衣裙非常适合幼儿教师穿着，相较于职业西装有更多的活力。连衣裙应当选择单色、线条简洁、裁剪合身的款式，不可太长，更不可太短，长短要适中，不能干扰幼儿们的注意力，以在膝部为宜。这样最能凸显女幼儿教师甜美友善的气质，而颜色过于鲜艳、图案过于另类的连衣裙不应选择，一方面，不利于幼儿集中精力听课，另一方面，不符合教师职业形象，只会影响教学效果。

（2）套裙

套裙常被称作女性套裙、职业套裙、西装套裙，它能够让教师看起来更加干练，还能让教师凸显自身成熟女性的魅力。穿着套裙时，要依照常规穿着方法认真穿好，上衣的领子要完全翻好，衣袋的盖子要拉出来盖住衣袋，上衣的衣扣要全部系上，不能解开。

一般情况下，套裙的搭配主要考虑衬衫、内衣、衬裙、鞋袜：衬衫要求轻薄柔软，白色最好，其他颜色亦可，但不能过于鲜艳，应当与套裙的色彩相协调；衬裙要以透气、吸湿、单薄、柔软为主，厚重与硬实的面料不应拿来做衬裙；鞋袜需要大小相宜、完好无损、简单大方，袜子可选肉色、黑色、浅灰、浅棕等，鞋子的颜色要略深于袜子的颜色。

值得注意的是，穿着套裙有以下要点：不允许不穿衬裙，衬裙的颜色要与套裙相协调；不允许将内衣显露出来；不允许随意搭配，例如套裙与牛仔服、黑皮鞋等；不允许乱配鞋袜。

总的来讲，女教师仪表礼仪六忌：第一，忌露，教师在工作中绝对不能露出私密部位，例如肚脐、脊背、腋毛、乳沟等。第二，忌透，夏天天气炎热，但是女教师也不能穿过于薄透的服装，不能让内衣、背心一目了然，要有教师该有的保守。第三，忌紧，不能穿过于紧身的衣服，不能让内衣、内裤的轮廓显现出来，这样显得极为不庄重。第四，忌异，不能穿奇装异服，不能过于新奇。第五，忌乱。穿衣风格要得体，按照不同服装的特性进行合适搭配，不能把衬衫的袖子卷起来，衣服不能出现脏、皱等痕迹。第六，忌艳，艳表示两层含义，一方面，颜色不能太鲜艳，过于鲜艳的颜色不利于幼儿听课，反而会使他们的注意力全都集中在衣服上面，另一方面，不能艳俗，要保持正派的穿衣风格，过于"洒脱"的穿衣方式不能在园中出现。

### （二）男教师职业仪表礼仪

男教师在衣着上没有过多的讲究，只需要遵循如下几点原则即可。

第一，服装干净、整洁、大方；

第二，颜色简单，尽量控制在两到三种颜色之内，不可五颜六色；偶尔可以为了与小朋友做游戏而穿着卡通类型的服装；

第三，服装版型略微宽松即可，不要过于紧绷，也不可以过于肥大。

1. 休闲服装类

夏季，服装可以选择轻便透气的鞋子，牛仔裤或者休闲裤，短袖衬衫或短袖T恤。但是不可以穿着跨栏背心，否则容易散发出由于汗液分泌而产生的异味。

冬季，服装可以选择短靴，牛仔裤或者休闲裤，上身内搭羊毛衫，外套为羽绒服、棉服，长款与短款均可。

春秋与秋季搭配较为相似，一般为牛仔裤或者休闲裤，上身为长袖衬衫、风衣等。

2. 运动服装类

由于幼儿活泼好动，幼儿教师在工作时难免会跟随孩子进行跑动，舒适的运动服装则提供了很大的便利。

运动类服装可以选择舒适的板鞋、跑步鞋，下装选择宽松透气性好的运动长裤或卫裤。在夏天，上装可以选择吸汗透气的运动短袖T恤；在冬天，上装可以穿着加绒卫衣；春秋季节，上装穿着普通卫衣、连帽衫即可。

但是运动类服装由于舒适性较强，尺码一般偏大，而且具有很强的弹性，如果尺码掌握不好，很容易显得邋遢。在购买运动服装时一定要选择好适合自己的尺码。

3. 中山装

中山装简洁实用、大气庄重、寓意深刻，从中山装诞生之日，到 21 世纪的今天，它一直是国人不曾忘记的一种服装，它承载着中华民族的荣誉感、自豪感，更体现一种中国人特有的礼仪文化，男教师穿中山装，能够赋予中山装更多人文与礼仪的色彩。

穿着中山装时，首先，要扣上衣服所有的纽扣，包括最上部的纽扣，这是与中山装严谨的态度相一致，绝不可敞胸露怀，哪怕只解开一粒扣子都会显得不伦不类，不够礼貌，会有失体统；其次，穿中山装不能把袖子挽起，也不能让里面的衣服过于长，露在外面都是不合适的，假如里面衬衫比较长一定要掖在裤子里；最后中山装也要注重整体效果，不能只是做好中山装的穿着工作，却忽略其他部位的搭配，不能配凉鞋、运动鞋，或者光脚穿鞋，一定要配好合适的鞋袜。

### （三）头发

头发经常清洗、梳理能够给人美的感觉，良好的发型可以使人仪表端庄，显得彬彬有礼。蓬头垢面不只是不在乎自己的形象，更是对他人不礼貌、不尊重，所以，幼儿教师要像重视自己的服装一样，重视自己的头发，正如俗话所说"发式是人的第二张面孔"。

首先，头发必须要干净。也就是说养成定期洗头的好习惯，定期洗头不仅有利于塑造干净、整洁的良好形象，还有利于个人卫生与身体健康。教师最少要做到三天洗一次头发，有些教师可能头发爱出油，则应尽量做到一到两天洗一次头。幼儿教师活动量比小学、初中教师大，有时候要带领幼儿做体育活动，在夏天很容易出汗，一定要做到在上班之前提前检查一下自己的头发是否有异味或者出油，假如头发脏乱不堪，散发一股怪味，则会大大降低自身形象。另外，有些教师的头发容易长头屑，上课前要注意对头发进行仔细检查和打理，把头顶、脸上、衣服上、肩背部的头屑清理干净，不然会给人一种不注重礼仪的感觉。

其次，发型需要符合教师身份。无论男女教师，都不可让自己披头散发，一定要整洁、大方，不要染发，都不应在自己的发型上"特立独行"，不能留大鬓角等发式，更不能让发型"不男不女"，毕竟教师与其他职业不同，而幼儿教师更是要以身作则。

男教师应当宜短忌长，可以在洗发吹干后喷上一些定型啫喱水，让发型线条清晰、纹丝不乱。微胖的男教师则适合平圆式、短长式发型，能够让人的脸部、颈部显得长些，从而弥补脸胖、脖子短等不足，其他人群可以圆头式和中长式发型为主。

女教师的发型相对来说比男教师复杂些，中年女教师适合端庄、典雅、大气的发型，如长直发，该发型非常符合女教师的典雅气质，看起来十分具有亲和力，比较容易受到幼儿的喜爱，如果出席一些场合，也会显得落落大方、不落俗套。圆脸的年轻女教师适合发辫，这种发型可以使脸型显得修长，掩饰脸部比较胖的短板。比较瘦的女教师适合卷发，在凸显个人气质的同时，能让脸部看起来更加匀称，具有高贵的东方女人魅力。

综上，无论男女教师，都要在头发上下功夫，发型对一个人的整体形象有着重要作用，中国素来就有"礼仪之邦"的美誉，几千年来创造出各种令人叹为观止的精美发型更是人类仪表的重要展示部分。幼儿教师必须要让发型符合自己的身份，这样才是对受教育者和教育事业最大的尊重与礼仪。

### 三、幼儿教师的职业课堂礼仪

虽然在幼儿园中，活动与生活占据很大部分，但是课程、课堂的礼仪仍是不可忽视的，教学仍是幼儿园的中心环节。在对幼儿进行授课时，教师除了运用符合幼儿发展规律的授课方法之外，也要遵循课堂礼仪，这不仅有利于促进师幼关系更加和谐，还是评价教师绩效的重要指标。上课的礼仪是课堂礼仪的重点部分，本书分成如下几点进行叙述。

#### （一）目光

在课堂中，教师的目光要柔和、亲切、有神，让幼儿感觉很亲切、平易近人，并且能够感受到教师对自己的尊重和认可。当有的幼儿能够领悟课程的知识时，教师要对他们投以赞许的目光，激励他们继续努力；当有的幼儿实在无法理解知识时，也不能讽刺、挖苦、体罚，而应当勉励他们，告诉他们继续努力，眼神绝对不可以变得鄙夷，或者不屑。

#### （二）站姿

教师从来都是站着讲课，所以课堂上教师的站姿礼仪变得很重要，这是教师能否在幼儿心中树立伟岸、端庄、正派形象的重点，教师应当站稳站直，胸膛自然挺起，双手自然下垂；不可左摇右晃、叉腰、插裤兜、耸肩，在课堂中行走步速也不可过快。

### （三）肢体语言

对幼儿来讲，多运用肢体语言进行教学能取得很好的效果，能够引起幼儿更多的注意，调动课堂氛围，让课程内容变得更加形象和生动，因此肢体语言和礼仪需要被重视起来。教师的手势要大方得体、自然、恰如其分，随着相关内容的进行，在讲课过程中万不可用力敲击讲台，或者做出其他不合时宜的举动。

### （四）语言和语气

授课过程主要通过语言进行，教师要注意使用语言。

第一，语言表达要精准无误。幼儿虽然学习的知识都是比较浅显易懂的，但是如果表述错误，或者不遵循学科要求，把语言庸俗化，让幼儿一直把错误的知识当成对的，后果是不堪设想的；

第二，语言音量要适当。讲课是传授知识的活动，不是喊口号或者体育课活动，教师的声音不能太大，否则容易让幼儿脱离教学情境，反而让他们感觉教师在声嘶力竭地大叫一样。相反，教师的声音也不能太小，不然幼儿听不清教师所讲的内容，也会影响授课质量；

第三，语言要精练、言简意赅。教师可以适当说一些"题外话"以活跃课堂气氛，如夏季午后幼儿喜欢犯困打盹儿，说一些"小插曲"可以起到很好的效果，但绝不可主次颠倒，不可把"题外话"当作主要内容；

第四，语言要生动，有感染力。如果教师总是用枯燥乏味的语调对幼儿进行"灌输"，他们的理解力很快就会下降，而运用有感染力的语言，能够让他们感觉课堂很轻松，他们会更乐于听教师讲课，更容易理解教学内容；

第五，讲普通话。不管怎样的语气、语调、音量，都要遵循讲普通话的原则，这是课堂礼仪的根本。普通话可以确保任何一名幼儿都能听懂，体现出教师对每一位幼儿的尊重。在讲普通话的同时，教师也可以加入一些敬辞或者动作，如"请小王同学回答这个难题，大家鼓励一下"，并用手示意该同学，将手伸出，手指伸直并拢，手和小臂呈一条直线，肘关节弯曲，手心斜向上即可，但是千万不可以对幼儿指指点点，用手指向他们，这样不仅不合礼仪，还表现出一种蔑视和不尊重的态度；

第六，关于语言礼仪还有一些值得注意的事项，需要每一位教师牢记：多用敬语，如"请某某回答问题""请坐""请起立"等，而不要直接对幼喊"喂""那个"。不起绰号、不传绰号。有些教师可能也是出于对幼儿的喜欢，也为了拉近关系、增进感情，会给他们起一些绰号。例如，给胖胖的可爱小朋友起外号为"小胖子"，或者给爱睡觉的小朋友起绰号为"瞌睡虫"，殊不知，这些绰号有可能会成为幼儿终身的阴影。不要打断幼儿的发言，在他们发言的时候要认真倾听，尤其是有些平常就非常腼腆的幼儿。如果教师贸然打断他们，不仅不符合课堂礼仪规范，还会让他们更加自卑、腼腆、害羞，变得不善言谈和交际，甚至形成厌学心理。

### （五）维持秩序

由于幼儿生性活泼，难免会出现说说笑笑、打打闹闹等情况，在这种情况下，他们虽然扰乱课堂秩序，影响教学进度的开展，但是考虑到幼儿的天性和课堂礼仪，教师不能体罚和打骂幼儿，应当运用语言、肢体语言等进行提醒，如"请不要说话""请安静"；又比如，有些幼儿喜欢上课睡觉，教师可以在讲课的时候走到该生身边故意把音量放大，并轻轻拍醒他，这也是一种维持课堂秩序的礼仪。

## 四、幼儿教师的职业调研礼仪

无论是城市幼儿园，还是农村幼儿园，都应逐渐对调研活动引起重视，这包括教师个人的调研活动、学校与学校之间的调研活动等，通过调研，教师、学校能获得更多的教学经验，提升教学水平。但是，这一切需要幼儿教师完备的礼仪作为前提，那么幼儿教师调研礼仪都有哪些呢？

### （一）调研之前

调研活动要在与相关幼儿园或单位提前协调一致的情况下进行，在调研前一周，教师应当与相关单位以电话、电子邮件的形式提前联系，遵循双方的意愿，如果对方乐意开展调研活动，便可以开始筹备调研工作，如果对方对于调研活动没有兴趣，也不可强行要求他人。

双方同意调研后，开始撰写调研计划，调研计划以调研目标、调研原则、调研步骤、时间安排、调研期间可能产生的突发情况及应对预案为主，要遵循清晰、全面、实用性强等原则。

在调研活动开展前一天，再与相关单位进行确认，如果有办公室的传真号码，可以发传真过去，一切信息确定完毕之后，准备开始第二天调研即可。

## （二）调研活动

（1）敲门。敲门时应当伸出右手，手指自然弯曲，掌心朝向自己，抬起中指第二指节，连续敲击三下，不可用手背或手掌拍打，力度与节奏都要适中。

（2）进入调研校园的办公室。假如里面正在谈话或者比较繁忙，可以稍作休息，几分钟后与工作人员进行交流。与对方谈话时距离不宜过远，也不宜过近，以 1.2～1.5 米为宜。

（3）递上调研文件，并面带微笑说："您好，我是××幼儿园的幼儿教师，与贵校协商一致前来调研，麻烦帮我找一下贵校的领导，谢谢。"

（4）见到领导后，对领导说明来意，如"尊敬的园长（主任）您好，我是之前与您联系好的××幼儿园的教师，我们现在可以开始调研工作吗？"至此，调研活动正式开始。在活动中不要怕提问，要多问、多听、多了解，任何人都喜欢勤思好问的人。

（5）在听课过程中，不要接打电话，不要玩弄手机，注意力要集中到课堂之上。当正在上课的教师向自己微笑时，自己也要回以微笑。

（6）参观幼儿宿舍时，不要乱动幼儿的衣服与其他物品，多看即可，同时吸取其他幼儿园的管理经验。

（7）在课间可以向该园的幼儿教师多多"取经"，询问对方对于保育工作有什么好的建议，或者能不能提供对自己有帮助的新思路。

（8）调研结束时，要分别向该园的领导、教师表示诚挚的感谢。

通过以上调研活动礼仪，幼儿教师能够把握其他幼儿园当前的发展动向，把握幼儿保育要领，使自己所在的幼儿园能做出正确决策，明确自身未来专业发展的方向。

# 第二节 幼儿教师的生活礼仪

在本节，笔者将农村幼儿教师的日常生活礼仪大致分成家庭礼仪、文娱礼仪、用餐礼仪、饮茶礼仪等，下面进行详细论述。

## 一、幼儿教师的家庭礼仪

我国自古就是注重伦理、注重血缘的社会，对于父母、兄弟姐妹、夫妻等关系极为重视，产生了一套相关的礼仪准则，当代社会虽然告别了繁文缛节,但是教师也需要在生活中注重人与人相处的礼仪。

### (一) 对父母的礼仪

古代哲学家认为孝顺是仁德的根本,而具有孝顺的品质就能产生尊亲、孝亲的礼仪。在这种传统文化的影响下,我国历史上出现了很多值得称颂的故事,正所谓"百善孝为先",幼儿教师必须认清这一点,与父母相处的家庭礼仪是非常重要的一环。

首先,要发自内心尊重父母。跟父母讲话的时候要有礼貌、守规矩,为父母办事要尽心尽力,父母呼唤的时候要立即应答,父母对自己的批评教育要虚心接受。很多人认为父母不应当干涉自己的生活,认为自己的生活要自己做主,与父母说话时总是心不在焉,表现得比较没有礼貌。殊不知,这样会让父母很伤心。幼儿教师在学校是师长,在家是子女,要真正理解父母,并遵守家庭礼仪的规范。

其次,要与父母多沟通。很多时候我们总是喜欢夸大父母与自己的隔阂以及年龄的鸿沟,认为父母已经跟不上时代的潮流,实际上,他们的内心十分渴望与自己的孩子能够进行深度交流。那么,子女要如何与父母沟通呢?第一,要把态度把握好,心平气和地与父母交流,绝对不能急躁而没有耐心;第二,要把父母当成自己的忘年之交,以平等而礼貌的方式互相沟通。

最后,要经常做一些孝顺父母的事。能够做到上述尊敬父母和与父母沟通,就说明有孝顺父母的心,有了这种出发点,做任何事便都能符合礼仪和规范。作为一名幼儿教师,除了自己遵循与父母交往的礼仪外,以后也应当把这种礼仪传给自己的后代,让他们将美德继续传承下去。

### (二) 兄弟姐妹间的礼仪

我国人口众多,很多家庭中兄弟姐妹同样众多,由于和自己年龄相仿,与他们相处就成为一门重要的处世哲学,是家庭生活礼仪的一部分。

首先,尊重兄弟姐妹。与对待父母相同,对待兄弟姐妹的前提也是尊重。尊重是礼仪的前提,是理解的出发点,尊重他们才能打下良好的交往基础。与兄弟姐妹交往要真诚相待,不能厚此薄彼,不能以大欺小,不能恃宠而骄。在日常生活中,兄弟姐妹要互相帮助,互相扶持,在思想感情上要多沟通、多了解、多开导,在他们遇到困难时,自己要在法律允许的范围内全力帮助。

其次,谦让兄弟姐妹。谦让是一种美德,每个人与每个人性格都不尽相同,即使是双胞胎也会有吵架拌嘴的时候,对待兄弟姐妹要互相理解、胸怀宽广。对待兄弟姐妹的错误可以指出但不能记恨，对于外人搬弄是非要杜绝，对于兄弟姐妹的建议和批评，要悉心倾听。

### （三）夫妻间的礼仪

夫妻之间的陪伴是后半生的归宿。在生活中，很多夫妻从银婚、金婚到钻石婚，可是有的夫妻却在一两年内劳燕分飞，这与夫妻相处的礼仪是分不开的。

首先，我国传统文化中对夫妻礼仪提到最多的就是包容和理解，如"举案齐眉""相敬如宾"，这都体现夫妻间符合礼仪的和谐相处备受推崇，但是"上牙都会和下牙打架"，夫妻之间吵架也在所难免，所谓"锅盖难免碰锅沿"，那么如何去协调双方关系呢？

幼儿教师平常工作繁忙，能在家陪伴另一半的时间本就不多，这对夫妻礼仪提出了更多要求。所以，夫妻之间必须要有相处礼仪，而在这之前必须要互相尊重，将心比心，换位思考，当我们爱着自己伴侣的同时，就要爱他（她）的家人，这就是尊重。平日的交流上适当运用敬辞，如"请""谢谢"，这不会像很多人所认为的那样"夫妻不应太过生疏，容易伤感情"，而实际上，不仅不会伤感情，反而还会增进夫妻感情。

其次，对待对方的决定要给予适当的信任与支持。"爱他就请信任他"，信任不仅是一种心理状态和态度，还需要实际行动表现出来，双方要有隐私权，不需要事事公开。例如，查手机、查电脑、查银行卡的行为都要杜绝。有时候，在对方疲惫之时给一个温暖的怀抱，就是最有力的支持。

最后，批评要符合礼仪。"人非圣贤，孰能无过"，谁都有犯错的时候。在夫妻生活中，一方犯了错，另一方批评指正之时要遵守一定的礼仪，不能劈头盖脸一顿痛骂，要在礼仪的限度内含蓄地指出对方的不足，最好提供相应的改进措施。假如两人在人多的地方互相揭短，那么这种婚姻生活也将不再长久。所以，如果有错，按照礼仪道个歉；如果批评也要注意分寸，才能让幸福长久。

## 二、幼儿教师的文娱礼仪

幼儿教师观看或者参加文娱活动需要符合礼仪。一般而言，这些都是群体性活动，自身与社会联系紧密，涉及人与社会的关系，教师要以高级知识人才的身份展示行事礼仪和准则。虽然农村教师观看文娱活动的机会比城市教师略少，但是这些礼仪对他们来讲也是不可或缺的，专业发展的幼儿教师都应严格遵守这些礼仪。

## （一）观看球类比赛

球类比赛按照球的规格可分为大球运动与小球运动，如足球、篮球等属于大球，对抗性比较强；乒乓球、羽毛球等属于小球，更考验细微技巧。无论大球，还是小球，观众都应当遵守公共道德，自觉维护秩序，按时进场，避免打扰别人，退场时要跟着人流一步一步地走向门口，具体如下。

1. 观看大球运动

大球运动以激烈、对抗、观赏性强为主要特性，很多男性喜欢这种充满"激情"的比赛，每每观赏都能把自己的情绪带入情境，深受大众喜爱。

（1）在观看大球运动时，首先教师应当学会控制自己的情绪，在偶尔的"跌宕起伏"戏剧化比赛中稳住自己的心态，不要因为球员发挥失常就进行谩骂、诋毁，甚至把杂物扔进场内，这些行为不仅不符合礼仪，还不符合道德与相关法规。

（2）如果观看比赛的热情特别高涨，可以适当携带表达自己支持队伍的条幅、标语，尺寸大小要适当，内容要健康。

（3）可以为自己喜欢的选手呐喊助威，但是不要发出怪异的声音，以免影响到周围观看比赛的人群。

（4）不能发出类似裁判吹哨的声音，这样很容易干扰比赛。

（5）即使是自己喜欢球队的对手，也要尊重，不能喝倒彩、起哄，以免影响他人比赛发挥。

（6）表达激动兴奋的心情可以采用鼓掌的方式，但不要站起身，这样会挡到后排的观众，如果发现有人站起可以适当提醒，注意分寸。

（7）比赛结束后，应当随手带走自己的垃圾，坚决不让垃圾留在场内。

2. 观看小球运动

小球运动在西方国家普及度一般，但是在我国非常普及，而且运动员水平非常高，在奥运会以及世锦赛等多项比赛中勇夺多枚金牌。下面以观看乒乓球比赛为例，简单论述一下在观看小球运动时要遵循的礼仪。

乒乓球运动是一项技术很精细的运动。在比赛过程中，运动员处于一种注意力高度集中的状态，必须仔细观察对手，迅速判断来球的旋转、速度、力量、落点及节奏，以决定自己回球的战术手段，这就需要一个良好的赛场环境。因此，每个死球和每局结束可以鼓掌喝彩，但在发球开始到成为死球之间，不应鼓掌、跺地板、大声讲话、呐喊助威、随意走动、展示旗帜和标语；不应使用闪光灯拍照。因为闪光灯会影响运动员的视力，使运动员无法判断来球的路线，从而影响回球的质量和命中率。不将锣鼓和喇叭带进体育馆内，过大的声音、过激的语言都会影响运动员的心情和注意力。不在场内吸烟，手机也要关闭或调整为振动、静音状态。

### （二）观看水上比赛

水上运动比赛包括室内和室外两种，室内有跳水、游泳等，室外有龙舟、皮划艇、帆船、冲浪、风浪板等，分别有各自不同的礼仪规范。

1. 观看室内水上比赛

竞技游泳是奥运会第二大项目，包括蝶泳、仰泳、蛙泳、捷泳以及花样游泳，游泳具有改善心血管系统、提高肺活量、提高呼吸系统的机能、改善肌肉系统的能力、增强抵抗力、加强皮肤血液循环等功能。

（1）水上场馆的室内温度较高，可以适当减少衣物，但是不允许穿着过于暴露甚至赤膊观赛。

（2）在比赛场馆内不允许吸烟，这是为了防止运动员在密闭空间内吸入二手烟影响比赛成绩。

（3）不能使用闪光灯拍照，因为场馆内灯光较多，使用闪光灯很可能闪到观众或运动员的眼睛，产生不良影响。

（4）比赛开始时不能有任何声音，防止因为自身声音干扰，而使运动员听不到比赛开始的哨声。

（5）每轮比赛结束后，可以为选手喝彩和鼓励，并且不能只对表现好的选手鼓掌，对于发挥失常或者水准稍差的选手也应激励，不能喝倒彩。

2. 观看室外水上比赛

室外水上项目的礼仪比观看室内项目时相对宽松些，限制比较少，观众可以呐喊，可以助威，注意文明用语，随身带走垃圾，不辱骂他人即可。

### （三）观看电影与听音乐会

1. 观看电影

看电影是一种陶冶情操、放松身心的享受过程，该过程需要优雅的环境作为前提，所以，观影礼仪十分重要，幼儿教师应当带头做好观影礼仪活动，以身作则，塑造观影礼仪的典范形象，那么，观看电影的礼仪有哪些呢？

（1）进场之前要先去洗手间，防止观影过程中因为想去方便而打扰他人观影，影响他人心情。

（2）进场前要把手机调成振动或静音模式，不要因为手机突然响起而惊扰他人，假如有急事需要打电话要去外面，并对旁边的人表明歉意。

（3）要尽量提前五分钟左右进场，避免在影片开始后进场，假如电影已经开始播放，自己却在找位置，容易给他人带来不好的观影体验。

（4）入座后要调整好坐姿，不能抖腿，不能踢他人的座椅靠背，即使观影的人比较少，也不能躺着观影。

（5）不能带入录像设备，也不能用手机拍照或录像，因为一方面闪光灯容易影响他人，另一方面不拍照也是尊重他人劳动成果、符合礼仪的表现。

（6）尽量不要带入食物或饮品，假如带了要注意不要弄脏地面和座椅，并且要注意进食的声音和频率。

（7）注意个人卫生，不要因为自身异味或者喷过多香水引起他人不适。

（8）杜绝在电影院睡觉、打呼噜。

（9）要格外注意的是不能在电影院交谈、说笑，如果想讨论剧情，可以等到电影结束后再进行，防止打扰他人观影心情。

（10）电影结束后，依次文明退场，如果有3D眼镜退场时记得将其送到影院工作人员处。

2.听音乐会

音乐是一种高雅的艺术，音乐会指在观众前的音乐现场表演，包括管弦、合唱等模式，而音乐会的礼仪也是比较多的。

（1）在着装上，虽然不一定严格要求必须穿正装，但是每一位听众都应保持对音乐和音乐工作者的尊重，至少要干净、整洁、大方，不能穿拖鞋、跨栏背心去参加音乐会。

（2）入场前要将手机调成静音状态，或者关闭手机，防止演出过程中手机响起打扰他人。

（3）不能拍照，音乐会是单纯、纯粹地享受音乐的场所，而不是炫耀、卖弄私生活的场所，要尊重每一位演出者，不能打开闪光灯。

（4）迟到的人应当在一曲结束后，或者上半场结束后再进场，不能在演出过程中随便入场。

（5）值得注意的是，乐章与乐章之间不需要鼓掌，虽然每次演出前总会有广播提醒大家这一点，但还是有很多人是第一次听音乐会，不太了解相关礼仪以及西方古典乐的文化，他们出于善意，习惯在每场音乐后鼓掌。但是，礼仪要求我们不要随便鼓掌，幼儿教师作为具有知识素养的群体，必须了解这些礼仪，并且起到示范与带头作用。

（6）在演出过程中，不要随便交谈和吃东西，不能影响他人的视听。

（7）在全部曲目演奏完毕后，可以报以真挚而热烈的掌声，要等演奏者谢幕后再退场，不应提前离场，这是对演出人员的尊重。

### （四）参观博物馆

博物馆起源于公元前三世纪亚历山大城的缪斯神庙，亚历山大博物馆里面有学术研究机构、图书馆、各种珍藏品，主要是学术研究的中心。随着时代的发展，1933年，蔡元培在我国南京创立南京博物院。时至今日，博物馆在各城市相继成立，主要以珍藏和展示文物为主，成为人们了解城市历史文化底蕴和民族精神风貌的重要场所。幼儿教师在参观博物馆时，必须合乎礼仪规范，要展现自己的文化素养，并引导他人"共做文明人、共创文明馆"。

首先，人们随着对博物馆的逐渐了解，编出一首参观礼仪歌，可以作为参考。

珍稀文物爱展品，低声细语轻步履。

谦谦有礼仪容美，提问有序善倾听。

保持距离别拥挤，环境卫生多留心。

食物饮料厅外用，遵从引导礼先行。

具体来讲，幼儿教师在参观博物馆时要注意以下的礼仪规范。

（1）在衣着上，不需过于正式，如西装革履、衬衫领带，但也不能太过随意，如拖鞋、跨栏背心、超短裙、透视装等暴露衣物。如果一个人衣衫不整，会严重影响馆内高雅的气氛，与参观环境形成强烈冲突。应当穿着合身、简单、大方、协调的衣物，如黑色、灰色、褐色、白色、暗色等衣物，以T恤、POLO衫、卫衣、毛衫、休闲裤、牛仔裤为宜，在便于活动、比较舒适的同时，也能兼顾简洁而大方的形象。

（2）在言谈上，要把博物馆当成图书馆。图书馆需要安静，博物馆同样如此，要轻声细语，使用文明礼貌的言语进行交谈，保持馆内的相对安静，这样才能让人们静下心来欣赏作品。绝不能大声喧哗，或者呼唤他人，这只会导致馆内秩序混乱，分散大家的注意力。另外，对于自己似懂非懂的知识点不要卖弄，要保持一种谨慎的态度，因为自己在谈论相关知识的时候，很可能被他人无意间听到，而如果错误的知识被他人信以为真，则会贻笑大方。

（3）在行为上，首先，不要乱摸展品，不要追逐打闹，只要默默参观即可。因为能够展出的展品都具有深厚的历史文化底蕴，具有不可再造性与历史传承性，有些文物在世界上是独一无二的，它们年代久远，已经比较脆弱，乱摸展品很可能对它们造成"毁灭性"的打击。其次，对有禁止拍照图案和字样的展品要坚决禁止拍照，并帮忙监督他人，不能存在违规拍照行为。最后，不能乱丢垃圾。无论在什么场合，乱丢垃圾都是与礼仪不符的行为，在博物馆这种高雅场所更应当杜绝该行为，要注意垃圾入篓、垃圾分类。

### 三、幼儿教师的用餐礼仪

"民以食为天"，中国饮食文化博大精深，体现出人们对饮食的重视，所以，很多文化与礼仪都在饮食中得以体现。早在周代，我国就有了比较完善的餐桌礼仪，如座次尊卑有序、男女分席等。身为幼儿教师，难免会有与同事、与领导一起吃饭的情况，那么应当遵守哪些礼仪呢？

首先请分析这样一则案例：小王老师跟随所在幼儿园园长宴请教育局的领导李书记，当大家一同入座后，服务员开始上菜，有一些炒菜、汤类，各位领导和园长还没有开始用餐，小王老师就已经开始往自己碗里舀汤了；大家都在默默吃饭的时候，小王老师却在喝汤的时候发出很大的声响，甚至吓了书记一跳；吃菜的时候小王老师一边吧唧嘴，一边给李书记夹菜，这些行为引起大家的不满，但是碍于面子都没有提。

从以上案例看，小王老师有哪些不合礼仪的地方呢？我们从下面关于用餐礼仪的论述中寻找答案。

#### （一）中餐礼仪

中餐与西餐不同，具有极为丰富的菜系，川、鲁、粤、淮扬、浙、徽、闽、湘为八大菜系，而在此基础上的中餐礼仪则更为丰富，自成体系。

1. 宴请礼仪

（1）宴请方式。出于不同的宴请目的，针对不同的宴请对象，宴请方式有所不同，主要包括宴会、家宴、便餐、工作餐等类别。

（2）宴请准备。宴请客人一定要做到宾至如归，首先，要有周密的计划，如果是重要领导，要选择比较高级的餐厅、酒店，如果是同事、朋友聚餐，选择交通方便、符合大家口味的餐厅即可，不需过于昂贵，如果过于昂贵，反而会给他人造成压力，产生欠人情的感觉；其次，陪同人员要适当选择，一般与宴请宾客人数相仿，可以根据对方的职务级别进行对应，还要考虑性别因素、个性气质因素、是否有交集、是否有矛盾，以达到愉悦用餐的目的；最后，确定宴请时间并通知参与宴请的人员，根据主随客便的原则，提供几个不同的时间供人选择，并且需要提前至少三天通知，否则会给人轻浮之感。

（3）座次。直对门口的位置是主人位，主人位的右方是主宾位，主人位的左方是第二主宾位,以主人位为中心,按主—客—主—客的顺序排列即可。

(4)点菜。点菜礼仪注重以下六点即可。

第一,菜品数量以人数为基准,有几名客人,点几份菜即可,切忌菜品少于客人数量,会显得小气,数量可以适当比客人数量多一两份。

第二,菜品根据客人身份、口味进行搭配,营养和口味均衡即可。

第三,价位要适中,不要"打肿脸充胖子",避免超支和铺张浪费。

第四,提前询问是否有忌讳的菜肴。

第五,不要出现上菜不及时,让客人一直等候菜品的情况。

第六,菜品上齐后询问大家的意见,如果某些菜品有人吃不下,可以适当调整或者加菜。

(5)用餐。在用餐过程中,根据不同的宴请目的,营造不同的氛围。如果是为了娱乐而小聚,那么大可随意用餐;如果有目的、有事情要办,则要适当严肃,在适当时候提出自己的一些建议,并询问客人的想法。同时,要避免冷场的情况出现,要时常用饮酒活跃气氛,人们边吃边谈,才能更好地联络感情、促进工作。

(6)买单。在宴请过程即将结束时,与服务员在私下核对账单并付款,不要在饭桌上进行,更不用让客人知道酒席的花费。离席时,主动帮客人拉开椅子,出门后要礼貌道别,目送客人离开。

2.赴宴礼仪

赴宴时不可胡吃海塞,不可吃太多,七成饱即可,否则显得爱占他人便宜。

(1)赴宴前。首先,仪容仪表需要得体、大方,与自己的身份地位相符,与赴宴的场所相匹配;其次,按照主人邀请的时间准时到达。

(2)宴前寒暄。主动与主人打招呼,适当寒暄,以不占用过多时间为宜,同时对其他参加宴会的人员点头示意、微笑、问好,对在场的长辈要恭敬有礼。

(3)用餐过程。落座前,要听从主人的安排,有些场合中座次已经安排好,但是有时并没有提前安排好座次,则不能随便乱坐,要把正对门口的座位让出,随后自己再按照主人安排或者年龄、地位依次入座。坐稳后不能乱晃,手肘不能靠桌沿,也不要一直盯着他人或者菜肴。

用餐时的动作要文雅,夹菜的动作要轻,送食物进嘴时也不要张太大,要小口进食。另外,不要在吃饭、喝饮品的时候发出声响,如果要用远处的调味品,可以先向别人打个招呼再拿,如"劳驾""麻烦"。

（4）离席。如果自己已经吃好，但是其他人没有吃好，不能随意离开，要与大家一起聊天，等大家都已吃饱，才能依次离席，并表达对于主人盛情款待的感激之情。

### （二）西餐礼仪

西餐是一种文化，蕴含较多的礼仪成分，随着全球一体化的不断深入，西餐离我们越来越近，与中餐一样，从入座、用餐、餐具使用到离席，处处都需要遵循礼仪。

1. 入座礼仪

大部分西餐厅比较华丽、庄重、典雅，进入其中就会给人一种贵气之感，首先要从椅子的左边入座，轻轻坐下，如果椅子位置不合适，距离桌子太远或太近，可以先把椅子轻轻挪动到合适的位置再轻轻坐下，总之，要记住"轻"是至关重要的因素。千万不要坐着椅子挪动，这是非常不文明、不符合礼仪的行为。

如果是穿裙装的女性，应当用手把裙子稍微拢一下再坐，不可以坐下后再拽裙子；如果是男性，应在两膝之间分开约一拳左右的距离，脚微成外八字即可，但不能随意张开双腿、跷二郎腿。

2. 餐具礼仪

餐桌上的餐具要注意排列和摆放，不能随便乱取乱拿，每一道菜都有配套的餐具，要按照上菜的先后顺序在盘子左右两侧由外向内排列，首先使用左右两侧最外边的刀叉，吃完第一道菜后，将刀叉并排放在盘中，表示菜已用完，如果尚未用完，要把刀叉摆成八字形，放在餐盘上，刀刃向里。刀叉使用时要左手用叉、右手用刀，切东西要拿叉按住食物，右手用刀将其切成小块，再用叉子送到嘴里。

需要注意的是：

（1）刀叉不能在空中挥舞，不能指别人，不能把刀叉的一头搭在盘子上，一头搭在餐桌上。

（2）使用餐巾不能太过用力，不能抖开餐巾再去折叠，不能胡乱挥舞餐巾。

（3）刀叉不能碰撞发出声响。

（4）取菜时，不能一次取太多。

（5）吃剩的菜和用过的餐具要放在盘子里，不能随便放在桌子上。

## 四、幼儿教师的饮茶礼仪

茶源自中国,是中国传统文化的重要组成部分,与茶相关的有茶道、茶德、茶诗、茶画、茶学、茶故事、茶艺等,反映出我国悠久的文明与礼仪。可以说,茶文化的精神内涵是通过沏茶、赏茶、闻茶、饮茶、品茶等习惯与礼仪结合而形成的文化现象,是一种礼节现象。我国历史上有很多田园诗人喜欢饮茶作诗,可见茶礼与田园也具有紧密联系。

农村幼儿教师作为农村中的知识分子,在日常生活中免不了品茶、赏茶,在闲暇时光与友人沏一壶茶也是一份"柔情",但若是不懂茶的礼仪则会"见笑于大方之家"。

### (一) 茶与礼

实际上,茶与礼在中国历史上一直"纠缠"在一起,从未分开,它们共同构成中国人精神面貌和修养的一面镜子,中国的文学、诗歌、戏曲、节日、婚丧嫁娶、丰收播种都体现出茶文化和礼文化的内涵。在现代社会中,人们都了解客来要敬茶的礼节,无论身处繁华的都市,还是偏远的农村乡镇,茶都一直存在,从未离开。

在历史上,我国的品茶之风始于魏晋南北朝时期,兴盛于唐朝中期,茶圣陆羽的《茶经》对茶文化进行了全面、完整的介绍,被誉为"茶叶百科全书"。到了宋朝,统治阶层沏茶、品茶、斗茶等活动达到历史高峰,茶的礼仪随之变得丰富起来。我国的茶文化总是与社会的政治、经济等情况联系紧密,唐王朝后期,我国经济与文化重心开始南移,此后的宋、元、明、清都将文化重心定在南方,所以,南方的茶文化也得到了极大发展。可以想象,茶对于中国至关重要,如果中国没有茶,不知会是怎样一番景象。

茶礼是茶文化的重要一环,由于中国是"礼仪之邦",礼已经寓于人们生活的方方面面,茶礼自然也是如此,无论是达官贵人,还是平民百姓,在宴请宾客时都会用到茶,茶和礼的结合使得中国传统文化的底蕴与内涵得到极大的升华,使得礼仪在茶文化中变得愈发重要了。

当代茶的礼仪分为沏茶礼仪和品茶礼仪。

### (二) 沏茶的礼仪

在沏茶之前,要先注意自己的仪容仪表,女性要把长发梳起,手上不要佩戴过多饰品,穿着朴素大方即可。沏茶时,屁股坐在凳子的三分之一处,身体要坐正，腰杆要挺直，身体不要太紧张，否则会让客人感觉不自在，具体如下。

1. 涤器

客人用的茶具必须洁净干燥，否则会给人不讲卫生、不尊重人的感觉，就算之前已经清洗过，也需要再次清洗。要先用开水烫洗茶具，用干净的毛巾或手巾擦干，然后放在干燥的竹架上，再开始煮水。

2. 煮水

煮水也有很多讲究，最好使用木炭或电，不建议使用煤油、柴油等有油烟和异味的煮水方式。对于绿茶而言，要用80℃左右的水，对于红茶、乌龙茶等，则需要用滚烫的沸水冲泡。

3. 烫杯

以上步骤完成后，开始烫杯，先把茶杯烫热，水壶的壶嘴也要烫热，否则冷杯会影响茶叶中可溶物的浸出。

4. 取茶与投茶

正确的取茶方法是用拇指、食指和中指呈三角形轻撮取。至于投放顺序，人们习惯先放茶后冲水。

5. 冲茶

冲茶时有"高冲低行"的说法，古人称之为"鲸波乍起"。手法是：水壶对准茶壶低泡，随即抬高，从高处冲下，使茶叶受水的冲力在杯中旋转、上下浮动，使茶叶内的有效成分能均匀地溶出。待水量达七八分满时，迅速放低壶位，减慢冲泡的速度，既可避免声响，又可避免茶汤起泡沫。

6. 时间

冲泡时间的长短因水温和茶叶的品种、老嫩不同而有所区别。85℃水温以四分钟为佳，沸水冲泡只需两分钟。条索状茶类要用较高的水温和较长的时间，以使条索充分展开，而片状茶所需水温则应低于条索状茶叶的水温，时间也相对短一些。

7. 沏茶次数

茶叶冲沏的次数因茶类的不同而存在差异，大部分茶叶可冲泡两到三次，而武夷岩茶七泡后还留有余香。

综上，沏茶的礼仪大致有上述七个步骤，另外，在沏茶过程中还有一些小知识点，如对客人要面带微笑，壶嘴不要对着客人，不要发出太大的碰撞声，并且只倒七分满，等等。

### （三）品茶的礼仪

1. "叩手礼"的来源

在品茶过程中，最重要的是"叩手礼"，又称"叩指礼"，这一礼节与清朝乾隆皇帝颇有渊源。

乾隆皇帝微服私访下江南路过淞江，带了两名太监到茶馆品茶，茶店的老板拎起一只长嘴茶吊来冲茶，端起茶杯，只见茶壶哗啦啦、哗啦啦、哗啦啦，连着三次，每只茶杯里正好都是浅浅的一杯水，而茶水丝毫没有洒到杯外。

乾隆皇帝感到疑惑不解，问道："掌柜的，你倒茶的时候为什么要分成三次，而不是一次倒入呢？"掌柜的回答说："客官您有所不知，这是茶馆一直以来的规矩，要分成三次洒入杯中，叫作'凤凰三点头'。"乾隆一听便来了兴致，自己也要试试这个"凤凰三点头"，取过掌柜手里的茶吊就要倒茶，可是他要倒的那个茶杯是太监的，太监吓坏了，心想："这岂不是坏了规矩？"在皇宫应当跪下三拜九叩，可现在是微服私访，不能透露皇上的身份信息，在这紧要关头，太监急中生智，赶紧用自己的手指扣了三下桌子，以表示对皇上的尊敬，这样一来，"叩手礼"便流传至今，用来表达喝茶者对沏茶者的敬意和谢意。

此外，还有另一个传说。同样也是说乾隆皇帝微服南巡时在茶楼喝茶，当地知府得知这件事情后，立马派人前去护驾，怕皇上的人身安全出什么差池。可是，由于皇帝是主人，知府是客人，主人要为客人倒茶，知府战战兢兢，不知如何是好，在这紧要关头，知府用手指模拟自己对皇帝的叩拜之礼，他用食指、中指、无名指在桌面上轻叩三下，于是这一习俗便广为流传。

2. "叩手礼"的做法

（1）长辈赐茶。长辈给晚辈倒茶，晚辈应当把右手的五指并拢成拳，拳心向下，五个手指同时敲击桌面，相当于五体投地跪拜礼，一般为敲击三下。

（2）平辈倒茶。平辈倒茶，喝茶人只需要把食指、中指并拢敲击桌面，相当于双手抱拳作揖，敲三下以示尊重。

（3）晚辈敬茶。如遇到晚辈给自己敬茶，可以用一只手指在茶杯边缘轻轻敲一下，表示尊重，如果碰到比较欣赏的年轻人，可以用中指在茶杯的边缘轻轻敲击三下。

3. 品茶步骤

（1）观茶。察看茶叶，观赏干茶和茶叶泡开后的形状变化，由于制作工艺和茶树品种的不同，茶叶有多种形状，如针形、扁形、条索形、螺形、兰花形、片形、束形、圆珠形等。

（2）察色。观看茶色、汤色、底色，茶色有绿、黄、白、青、红、黑六大类别；汤色会因茶类有明显区分，绿茶汤色浅绿，红茶汤色乌黑油润，乌龙茶汤色青褐光润，白茶汤色微黄；底色是茶叶经过冲泡去汤后留下的叶底色泽。

（3）赏姿。茶在吸水过程中会产生一种动感，能够引人"沉醉"其中。

（4）闻香。茶香主要有三闻，一是闻干茶的香气，二是闻开泡后茶的本香，三是闻茶香的持久性。

（5）尝味。品尝茶汤的滋味，以微苦带甘最佳，好茶甘醇浓稠，有一种天然的活性，喉咙的甘润能够持续较长时间。尝味的温度以40℃至50℃为宜。品茶要自然，速度不能太快，品尝茶的浓淡、强弱、爽涩、鲜滞、纯异等。

综上，现代的茶道礼仪作为一种日常生活礼仪，也是社会礼仪的一部分，具有一定的稳定社会秩序、协调人际关系的作用，是"和为贵""天人合一"等思想的历史积淀。作为社会之礼，茶的礼仪已经逐渐延伸成为人们通往幸福的"桥梁"。

## 第三节　幼儿教师的语言礼仪

幼儿教师的语言是保育工作最主要的工具，对他们来讲，语言具有至关重要的作用，掌握科学化、规范化的语言礼仪，能够让自己对幼儿的教育工作锦上添花，能够产生更加声情并茂的课堂效果。虽然农村中很多人说方言，但是幼儿教师一定要说标准的普通话，并遵守语言的礼仪，让语言成为一种"感人的力量"，深刻展现语言之美。

### 一、幼儿教师的语言礼仪准则

语言是思维表达的载体与媒介，幼儿教师要注意语言的表达是否符合自己的思维，这会直接影响交谈是否顺利。

#### （一）音调与音准

1. 发音要标准

吐字发音要标准，要讲标准的普通话，交谈时要让对方能够听清自己所说的话，如果对方根本听不清、听不懂，这将是失礼的。

## 2. 含义要明确

说话要表意明确,不能含混不清,要避免歧义句。例如,"你是小王吧?""小姐多少钱一斤?"这样说话只会让人感觉受到不尊重。

## 3. 音调适当

压低声音说话是文明礼仪的重要标识,普遍来讲,压低声音能够比提高嗓门更加悦耳,柔和的声音更能打动人。而很多人喜欢"吼、叫",这样说话会让人认为是没教养的表现,与人交谈时要考虑对方听着是否舒适,不应只顾自己,而给他人造成噪音感,这样才符合礼仪的规范。

### (二)交谈的方式

在与他人交谈时,不应啰哩啰唆,尽量言简意赅地表明自己的看法,这样既能提高解决日常事务的能力,还能提高工作效率。如果一种意思反复地说,只会让人觉得啰唆,产生厌烦的情绪。此外,幼儿教师还应学会在适当的时候直言、委婉、含蓄、幽默、给他人留有余地等说话方式,这样既符合礼仪规范,又能达到说话的目的。

## 1. 直言

直言,即诚挚且直率的说话方式,春秋时期的《国语》就曾出现这一词,即"下有直言,臣之行也"。

与人坦诚相待,有话直说,在很多时候恰恰是语言大繁若简的至高境界,无须华丽的修辞却能表现出最准确的含义。但是,有些时候则需要适当的委婉。

## 2. 委婉

委婉与人的自尊心、虚荣心息息相关,对于不同的人,适当采用委婉的说话方式,能够避免他们产生不愉快的心理体验,能够让礼仪与目的兼顾。例如,幼儿教师都在一间办公室,一名教师感觉有点热,想把窗户打开,最礼貌的方式应当是这样:"不好意思,我热得有点难受,可不可以稍微开一会儿窗户?"想必没有人会拒绝这样的请求,而如果直接说"把窗户打开,我热",肯定会适得其反,没有人愿意打开它,而且还不符合礼仪。

## 3. 含蓄

含蓄是说话人高雅品格和内在修养的重要体现,更是对他人的尊重和礼节。例如,在交谈时想去洗手间,可以说:"对不起,我出去一下。"或者,发现别人胖了,可以说:"最近你好像变得更强壮了。"这样的说话方式很容易让人接受。

**4. 幽默**

相比于以上说法方式，幽默的难度较大，幽默是社交场上的润滑剂，能够有效协调人际关系、消除隔阂、化解矛盾，但是它需要渊博的学识、丰富的阅历作为支撑。例如，我国著名相声演员马季和赵炎曾在山东演出，正当他们表演相声《吹牛》的时候，突然台上的灯泡闪了一下就灭了，这时人群开始骚动，有人吹起了流氓口哨，马季先生"临危不乱"，说了一句："我们吹牛的功夫也太到家了，灯泡都被我们吹灭了。"台下掌声雷动，观众报以热烈的掌声。可见，幽默的语言方式很重要。对于幽默的详细论述将在后面展开论述。

**5. 给他人留有余地**

说话给他人留有余地是基本的礼仪和尊重，如果只顾着倾诉自己的感受，而没有考虑到听话之人的感受，只会让双方产生隔阂。在很多时候，说话应当打点折扣，顾及他人的情绪和面子，适可而止，争取使双方的思想感情产生共鸣，把选择的主动权交给他人，这也符合谦逊、礼让的美德和礼仪。

## 二、幼儿教师的文明语言礼仪

幼儿教师文明教学、礼貌待人的专业需求表现在文明用语上，语言是思想交流的工具，是体现职业道德的第一窗口。说话是否文明礼貌直接反映出幼儿教师整体形象的好坏。幼儿教师身处教育事业的第一线，要切实践行语言文明规范。

### （一）文明用语

幼儿教师在交谈中要善于使用社会中约定俗成的礼貌用语，如"您""对不起""不好意思""谢谢"等。在交谈开始时要说"您好""打扰""请问"，交谈结束时要说"再见""回头再聊"，即使交谈过程中有不愉快的事情发生，也应当婉转一点，可以说"不好意思，我去接个电话""不好意思，我去一下洗手间"，万万不可与他人发生争执，那是十分失礼的，更不可故意诋毁、讽刺他人，要学会换位思考，杜绝一切有失身份的不文明用语。

**1. 文明用语**

文明用语被社会与政府大力提倡，尤其应当在幼儿年龄较小的时候开始培养，幼儿教师时常用文明礼貌用语，其对于幼儿人格塑造具有重要作用。

（1）问候语。人们在社交场合中，时常根据不同的对象、不同的情境，运用不同的问候语，一般有"您好""早上好""中午好""晚上好"等。

（2）告别语。双方交谈结束后，用于告别，以及为了方便下次约见而用的礼貌语言，一般有"再见""这次谈话很愉快，期待与您再次交谈"等。

（3）感谢语。用来表示感谢对方，无论对方是否真正帮到自己，都应表示感谢，一般有"非常感谢""麻烦您了""让您费心了"等。值得注意的是，在美国道谢只需要一次即可，不要为了一件事不断道谢，而在中国，可以为一件事不断道谢、谢了又谢。

（4）致歉语。打扰对方或向对方致歉，一般有"对不起""请原谅""很抱歉""请稍等""麻烦""请多包涵"等。

（5）接受致歉或致谢语。接受对方致谢致歉时，一般有"别客气""不客气""不用谢""没关系""请不要放在心上"等。

（6）接电话用语。"您好，这里是××幼儿园××室，请问您找谁？"

"我就是，请问您是哪位？"

"××不在，我替您转告，或者您一会儿再来电话，可以吗？"

"对不起，这里是××幼儿园，您好像打错了。"

除了上述范例外，还有诸多礼貌用语，此处不作过多赘述，但是，所有的礼貌用语都遵循如下几个原则：说话用尊称，态度平稳；说话文雅、简练、明确；说话婉转热情；说话讲究语言艺术，力求语言优美悦耳；与他人说话注意面带微笑等。

2. 文明用语三字歌

初见面，说久仰，知礼纲；

久未见，说久违，懂道规；

遇见人，说您好，懂礼貌；

祝贺人，说恭喜，是知己；

探访人，说拜访，情意爽；

迎客人，说恭候，欢乐透；

客人至，说光临，乐欢喜；

中途走，说失陪，礼往来；

送客人，说留步，现大度；

临别离，说慢走，是友好；

送远行，说平安，天地宽；

分手间，说再见，情义显；

客人走，说再来，千百回；

得人助，说谢谢，传佳话；

赞见解，说高见，礼仪先；

祝安康，说保重，情义浓；
盼指点，说赐教，诚意到；
托办事，说拜托，万事乐。

### （二）禁忌用语

1. 脏话

脏话是一种污秽不堪、难以入耳的不文明语言，具有冒犯性、侮辱性、低俗性等特点。

2. 粗话

粗话虽然不像脏话一样污秽，但是十分没有修养，从中能体现出鄙视的意味，如"老头儿""娘儿们""小妞儿"等。

3. 气话

如果教师无法控制自己的情绪，被自己的情绪所左右，就会说出不合礼仪的气话，气话往往过于冲动、意气用事，容易得罪他人。

4. 训话

幼儿具有一颗童真的心灵，教师永远不要在幼儿面前摆出一副盛气凌人的架势，不要过度训斥幼儿，如"你怎么听不懂我讲的话？""你到底想不想上学？""你瞧你，脏兮兮的，不知道洗手吗？"这类话语能片刻在教师与幼儿心灵之间筑起"围墙"，无形之中增加了双方的隔阂，这样一来，更无法进行沟通和理解。

5. 说教

教师和幼儿的交流过程要有一定的针对性，不能说一些不着边际的话语，也不能说无关紧要、假大空的套话，如"你这样下去对谁都没有好处。""向其他同学学习，看看自己的不足。"这类话语缺乏针对性，不能解决实际问题，达不到真正教育的目的。

6. 空话

幼儿年龄比较小，和他们说话要通俗易懂、直截了当、不绕圈子，不能以成人的说话方式对待他们，更不能说故作高深、貌似充满哲思的语言，如"这种问题永远没有固定的答案。""这个问题的答案在一定程度上是正确的，在另一方面它又是错误的。"这种回答实际上等于没有回答，只会让幼儿越来越困惑不解，所以与他们谈话要避免长篇大论、侃侃而谈。

## 三、幼儿教师的幽默语言礼仪

幽默是一种说话的艺术，更是一种说话的礼仪。幽默要在恰恰符合礼仪分寸的同时产生一定的喜剧效果，幼儿教师掌握专业的幽默语言礼仪，不仅能在课堂上取得更好的效果，在社会交往和生活中还能让自身独具魅力。

例如，苏联著名教育家斯维特洛夫认为："教育家最主要的，也是第一位的助手是幽默。"无论是在教学过程中，还是在对幼儿日常起居的照料中，幽默总能激发幼儿的学习兴趣、融洽师生关系，培养幼儿乐观、开朗、活泼的性格。

### （一）幽默的基础

1. 心态

在笔者看来，要成为富有幽默感、掌握幽默语言礼仪的教师必先有乐观豁达的心态，幽默是一种人生态度，真正幽默的人能够淡泊一切、超然物外、心胸开阔、待人友善。"幽默有一种不可或缺的心理基础，那就是善意和宽容，幽默是一种精神的境界，具有一种文明的高度。"[①] 可见，良好的心态至关重要，如果没有善意的心态，幽默将发生质变，甚至会变成挖苦与讽刺。

思想家、教育家胡适先生是我们所熟知的人物，有一次，他去大学演讲，在演讲过程中引用了较多历代先贤的话，在孔子话语的前面写下"孔说"，在孟子话语的前面写下"孟说"，在孙中山先生话语的前面写下"孙说"，然后，他十分淡定地在自己的思想前面写下"胡说"，引得学生哄堂大笑，这种适当的自嘲既活跃了课堂的气氛，又拉近了师生的关系。

具有幽默心态的幼儿教师应当将保育工作与幽默巧妙结合。虽然自己是知识的传播者，但不以知识丰富而孤高自傲；是幼儿的领路人，但从不高高在上，不摆出说教者的清高模样，而是与幼儿平等、和谐相处。

具有幽默心态的教师以积极乐观感染学生，尽力做幼儿的良师益友，不进行填鸭式教学，主张活泼、自由、个性的新型课堂。

具有幽默心态的教师在指出他人缺点之时，总能照顾到他人的心理，指出毛病绝不"嫉恶如仇"，而是像和煦的春风，拂过幼儿的缺点，把他们的缺点当作最可爱的地方，用幽默的话语使他们认清自己的不足，逐渐改变自己，完善自己。

---

① 孙绍振.幽默心理和幽默逻辑[M].北京：首都经济贸易大学出版社,2009:72.

2. 智慧

幽默需要智慧，需要随机应变、灵活处理。

案例1：小学老师小刘一向认真负责，同时非常幽默，大家都很喜欢她，有一次她布置了比较多的作业，突然有个学生说了一句："老师，您留的作业太多了，您看能不能打个折，少留一些，让我们能多玩会儿。"小刘老师一看，是平时贪玩爱闹的小王同学，小刘老师急中生智，她说道："好的，没问题，但是你也要答应我一个条件。"小王同学兴奋地说："好的，老师您快说什么条件呀？"小刘老师说道："你到时候的考试成绩我也给你打个折。"这一句引得全班哄堂大笑，小王也认识到了学习的重要性。可见，幽默只需要在运用智慧的前提下，依靠简短的语言就能达到意想不到的效果。

案例2：著名主持人孟非有一次跟随摄制组去上海面试男嘉宾，有一个不怀好意的记者挤到孟非前面说道："孟非先生，有传乐嘉出走是因为他觉得他在电视台的地位没你重要，你认为你和乐嘉谁更重要？"当时的气氛无比尴尬，但是孟非说道："本来这件事我完全可以置之不理，谁愿意怎么说是言论自由，我也有保持沉默的权利，但是今天我想说几句。我和乐嘉谁更重要，这要看在谁的眼里，在我父母眼里我更重要，在乐嘉父母的眼里他更重要。"这一充满智慧的幽默话语巧妙化解了现场的尴尬，也没有对记者造成任何"攻击"，同时符合礼仪的要求。

案例3："一节作文自改课，学生正在互评作文，突然林心同学带着哭腔怒冲冲地报告说：'何老师，王栋他……'教师一看，林心白白的脸上溅了好几滴红墨水，最大的跟指甲盖一样大。王栋解释说：'是我拔笔盖的时候不小心溅上去的，我不是有意的。'教师明白了一切，走到林心同学身边说：'你这是白里透红、与众不同啊！不过王栋以后可要记住了，帮别人美容得看看别人愿意不愿意，否则可是要道歉的哦！'林心破涕为笑，同学们也都笑了，王栋也真诚地说了对不起。"[①]

在笔者看来，智慧是幽默的挚友，二者缺一不可，虽然二者不能完全等同，但是它们紧密联系、紧密相关、互相促进。科学表明，幽默感测试成绩较高的人，往往智商测验成绩也较高，而缺少幽默感的人测验成绩平平，有的甚至明显缺乏应变能力。可见，没有智慧，自然不能称为幽默，没有幽默，也不算智慧的人。

---

[①] 何军杰.庄谐并用乐教乐学——谈教学幽默的功能与设计[J].语文教学通讯：小学刊，2005(1):39-41.

3.语言

除了要拥有上述乐观的心态、过人的智慧外,还需要风趣幽默的语言,才能成就真正的幽默。幽默的逗笑只能在人与人之间发生,逗出的笑是人看、听、感觉到的,人与人之间交往主要靠的是语言,这就要看语言里能否含有幽默的元素。例如,曲折、含蓄的说法是经过艺术加工的,具有创造性、愉悦性、启迪性、教育性的语言。

(二)教学幽默礼仪策略

1.把幼儿心理活动与幽默语言结合起来

把教学幽默和听众的心理紧密相连,在教学工作中,为了让自己的教学语言更加富有魅力、更加幽默,教师必须遵循幼儿内心对幽默语言的反应规律,还要注重培养幼儿对于幽默的适应能力。

幼儿平常生活在农村,村民大多循规蹈矩、踏实肯干、朴实无华,缺少诙谐幽默的心态。在这种环境中,幼儿很难有接受幽默、感受幽默的能力,教师应该在自己学习幽默的同时,不忘潜移默化地培养幼儿对于幽默的感知力,这样才能实现幼儿与教师的良好互动。

2.把死板的课堂与幽默教学结合起来

在传统师道尊严思想的影响下,很多教师的教育观念比较陈旧,他们依然觉得严师才能出高徒,在教学过程中应当不苟言笑。而实际上,幼儿教师扮演着多重角色,不仅仅是知识的传授者,更是日常管理者、指挥者,甚至扮演着家长的角色,所以,必须转变观念,将死板的课堂与幽默教学结合起来。如果不采用风趣幽默的方法,很难让幼儿集中精力,不利于把控课堂秩序,还会使幼儿纪律松散,降低自己的威信。

教师要把自己放在与幼儿平等的位置上,共同成长,共同进步,把时代的要求融入自己的教学理念中;要认清幽默的本质,幽默是艺术,是礼仪,不是哗众取宠,不是低级趣味;要把幽默的风格融入课堂整体环境,运用自如,才能树立自己更加高大的教师形象。

3.把积累幽默素材与自身学习结合起来

读书是充实自身知识储备,获取幽默素材,提高思维能力的有效途径。幼儿教师如果想切实践行幽默教学,绝对不能忽略知识的日常积累,要重视起来,厚积薄发。

因此,教师要养成良好的阅读和学习习惯,广泛涉猎各个领域的知识,了解各个学科的性质。但是,丰富的知识与素材不是一朝一夕可以获得的,需要教师长期的坚持,"精诚所至,金石为开""驽马十驾,功在不舍",只有持之以恒,才能让知识培养出幽默的"果实",形成自己幽默的教学风格。

另外,除了课外书、教材中的幽默外,在艺术作品和日常生活中也有很多值得发现和学习的幽默。例如,小品、相声、喜剧电影、其他人的幽默趣事、顺口溜等,如果教师能把这些也运用到教学中,就能够更大程度地活跃课堂气氛,取得更好的教学效果。

### 四、幼儿教师的无声语言礼仪

语言学中包含语言符号系统与非语言符号系统,非语言符号系统主要为体态语,无论在教学过程中,还是日常生活中,幼儿教师都不可能一直使用有声语言表达思想、传递信息,在很多时候,加入一些动作能让语言"增色"不少。例如,说"请"的时候,做一个微微弯腰和微笑的动作,就能够表现出更多的礼仪,一个眼神、一个动作就能传达给对方相应的信息,有时候沉默往往能带来意想不到的效果。

所以,无声语言可以作为有声语言的补充,也具有独立表意性,是表达感情、日常社交的重要手段。

#### (一) 停顿

在说话过程中进行短暂的停顿是一门艺术。有些人喜欢在说话的时候加快速度,用很快的速度把一连串话语说完,这是不自信的表现,也是缺乏礼仪的表现,因为这样没有留给听众反应和思考的时间,只是自说自话,不顾他人感受。而有些人能够在说话的过程中适当停顿,与他人进行目光交流,给他人思维"喘息"的时间,是一种高超的语言礼仪。

幼儿教师对待幼儿要适当运用停顿的技巧,观察他们的反应,以便制定自己接下来的教学计划、教学方式。另外,幼儿园开大会的时候,幼儿教师在发言过程中也可运用这一方法,能够彰显自身的专业性和充实的礼仪素养。

笔者认为,停顿具有以下作用。

第一,停顿能够让说话者有更多思考的时间。说话者可以在停顿的过程中反思自己已经表述过的语言以及准备表述的语言,可以让二者有更好的衔接,在逻辑上更通顺,让听者听起来更舒适、轻松、愉悦。

第二,停顿能够增强说话者的气场,是威严的震慑。历史上很多伟人常常喜欢在讲话的时候稍微停顿,每当停顿之时,他们总是面部凝重,看起来心事重重的样子,听者则会疑惑不解,而当说话者再度开口,听者会有一种如释重负的感觉。

第三，停顿能够有效地吸引听者的注意力。例如，英国政治家赖白斯在演讲中突然停顿 72 秒之久，然后说道："诸位刚才感觉到的局促不安的 72 秒长的时间，就是普通工人垒一块砖所用的时间。"在这 72 秒钟里面，所有人都把注意力集中到演讲上，使演讲取得了非常好的效果。

### （二）体态语

教师在教学过程中的体态语大致包含三个部分，分别为面部表情、手臂活动、身姿。

人的面部表情非常丰富，往往能够通过脸上形态的变化把很多复杂的感情准确表达出来。很多时候，幼儿能从教师的眼睛中看到教师所要表达的意思，而教师也能从幼儿的眼睛中看到自己的教学效果，获取准确的反馈消息。

手臂同样可以模拟事物的形状，能够表达不同的情感和节奏。例如，教师为幼儿指挥音乐，当听舒缓音乐的时候，教师可以轻柔挥动手臂，在听急促音乐的时候，教师可以转为急遽有力的手势。

身姿指身体的姿态，是教师形象良好与否的关键，标准的身姿可以让教师运动自如，身心舒畅，还能给幼儿群体更好的审美体验。

## 第四节　幼儿教师的交往礼仪

在生活中，人们都共同处于同一个社会大环境之下，具有很多相同点，这为人们之间的交往提供了可能，那么，幼儿教师要与他人相互了解、相互尊重，必须要懂得交往的礼仪。

### 一、幼儿教师的日常交往礼仪

#### （一）称谓

称谓，又叫称呼，指人与人在交往之中彼此使用的称谓语，是表达人的思想感情的重要手段。在日常交往中，符合礼仪的称呼能体现出对对方的尊重，能够反映出教师自身的专业化程度。

1. 生活中的称谓

在生活中，对熟人、朋友的称呼要自然、亲切、友好，可以直呼其名，也可以称"老张""小李"等；对亲戚的称呼要按照辈分确定，如"爸爸""妈妈""爷爷""奶奶""舅舅""姑姑"等，对于比自己辈分小的人可以直呼其名，但是对于辈分比自己大的绝对不能直呼其名。

2. 工作中的称谓

（1）职务称呼。在工作中，要以交往对象的职务相称，用来表示身份地位的区别，如"园长""主任"等，或者在职务前加上姓氏，如"张书记""刘秘书"，在更加正式的场合可以采用"姓名＋职务"的称呼方式。

（2）职称称呼。不同职业人员随着从业经历和经验增加，职称会有所变化，其中的高级职称者可以直接称呼对方的职称，如"教授""工程师"等；或者在职称前加上姓氏，如"张教授""马会计"等，与职务称呼同理，在更加正式的场合可以采用"姓名＋职称"的称呼方式。

（3）行业称呼。可以直接按对方所在行业进行称呼，如"老师""护士""司机师傅"，对于服务行业人员，可以对女性称呼为"女士"。

（4）姓名称呼。在工作岗位上直呼其名，仅限于熟人、朋友之间。一般为三种情况：第一种情况，直呼其名，年龄、职务相仿的朋友可以这样称呼；第二种情况，呼其姓不呼其名，在姓前面加上"小""大""老"，显得亲切；第三种情况，只称其名，不呼其姓，用于上级称呼下级，长辈称呼晚辈或者在亲友、同学、邻居中也可使用。

3. 政务交往中的称谓

在政务交往中，常见的称呼有两种，一是称其职务，二是对地位较高的人称"阁下"，也可加上"先生"二字，如"职务＋先生＋阁下"。

**（二）介绍**

在人际关系中，介绍是使双方相识或发生联系的重要手段，"介绍"二字首见于《礼记》，初次表明当代介绍的含义是在宋朝。介绍可以分为自我介绍、他人介绍、集体介绍。

1. 自我介绍

自我介绍就是自己介绍自己，让他人能够清晰地认识自己。在介绍过程中要态度自然、友善、大方、亲和，语气自然，语速正常，介绍中不可夸大自己。

（1）自我介绍的分寸。第一，自我介绍要言简意赅，尽量节约大家的时间，以半分钟左右为宜。第二，自我介绍要符合以下几个前提：对方感兴趣，对方有空闲，对方情绪好，对对方干扰少，对方有此要求。

（2）自我介绍的内容。介绍的具体内容随场合而定，在特定场合要对内容进行更改。例如，教师在学校中的介绍要偏向于自己的教学经验；在酒场上的介绍要侧重于凸显自己的幽默、热情等特征；在应酬中的介绍要简洁精练，只介绍姓名即可；在社交活动中的介绍内容可以包括姓名、工作、籍贯、学历、兴趣等；在礼仪场合的介绍内容应当有姓名、单位、职务等，还需要加入一些自谦的词汇，表示自己谦虚；在面试场合的自我介绍要针对考官的问题，即"问什么答什么"。

2. 他人介绍

他人介绍也被称为第三者介绍，一般而言，指为彼此不认识的双方相互进行引见，或者把一个人引见给其他人的介绍方式。他人介绍通常是双向的，被介绍者双方各自作介绍。偶尔也表现为单向的他人介绍，只是将被介绍者中的某一方介绍给另一方，前提是前者了解后者，而后者不了解前者。

（1）他人介绍的介绍者。他人介绍也要遵循一定的规矩，一般情况下，以下人员可以作为介绍者，如熟悉被介绍双方的人、身份地位较高的人、被指定为介绍者的人、长者、东道主、受到被介绍者要求的人、交往中的专职人员等。

（2）他人介绍的具体细节。第一，他人介绍之前，应当先征得被介绍者的同意后再进行介绍；第二，他人介绍之前，应先向被介绍的双方打招呼，双方起身以示尊重，介绍后，双方要握手、寒暄、交换名片；第三，为他人介绍时，参考以下顺序：先介绍位卑者给位尊者，先介绍年幼者给年长者，先介绍学生给老师，先介绍男士给女士，主人介绍给来宾，下级介绍给上级等；第四，为他人介绍时，先表明被介绍人的单位、职务相关情况；第五，为他人介绍时，要注意仪容仪表，不能失礼；第六，在特定场合中，介绍过程不需起立，点头致意即可。

3. 集体介绍

集体介绍是他人介绍中的一种特殊形式，即介绍者所介绍的对象不止一个人，而是两人或以上。

集体介绍应当符合以下礼仪：第一，用词要准确、规范，不可产生歧义；第二，被介绍者人数比较多的情况下可以进行笼统性的介绍；第三，先介绍地位尊的一方；第四，如地位尊卑相仿，先介绍人少的一方。

### （三）握手

握手是上至国家下至个人的一种普遍的礼节，握手表示握手双方的友好、理解、沟通、信任、尊敬、鼓励等感情。握手最早起源于"刀耕火种"的时代，人们总是习惯带着石、棒等武器，握手可以表示双方都没有恶意。随着时代发展，握手逐渐成为重要的礼仪。

1. 适宜握手的场合

（1）遇到较长时间未曾谋面的熟人，应与其握手，以示久别重逢而万分欣喜。

（2）在比较正式的场合同相识之人道别，应与之握手，以示自己的惜别之意和希望对方珍重之心。

（3）在家中、办公室里以及其他一切以本人作为东道主的交际场合，迎接或送别来访者之时，应与对方握手，以示欢迎或欢送。

（4）拜访他人之后，在辞行之时，应与对方握手以示"再会"。

（5）被介绍给不相识者时，应与之握手，以示自己乐于结识对方，并为此深感荣幸。

（6）偶然遇上了同事、同学、朋友、邻居、长辈或上级时，应与之握手，以示高兴与问候。

（7）他人给予了自己一定的支持、鼓励或帮助时，应与之握手，以示衷心感激。

（8）向他人表示恭喜、祝贺之时，如祝贺生日、结婚、生子、晋升、升学、乔迁、事业成功、获得荣誉或嘉奖时，应与之握手，以示贺喜之诚意。

（9）他人向自己表示恭喜、祝贺之时，应与之握手，以示谢意。

（10）向他人表示理解、支持、肯定时，应与之握手，以示真心实意、全心全意。

（11）应邀参与社交活动，如宴会、舞会之后，应与主人握手，以示谢意。

（12）在重要的社交活动，如宴会、舞会、沙龙、生日晚会开始前与结束时，主人应与来宾握手，以示欢迎与道别。

（13）得悉他人患病、失恋、失业、降职、遭受其他挫折或家人过世时，应与之握手，以示慰问。

（14）他人向自己赠送礼品或颁发奖品时，应与之握手，以示感谢。

（15）向他人赠送礼品或颁发奖品时，应与之握手，以示郑重其事。

2. 握手的顺序

握手的顺序要遵循"尊者先行"，不可贸然握手，否则极为失礼。具体来讲：年长者对年幼者伸手；长辈对晚辈伸手；老师对学生伸手；女士对男士伸手；已婚者对未婚者伸手；职位高者对职位低者伸手。在社交场合同时与多人握手时，要遵循先尊后卑、先女后男、先近后远的准则。

3. 握手的方式

总的来说，握手时双腿立正，上身略微前倾，伸出四指并拢的右手，拇指张开与对方相握，握力要适当，时间要适中。

（1）神态。神态要专注、热情、微笑、友好，目视对方双目。

（2）姿势。一般情况下为站姿。双方站立距离在1米左右，握手过程中双方要向对方靠拢，距离过大或者过小都不雅观，相握后呈一个直角为宜。

（3）手位。单手相握时，用右手与对方右手相握即可，这也是最普遍、通用的握手方式。双手相握时，右手握住对方右手，左手握住对方的右手背，用于亲朋好友，不可用于初识者。

（4）力度。握手不用力会让人觉得缺乏力量，太用力会过于粗鲁。不过也可根据具体情况具体分析，对待亲人，或者特别熟的人可以用力大些，对待女性要温柔一些。

（5）时间。一般而言，握手时间掌握在2～3秒即可。

**（四）交谈**

交谈是一门艺术，是人际交往的主要手段，在人际关系的礼尚往来中有着极为重要的作用。该过程要注重礼仪，严格注意自己的语气、语调、措辞以及具体情况。礼仪完备的交谈能够迅速建立交际圈。

1. 交谈的原则

（1）交谈的内容要提前准备，不要轻易许诺，但只要是答应他人的事情一定要讲信用。

（2）围绕交谈的主题，不可"东一榔头西一棒子"，不可随意切换话题。

（3）交谈的态度要落落大方、不卑不亢。

（4）不在别人交谈时插嘴，也不随意离开自己正在交谈的对象，离开之前要先致歉。

2. 交谈的方式

（1）善于倾听。倾听是一种好习惯，善于倾听才能让人更愿意与自己交谈。

（2）双向交流。倾听也要适度，不可只听不说，只会让人觉得受到敷衍。

（3）用语委婉。交流中不能过于心直口快，不能揭露他人短处，或提令他人不快之事。

（4）把控时间。交谈时间控制在半小时内最好，所以交谈过程中要语言精练，不说废话，给双方保留一种意犹未尽的新鲜感。

### （五）名片

名片，又称名帖，在古代是官员互相表达节日祝福的工具，经历谒、刺、帖、片的发展过程，在现代社会成为人们社交场上沟通的"桥梁"。正确使用名片，做到合乎礼仪、规范，能够对人际交往起到重要作用。

1. 名片内容

名片内容一般有姓名、职务、职称、工作单位、联系电话、邮箱、单位地址、邮政编码等，让他人看到名片后感觉一目了然。

2. 名片递交

递交名片的过程要遵循以下几个原则。

（1）位卑者向位尊者递交，晚辈向长辈递交。

（2）递交目标为多人时，先向位尊者递交，假如不了解对方，可按先长后幼的顺序，或由近到远的顺序。

（3）递送过程要面带微笑，起身递交。

此外，要注意避免以下情况：将名片背面对着对方，或字迹颠倒交给对方；将名片举得过高；用手指夹着名片递交给对方等。

3. 名片接收

（1）接收名片时要起身，面带微笑，说礼貌用语，如"谢谢""很高兴认识您"等。

（2）接收名片后要把自己的名片递交给对方，假如没有带，要表示歉意。

（3）与多位客人见面时，可以暂时将接收的名片放在自己的桌前排列好，便于提醒自己。放在桌上的名片不能再放置其他物品，等到社交场合活动后要随身带走。

## 二、幼儿教师的交通相关礼仪

交通相关礼仪主要包括步行礼仪、乘坐电梯礼仪、乘坐交通工具礼仪，下面将分别进行较为细致的论述。我国人口众多，相对城市而言，农村人口较为稀疏，但是农村幼儿教师也免不了去城市中，所以要掌握与交通相关的礼仪。

### （一）步行

1. 在马路上步行

（1）自觉走人行道，自觉让出盲道，没有人行道时要靠路边走，不能妨碍机动车道。

（2）自觉靠右行，不能逆行步行而妨碍对向走来的人群。

（3）多人一起步行不要并排走，如果有尊者，要让其位于中间。

（4）不要走得过慢，以免挡到后面的人。

2. 在楼道中步行

（1）上下楼梯应该靠右单行行走，不应多人或并排行走。

（2）上下楼梯过程中不应当交谈。

（3）不可以在楼梯拐角处停留，以免妨碍他人通行。

（4）男性与长者、与异性一同下楼梯时，要主动走到前面，以防对方有所闪失。

（5）上下楼梯要注意保持速度均匀，不能太快或者太慢，也不能急加速或突然停止。

### （二）电梯

1. 安全第一

乘坐电梯安全最重要，不可扒门，不可强行挤入。如果在电梯里，提示电梯人数超载时，要主动离开电梯，让他人先行。

2. 保持秩序

等候电梯时，要先按下电梯口的上下按钮，并在电梯一侧等候；电梯到达后，不要着急上电梯，先让准备下电梯的人出电梯，然后自己再上电梯；出电梯的时候要让长者和女性先出，自己随后出电梯，并侧身。

3. 电梯内的礼仪

在电梯内，即便所有人都不相识，假如自己站在按钮处，也要主动询问人们准备去几楼，并帮忙按下楼层按钮。在电梯里应该尽量站成"凹"字形，以便他人能够进入电梯。此外，电梯内不允许大声喧哗、吸烟、乱丢垃圾。

### （三）交通工具

交通是现代社会人们日常生活中的重要组成部分，幼儿教师无论乘坐何种交通工具，都要遵循礼仪规范。

1. 私家车

（1）乘坐私家车要以客人为尊、长者为尊、女士为尊。

（2）在特定场合，乘坐轿车有特定座位，要找准自己的座位，不能占错他人座位，但也不必过于拘谨。

（3）假如自己开车，要先把汽车开到客人面前，并帮助客人打开车门。

（4）下车时要帮助客人打开车门。

（5）当乘车人存在夫妇二人的情况，尽量安排其中一人在副驾驶，不要让夫妇两位客人全都坐到后排。

2. 公交车

（1）候车时要按照先来后到的顺序排队，不可插队。

（2）等到车辆进站后，不要急于上车，先等公交车停稳后再依次上车，期间不要推搡他人。

（3）上车后不要抢占座位，不能把自己的物品放到空座位上，以防给后上来的乘客造成不便。

（4）对孕妇、抱小孩的乘客、老人主动让座。

（5）在车上说话要注意控制音量，不能声音太大，不讲污言秽语，不影响他人。

（6）讲究乘车卫生，不在车上乱扔果皮、纸屑，自己产生的垃圾要随身带走。

（7）不在车上吸烟、吐痰。

（8）下车要提前做好准备，并到车后门处等候，如人员过多，可以有礼貌地请前方的乘客侧一下身，下车过程中同样应当照顾老弱病残，不能拥挤推搡。

3. 火车

（1）候车时应自觉遵守公共卫生，保持安静，不可以大声喧哗，不可随地吐痰，不可乱扔垃圾。

（2）检票时应排队依次进行，不能拥挤、推搡。

（3）上车后不要抢座，要避免错坐他人座位。

（4）使用行李架时，不要将自己的行李压在他人的行李上，也不要用鞋直接踩踏座位。

（5）卧铺车厢内，不要盯着他人的睡相。

4. 轮船

（1）上下船时，要按照先来后到的顺序排队，不能拥挤、推搡、加塞。

（2）上下船的过程中要注意人身安全，不能在甲板上独自乱走，要小心谨慎地进入船舱。

（3）不允许携带违禁物品，登船自觉接受工作人员检查并积极配合。

（4）进入船舱后对号入座，听从工作人员安排。

（5）如果发现有人晕船或不适，在能力范围内要尽力帮助，如力所不及，要立刻寻找专人帮助。

5.飞机

（1）上下飞机时，对空中乘务员的问好报以点头微笑。

（2）飞机起飞的过程会有颠簸，或者耳部不适，但是没有大碍，不能过分紧张影响他人。

（3）如遇航班晚点、取消、迫降等情况，不要一味指责工作人员，要理性协商处理问题。

（4）飞机上，尤其是国际航班上的外国友人比较多，不要盯着对方看，那是不礼貌的，可以对对方微笑或者打声招呼。

### 三、幼儿教师的通信礼仪

#### （一）电话礼仪

电话是人们日常最重要的交流工具，是人们布置工作、联络感情不可或缺的手段，电话礼仪主要以说话的内容、说话的语气语调展现，树立礼貌的电话形象需要声音谦和、内容简单、举止文明、态度恭敬。

1.拨电话

（1）恰当的时间。拨打电话一般情况下要避免在别人用餐、午休、睡觉等时间段，如果给海外朋友打电话，需要先了解时差，不可以以自己的时间为主，这样只会引起他人反感。

通话的时长以短为佳，宁短勿长。最好遵循打电话的"三分钟原则"，注意把通话时长控制在三分钟以内。

（2）简练的内容。电话内容要提前准备好，不要一边想一边说，一边说一边想，没有条理会让他人听不明白自己想要表达的主旨。通话过程中避免废话、空话、东拉西扯、吞吞吐吐、欲言又止，要直奔主题、简洁明了。

（3）体谅与礼貌。电话接通后，要询问对方是否方便接电话，如果不方便要体谅对方，如果方便再进行进一步交流。

电话用语要多使用"您好""请""麻烦""感谢"等礼貌用语，否则会让对方反感，不合礼仪。

2.接电话

（1）及时接听。一般情况下应该保证在电话铃响三声之内接听电话，但要避免在电话刚刚响起时就接电话，否则说不定会让对方吓一跳。当电话响第二声再接电话是最合适的时间。如果因为其他原因在电话铃响三声之后才接起电话，首先要说声："对不起，让您久等了！"

（2）态度热情。拿起电话后，要主动介绍自己的情况。例如，"您好，这是××幼儿园××办公室，请问您找谁？"要谦恭友好、不卑不亢。通话终止的时候，不要忘记向发话人说声"再见"。如通话因故暂时中断，要等候对方再拨进来。对于重要的客人或上级，要主动拨回去，也不要为此而责怪对方。接到误拨进来的电话，需要耐心、简短地向对方说明。如有可能，还要给对方提供必要的帮助，或者为其代转电话，不要生气动怒或者出口伤人。

（二）书信礼仪

书信是写给具体收信人的私人通信。在我国古代，"信"有音讯、消息的含义，也有托人传言可信之意。书信要包含以下两种特征：第一，文字具有叙述事情原委，并表达书写者思想感情的功能；第二，具有相应的书写工具，能够专门进行传递送达。

随着科技的发展，当代虽然书信用途不广，但是它具有传播中国传统文化、传统礼仪，传递思念情怀的文化功能，是国人不可遗失的一笔财富。那么，书信要遵循哪些礼仪呢？

1.书信的写作格式

书信的内容主要包含五个部分：称呼、正文、结尾、署名、日期。

（1）称呼。称呼要在信纸的第一行顶格写起，后面加"："，冒号后不再写字。称呼可用姓名，也可以加修饰语。如果书信是写给两个人的，应该把两个称呼并排写在一起，尊者或长者在前。

（2）正文。正文一般是以问候语开头，如"您好""节日快乐"等，问候语写在称呼下面一行，前面空两格，自成一段。问候语之后是起始语，如"见字如晤""别来无恙"等，起始语后才能开始写主体文，即写信人要表达的中心内容。

（3）结尾。结尾的常规写法有两种，第一种在正文写完后，紧接着写"此致"，转一行顶格，或空两格写"敬礼"；第二种不写"此致"，只是另起一行空两格写"敬礼"。

（4）署名。在书信最后一行署上写信人的姓名，有时视情况加"恭呈""谨上"，以表尊重。

（5）日期。写在署名后面或下方，有时写信人还可加上自己所在的地点，如旅途、出差等过程中。

2.书信的写作原则

（1）文字礼貌，不能含有粗俗语言，要用书面语，多用敬辞和谦辞。

（2）内容完整，全面表述自己想要表达的内容，不要有所遗漏。

（3）文字正确，检查所有文字，确保没有错字出现。

（4）检查完好，检查纸张、信封是否完好，如果有缺角不可用。

# 第八章 农村幼儿教师专业发展的提升途径

若着眼于幼儿教师专业发展水平的提升,首先要将教育反思、园本培训、在职培训、创新意识、学习小组等方面内容综合纳入幼儿教师的培养过程中,幼儿教师只有遵循这些方面的要求,才能逐渐符合专业教师的身份,才能达到幼儿教师专业发展的需求。政府、有关部门、幼儿园必须将以上几点要求作为教师通往专业发展的必经之路、必要途径,对它们引起相当的重视,这更是满足专业发展需求之路上不可或缺的手段。

## 第一节 深化教育反思,专家面对面

### 一、教育反思的概念

"什么叫反思?在中国古代文化语境中,'反思'的概念非常接近儒家的'内省',指通过心灵的反观和内求,实现对自己思想和行为的认识、批判和超越,提升个体心灵的境界。在西方,较早对'反思'作哲学概括的是洛克和斯宾诺莎。洛克认为,反思是指自身对心灵状态的知觉或者对心灵运作的注意,是以思维活动作为思维的对象,是对思维的思维。斯宾诺莎认为:'理智向着知识的推进即反思。'"[1]

而现代教育反思指一种回忆、思考、评价教学过程的心理活动,是对过去发生教育行为的理性总结,是对自身教育活动的再造与深化,对于教育工作者未来发展具有重要的积极意义。教育反思以解决教学问题为目的,以追求教学实践合理性为动力,以两个"学会"为核心,以强化教育道德情操为突破口。另外,教育反思包含四个过程,即确定内容、观察分析、重新概括、实际

---

[1] 陈国庆.论教育反思与教师专业发展[J].中小学教师培训,2008(2):3-5.

验证，通过这些过程实现教师总体水平提升的目标。

那么，深化教育反思就是当代教师水平提升的重要法宝，是促进教师发展的指导理念，所以"反思论"有很大的现实意义。"反思论"的教师发展方式在20世纪被学者首次提出，一度成为教师专业发展的主要方向，虽然现在没有完全主导教育发展的走向，但仍不失为当代农村幼儿教师专业发展的重要途径之一。

《幼儿园教师专业标准（试行）》指出，教师要"把学前教育理论与保教实践相结合""坚持实践、反思、再实践、再反思，不断提高专业能力"。因此，越来越多的幼儿园在提倡"反思"，鉴于此，相关部门深化教育反思，提倡对反思教学进行研究很有必要。

## 二、开展多样课程

### 1. 课堂观察

课堂观察就是常规意义上旁听讲课的过程，主要表现是教师听同事的课，有时是幼儿教师去听模范教育工作者的课程。幼儿教师可以与同事组成组合，互相听课，以助于互相促进、共同进步。幼儿教师由于各自的学历水平、研究方向、生活理念不同，在他们的具体教学过程中也会有千差万别的思路与方式，多听课，进行课堂观察能够学到更好的教学方法，开拓自己的思维。

### 2. 录音录像

录音录像指幼儿教师对自己或其他幼儿教师讲课的活动进行记录，随时都可进行观看。相比于课堂观察，录音录像具有更多的观看次数，并且可以在重点环节暂停，能够更好地观察教学课堂的细节。

### 3. 课程报告

课程报告是一种条理清楚的清单、表格、条目，能够有效地帮助幼儿教师记录指定课程。这种手段是为了让幼儿教师更快捷、便利地一览课程中的重要事项，对于整堂课程有比较直观和系统的把握，包括课程的目的、课程步骤、课程效果最好的部分、课程效果最差的部分等。

## 三、进行教学记录

### 1. 行动过程研究

行动过程研究以加深教师对课堂教学的理解、提升课程实践效果为目的，专门研究课堂的计划、过程、观察、反思等步骤。

2. 教学日记

教学日记是幼儿教师用来记录具有意义或最难忘的教学活动的书面内容，它与课程报告有相似性，但又有所不同，课堂报告更倾向于课程客观的写实性，而教学日记更倾向于幼儿教师的情感记录。将内容记下来后，有助于今后的反思，并能激发幼儿教师自身对教学产生新的感悟。

3. 调查与问卷

开展调查与问卷活动能够收集幼儿对教学过程的看法，可以从中经过归纳总结分析出他们的各种情况，包括他们的学习偏好以及他们对不同幼儿教师的喜爱程度，这对于幼儿教师与幼儿进行互动，对于幼儿教师成为幼儿眼中的"完美幼儿教师"有一定帮助。

4. 协作性日记

协作性日记是幼儿教师将教学经验记在日记上，同事之间互相读出对方所写的日记，并按周讨论教学或日记经验，还可以记下小组讨论的内容，之后可以分析日记条目以及对条目的书面反馈和讨论记录，用以确定教学过程中经常出现的问题是什么，从而能够更好、更全面地解决问题。

## 四、构建反思共同体

幼儿教师进行教学反思并不是自己一个人的"单打独斗"，而需要在反思活动中构建一个共同体，通过这一共同体，打破固有的个人批判的牢笼，造就更加客观、全面的局面。

在共同体构建过程中，幼儿教师可以联合同事，或者其他教育工作者、研究者，营造出更加宽广领域的对话空间和教师文化氛围。这一氛围为不同主体之间互相提出的可行性建议提供了有力保障。如果幼儿教师在反思活动中偏离群体，没有他人的介入与帮助，将会面临较大的困境与难题。

所以，在实际反思过程中，教师应当对群体内人员坦诚相待，把自己的课堂情况、教学理论对同事、研究者开放，在教学研讨中得到启发，加深反思的深刻性与系统性，极力促进反思文化的形成与发展，同时应当倾听幼儿群体的呼声，放弃教师中心论的固有思想，要认清幼儿的作用，体察幼儿学习真正的体验，站在他们的立场反思自己的教学行动，要认清幼儿也是教学活动中的重要部分，他们的反应也有助于自身形成正确的反思。

## 第二节　加强园本培训，导师一对一

自 2010 年至 2018 年，我国幼儿园的数量从 15 万所增至将近 27 万所，教职工人数由 185 万增至 419 万余人，这代表幼儿园容纳了过多新增教师，对他们进行专业发展培训刻不容缓，园本培训作为途径，其重要性愈发显现。顾名思义，"园本"即"以园为本"，在幼儿园中，教师的一切都要在本园中、基于本园、为了本园。

事实上，"园本"是由"校本"演化而来，只不过"校本"涵盖面更广，包含更高层次的教育阶段，"园本"仅指幼儿园教育阶段，但是二者意义一致，模式与核心是完全相同的。同时，教育界研究这种教育模式普遍惯用校本教研一词，所以，本书进行园本培训论述之时，完全可用校本培训代替之。

当前，教育界对校本培训有多种定义，本书归结为以下三种：第一种，校本培训是在教育专家的指导下，以教师所在学校为基本培训单位，以提高教师教育能力为目标，通过教育教学和教育科研活动来培训全体教职工的继续教育形式；第二种，校本培训是以教师任职学校为培训基地，以全体教师为学员，本校校长和领导干部为组织者、领导者，以提高教师教学实践能力为目的的一种培训模式；第三种，校本培训是指在教育行政部门和有关业务部门的规划与领导下，以教师任职学校为基本培训单位，以提高教师教育教学能力为主要目标，把培训与教育教学、科研活动紧密结合起来的继续教育形式。

本书认为，校本培训指以教师任职学校为单位，面向教职工的学习方式，内容以学校的需求和教学方针为核心，目的是提高教师的业务水平与教育教学能力。基于"园本"与"校本"的同一性，园本培训的概念即以幼儿教师任职的幼儿园为单位，面向园内教职工的学习方式，内容以幼儿园的需求和教学方针为核心，目的是提高幼儿教师的业务水平与教育教学能力。

### 一、注重品德教育

园本培训注重师德，首先，《幼儿园教师专业标准（试行）》表明"师德为先"，这是由于幼儿处于心理与性格的形成期，受外界影响极大，可塑性极强，所以幼儿教师必须把师德放在首位。其次，我国自古就是"礼仪之邦"，任何时候都将品德摆在首位，唐代思想家韩愈就提倡师德为先，我们应当沿袭这一传统，把教师的品德作为第一准则。

在师德培训中，我们要加深幼儿教师对自身职业的理解与认知，树立成熟的职业观，包括遵规守法、敬业精神、自身发展、为人师表、协作精神等；要尊重幼儿的身心发育特点，树立正确的儿童观，包括关爱幼儿、尊重幼儿、信任幼儿等；要掌握幼儿保育与教育规律，树立科学的教育观，包括保教结合、保护好奇心、重视环境与游戏、重视各种资源等；要主动加强自我修养，树立良好的仪表形象，包括富有爱心、有亲和力、自我调节情绪、勤于学习、举止文明等。

以上简要分析了师德培训的必要性以及师德所包含的内容，可以说，师德培训不是领导者单纯地发号施令这么简单，而是需要切实地了解幼儿园的各项情况，然后根据实际制定方针政策，要秉持尊重一切的态度将师德培训融入幼儿教师的专业发展之中。

## 二、实行园本教研

园本教研是园本培训的重要工作之一，是幼儿教师专业发展的重要途径，农村中的很多幼儿园还不太熟悉园本教研模式，没有掌握教师园本教研的要领，这就需要加强园本教研体制的宣传与推广。

幼儿园依据本园实际工作和教育教学特点，针对幼儿园教育教学过程中发现和研究的问题而开展活动，这种教研活动对幼儿教师专业发展具有显著的意义，但目前园本教研却存在不少问题，尤其体现在农村幼儿园中，如园本教研的主动性不足、形式单一、缺乏问题意识、流于表面等。

针对园本教研的定义与当前问题，有关部门对幼儿园的园本教研工作提出以下几点具体建议，力图对园本教研的薄弱环节起到积极的改善作用。

第一，园本教研从突出问题开始，即"研究什么""为什么要研究"，问题是园本教研的出发点与旨归，目的在于培养教师对工作的主动态度，在不断积极与主动的探索中深化自己专业化的程度。

第二，园本教研的方法可以多样化，并不是一成不变的，不同幼儿园有不同的特性，适用某一所幼儿园的教研方法不一定能通用于其他幼儿园。要把教研工作的计划性、目的性、灵活性、调控性、自主性全面结合起来，通过多种教研方式的实行，每所幼儿园都能够找到最适合自身发展的道路。

第三，园本教研的主题与过程要提前制定，要在教研活动开始前提出切合实际的、具有价值的工作步骤，这样有助于加强教研工作的目的性。

第四，园本教研要注重幼儿教育专家与学者的引导，通过他们的科学指导，幼儿园的教研活动能够少走弯路，提高活动效率。还要注重在教研活动中分享经验、交流经验、互相学习、共同进步，幼儿教师应当改变固有的"死板"的教研模式，具有开创性思维，尤其是年轻教师，不用完全照搬以往的科研形式，采用如专题研讨、教师主持、同题开课、案例分析、课程审议、集体备课等多重形式，着力发挥和促进其的科研意识。校园与相关部门可以组织教师针对幼儿制订一些教研计划，真正把科学的教育理念转化为实际的教育教学实践，充分发挥园本教研的优势，促进教师"互研互学"。

第五，在园本教研结束后，要注重教研总结和成果交流，这一步是园本教研的感悟与升华，如果缺乏教师之间的交流，教研活动的体验感与灵感会大打折扣。

### 三、提倡园本课程

在 20 世纪 90 年代之前，我国幼儿园全部使用统一的课程设置。进入 21 世纪，尤其是 2010 年以后，在我国与幼儿园相关的各项条例与文件的指导下，幼儿园纷纷开展园本课程的构建工作，各幼儿园以自身特点为"本"，以园内幼儿教师的爱好与优势为参考，创造出了很多独具特色的课程。

园本课程，通俗来讲是指以幼儿园为"本"的课程，是在幼儿园现实的根基上生长起来的与幼儿园的资源、师资等条件相一致的课程。结合文献资料，本书将园本课程定义为各幼儿园以园长为核心，充分调动各方力量共同参与，以国家教育目标为指导，立足于本园实际，结合幼儿身心发展特点和规律，充分整合各种资源，从而形成的适合幼儿园实际发展所需的课程体系。

#### （一）园本课程存在的问题

我国园本课程与园本教研一样，仍存在一些问题。

首先，幼儿教师在园本课程中缺乏积极性，这是由于教师不愿脱离原有教材，对原有教材较为依赖。另外，很多幼儿教师面临的压力较大，他们工作时间长于义务教育以及高等教育阶段的教师，而且工作内容十分繁杂，包括生活起居、学习、安全等，在大量的工作任务下，幼儿教师也没有精力思考关于园本课程的问题。

其次，部分幼儿教师，尤其是农村幼儿教师由于专业发展水平较低，他们不够清楚园本课程，甚至认为园本课程构建仅仅是编写教材而已，但实际上，园本课程是长期不断发展的过程，包含教材、课程等多方面内容。

最后，一些幼儿园虽然把园本课程活动开展得如火如荼，但结果不尽如人意，因为他们只是盲目构建课程，没有结合园的"本"，单凭好恶选择课程显然是不科学的。这是由于个别地区幼儿园存在明显的急功近利的倾向，他们没有立足本园实际，更没有结合幼儿发展规律，忽略过程，只注重形式，便形成一种过于形式化的模式。

### （二）园本课程的改进策略

针对我国园本课程目前存在的主要问题，改进策略主要分为以下三个方面。

第一，要坚持以园为本这一本质核心，园本课程不可能是脱离现实的"空中楼阁"，必须要立足现实，在专业团队的引领下逐渐创新而成。专家学者对于园本课程有丰富的经验总结和自己独到的见解，借助专家学者的正确指导，能够形成有效的新型体系；需要注重整合本园的历史文化底蕴，在自身文化的"土壤"中孕育出最新的"生命"。

第二，把尊重和服务幼儿作为准则，幼儿园中的幼儿虽然只有3至6岁，但是他们也是作为独立的人而存在的，教师应当给予他们最基本的尊重，要学会站在幼儿的立场思考问题，从而改善和提升他们的学习水平。

第三，园本课程的构建主体应当由校园内的教职工扩展到包含幼儿家长在内的更多人，尊重幼儿家长的参与权和发言权，争取搭建学校家庭共育平台，形成一种"教师—家长—学校"多维合作的园本课程新模式。

## 第三节 鼓励在职培训，学员对对碰

自21世纪幼儿教师这一职业逐渐被重视后，幼儿教师的提升途径在职培训也逐渐进入人们的视野。经过对文献资料的分析，本书认为自2011年幼儿教师国家级培训计划实施以来，中国幼儿教师的在职培训整体状态呈持续上升的趋向。尤其是"自2018年《新时代幼儿园教师职业行为十项准则》等相关政策文件相继颁布以来，包含幼儿教师培养培训在内的教师专业发展、素质能力提升等政策制度就成了研究者探讨的重要问题"。[①]

但是，我国幼儿教师在职培训存在失衡现象，这体现在偏远地区以及农村，尤其是西北地区，农村幼儿教师面临多重在职培训方面的问题，如职业权益保障薄弱、在职培训机会缺乏、培训模式与组织形式不健全、政策设计不合

---

① 张勇超,谢姣.近十年来幼儿教师在职培训研究综述[J].宁夏大学学报(人文社会科学版),2019,41(1):185-192.

理等。针对在职培训的相关问题，幼儿教育需要作出改变，有关部门要结合幼儿教育生态理念，鼓励在职培训，以期突破阻挡我国农村幼儿教师在职培训的"坚冰"。

在职培训的问题普遍存在于农村，目前"一些经济落后地区由于自身条件限制，幼儿教师往往缺乏足够的在职培训，乡镇地区未能形成较为完善的幼儿教师在职培训体系"。[①] 具体来看，主要分为以下几点：缺乏在职培训经费、缺乏在职培训制度保障、缺乏在职培训积极性。

## 一、筹措培训经费

"农村幼儿园的教育问题之所以受到各级政府部门的高度关注，主要原因在于跟城市幼儿园相比，农村幼儿园的教育水平是比较低的，而师资团队的能力水平是影响其发展的主要因素之一。"[②] 教师力量提升需要鼓励在职培训，而农村幼儿教师的在职培训缺乏必要的经费投入，这导致在职培训无法正常开展，而在职培训无法开展导致幼儿园保育工作进行得并不顺利，虽然当代幼儿教师的学历普遍已经符合要求，但对教师的专业程度的其他多方面的要求较低，不是单单学历够用就行，更需要多方面的培训。"同时因为专项经费的缺少，更是出现了幼儿园设施不全、老旧、园舍老化、办园环境差等问题，所以经费投入不足严重阻碍了农村学前教育的发展。"[③] 可见，在经费短缺的情况下，还出现工作人员老龄化、设施老化等问题，这不仅对学习有影响，还对教师、幼儿的健康也存在一定隐患。

政府应当开拓幼儿教师的在职培训经费渠道，可以从以下几点准备入手：第一，各级教育行政部门可以把幼儿园教师的在职培训经费标准适当提高，可以与中小学相当，或者略高于中小学，因为幼儿教师的工作时间过长，他们为这个行业付出的辛苦辛劳要更多，需要更多经费来支撑他们较为全面和长时间的在职培训过程顺利进行；第二，可以与社会上的企业或者出版机构协作，如引企业下乡，引企业进校园，一方面可以提高企业的影响力，还可以在校园中获得新的启发与灵感，这可以说是互惠互利的好举措，另一方面通过出版机构刊登各种文章，加大社会各界对幼儿教育的关注程度，能够吸引资金雄厚的人士前来伸出援助之手。

---

① 赵敏旺.幼儿教师在职培训体系建设探析[J].现代职业教育,2018(7):126.
② 徐媛媛.农村幼儿教师在职培训有效路径探究[J].科教导刊,2020(13):54-55.
③ 同上。

## 二、健全培训制度

在职培训制度对幼儿教师发展的重要程度仅次于培训经费,甚至它在一定程度决定着经费的利用率和效率。虽然国家和相关部门对幼儿教师在职培训已经很重视,相关改革已提上日程,但是具体到落实上,仍然是不到位的。"如教师资格制度、幼儿园园长岗位资格制度、保育员或炊事员等持证上岗制度、园长教师定期培训制度等,都缺乏检查落实。要提高农村幼儿教育的质量,保障农村幼儿的受教育权益,农村幼儿教师的在职培训问题迫在眉睫。"[1]而且,"对于大多数的农村幼儿园,管理者缺乏专业和规范的管理方法,管理意识薄弱,上级部门又往往无力监管,导致农村幼儿园目前的管理状态比较散漫。"[2]这就使得幼儿教师的在职培训无人管理、无人问津,在职培训发展计划只能是形同虚设,对于农村幼儿教师专业发展根本无法起到本质上的作用。

在具体实施上,有关部门不应不予理睬,应当与幼儿园共同谋划,发动社会力量,构建一种切实健全的在职培训制度。

首先,在职培训要有"引进来"制度。政府部门可以利用强制性的法规进行一系列变革,引进教育资源,邀请教育专业工作者走进幼儿园,对幼儿教师进行专业的培训,专业学者往往在自己擅长的专业领域工作与研究多年,对于相关专业与行业有很透彻的了解和自己的思想体系,他们的培训与教师看书自学相比,可谓判若云泥。通过这种"引进来"制度,幼儿教师能够从中真正受益,丰富自身。

其次,在职培训要有"走出去"制度。一方面,政府要鼓励幼儿教师走出自己所在的幼儿园,进入其他幼儿园或教育机构,与行业内的其他人员进行广泛的交流与探讨,进行共同的培训与学习,让他们分享新的教育理念和教育思想,争取能够互相取长补短,共同进步。另一方面,政府还应当鼓励幼儿教师进入其他教育阶段的学校进行观摩与学习,教师对不同层次教学实践进行体验后,能够形成自己体系化、专业化的幼儿教育教学理念。

最后,政府要助力幼儿教师在职培训。幼儿教师在培训中的课题、研究、作业往往不是单纯的理论知识,更需要大量的实践活动,所谓"实践出真知"正是此意,相关部门要为幼儿教师的教研实践提供良好的社会氛围和环境。通

---

[1] 曹小瑾.农村幼儿教师在职培训的"四缺"与"四要"[J].早期教育(教师版),2008(9):19.
[2] 徐媛媛.农村幼儿教师在职培训有效路径探究[J].科教导刊,2020(13):54-55.

过多方配合与协调，在职培训才能取得更好的效果，才能培养出更高质量的幼儿教师群体。

### 三、提高培训积极性

农村幼儿教师身处人口稀少的村镇，他们的压力来源与城市幼儿教师不同，但并不比城市中的幼儿教师压力小。

首先，他们没有城市中各项优质的生活条件，如各种信息化与电子化的设备、更舒适的居住环境等。

其次，他们在农村缺乏物质保障，这使教师的内心缺乏安全感，甚至会降低其职业认同感。

再次，由于以上两种情况，农村幼儿教育发展会陷入恶性循环，长此以往，就会"动摇军心"，使农村幼儿教师队伍变得不稳定，使师资力量呈现逐渐下降的态势。

最后，由于农村民众素质普遍偏低，他们对于幼儿教师的认同感也不高，认为"幼儿教师就是带着孩子玩儿的"，认为他们与正规的职业不同，不具备真正的人民教师该有的身份与地位。

以上几点问题都是农村幼儿教师自身压力大的重要原因，而这些原因共同影响幼儿教师在职培训的积极性，在这些不良因素的影响下，幼儿教师对自己的前途、发展也逐渐丧失信心和积极性。所以，改变幼儿教师固有的消极心态，大力提升和支持农村幼儿教师在职培训变得至关重要。在过去，人们调动积极性的方式往往是演讲，但在当代社会，这种方式过于空泛，并不能起到真正的作用。

## 第四节　建立学习小组，家园促成长

幼儿教师合作学习小组指幼儿教师为了完成共同的任务、达成共同的教育实践目标而形成的具有明确责任分工的互助性学习组织。该小组特点为强调合作互动，强调组内成员平等，注重任务的目的性，有时体现为教师与幼儿成立小组互助学习。

## 一、分组与学习方法

### (一) 分组方法

合作型学习小组一般由 4 人构成，5～6 人也可以，但在小组成立之初不建议人数过多，一是因为人数太多不便于管理，二是因为人数多了容易产生意见分歧，不容易达成一致的教育实践目标。学习小组的原则是按照幼儿教师的个体进行分组，如教师的生理年龄、教学水平、业务能力等，在同一分组内要做到分工明确、各有所长、互相弥补，这种合作方式就是为了取长补短、共同发展。而不能将最优秀的几名教师分到一组，又将实力较差的几名教师分到一组，这样的学习小组便没有任何意义。小组内不同分工和岗位的任命由组内人员自己报名，或与同伴共同商议决定，同时各岗位亦可定期换岗轮岗。

建立小组的注意事项有以下两点：第一，由于组建之初大家不够熟悉，可由幼儿园在宏观上总体把控，等各教师比较熟悉，或大约在学习小组成立 6 个月后，再按照教师意愿或特长进行分组；第二，各学习小组不应随意更换成员，要具备一定的稳定性，最少要在半年以上，这样才能建立更和谐的互相学习的关系。

### (二) 学习方法

分组学习要倡导"自主、合作、探究"的学习方法。事实上，小组合作学习在形式上与传统方法有很大不同，改变在教学上"单打独斗"的局面，能够更有利于教师完成教学任务，达成教学目标。不过，很多合作小组流于表面、浮于形式，缺乏内在的实践性。例如，小组评价机制不健全，评价形式比较单一、固定，教师互评缺乏客观性、积极性等。合作小组应当注重小组自评，又叫"团体反思"，必须定期评价小组成员共同活动的情况，对共同活动的成效进行评估。比如，总结小组活动中有益的经验和存在的问题及原因，明确小组今后的发展方向和目标，等等。而在实际教学中，由于时间紧迫，教师很容易忽视小组自评这个环节。

## 二、学习小组实践的具体内容

### (一) 协作教学

协作教学指两个或更多教师负责同一门课程的规划、教学、监督，要求协作者与教学者同时出现在同一课堂，教学者是独立教学的身份，协作者是观察者的身份。但是当教学者提出问题后，协作者便开始与幼儿进行互动，对协作者来讲，更重要的目的是在于解决教学过程中所出现的部分难题，这是在教学过程中共同学习、共同进步的具体表现。

### （二）互助教学

互助教学与上述协作教学类似，不过这种形式不只局限在课堂教学上，它是指两个或两个以上专业幼儿教师一同工作，彼此学习，拓展和建构新的技能，分享教学中的想法与行动，共同解决教学中的问题。

另外，师幼互助教学是互助教学的另外一种形式，在常规思想中，课堂是一人讲，众人听，师生互动少，学生参与少，而师幼互动策略完全颠覆了以前课堂教学中以教师为主的教学方式，通过师幼互助，可以充分彰显合作精神的巨大魅力。

互助的意义不仅是学习上的双赢，更重要的在于幼儿个性的互补，人格上的相互促进，以及对幼儿表达情感、思维碰撞、展示自己的平台的构建，更有助于幼儿增强自信心。

通过互助教学，幼儿教师也应当进行反思，反思自己在互助过程中是否存在问题，以及今后的互助教学应该如何去做。总之，就是要改变原有的教学方式，让幼儿变被动学习为主动学习，主动参与并学会合作与交流，教师应把课堂分享给幼儿，让他们成为课堂的主人，在教学活动中学会运用自己的感官和思维观察事物、思考问题，学会倾听、观察、合作、创新、反思。此外，幼儿还能在互助过程中加深对其他幼儿和教师的了解，增加双方的默契度，激发他们学习竞争、团结合作的精神。

## 第五节　激发创新意识，名师进课堂

### 一、打造创新环境

#### （一）创新的社会环境

意识是对环境的反映，是环境的产物。社会支持和鼓励创新意识的政治条件与社会条件是创新意识得以培养的基石。所以，打造创新环境对于激发幼儿教师的创新意识尤为重要。

纵观历史，欧洲中世纪后各种艺术作品如雨后春笋般争相出现的原因恰恰是源于当时艺术氛围浓厚的社会环境，在这期间诞生了但丁、彼特拉克、薄伽丘、达·芬奇、拉斐尔、米开朗琪罗等举世瞩目的艺术家。到了近代，凡是中外教育思想中呈现变革性的思想，往往也都诞生于良好的社会环境之中。所以，要想打造鼓励创新的社会环境，社会就要尊师重教，对幼儿教师采取一种普遍认可的态度，给幼儿教育事业以充分的理解与支持，努力营造有利于幼儿教师创新发展的良好社会风气。

### （二）创新的政策环境

要打造鼓励创新的政策环境，古往今来，"上行下效"都是政策法规得以实行的有力途径，管理者应当制定相关政策促进幼儿教师创新，他们有较大的权力，就要承担更重的责任，在教育事业上一定要站得高、看得远。

1. 设立创新机构

这种机构用于在日常布置关于创新的任务以及下达创新的指令，结合客观实际，制定最符合各个幼儿园发展趋势的创新方针和计划，用来配合创新政策的实行。

2. 加强学术研讨

教育部门要支持幼儿园多举办创新教育的学术研讨活动，这种活动对于加强幼儿教师创新的意识有很大帮助，通过研讨，教师能够吸取很多其他教师和学者的专业思想，学到更多创新的思维方式，从而促进自身发展。

## 二、管理创新校园

### （一）有一位富有创新意识的园长

幼儿园的管理层面需要有一位具有创新精神的园长，园长是将社会环境转化为校内环境的关键点，是校园内能否营造创新氛围的核心。幼儿园园长要把握好办园的宗旨，即把未来的发展方向往创新方面靠拢。园长首先要养成创新的习惯，要把创新当作一种固化于心的理念，其次要用这种理念来管理校园，把创新理念深入贯彻并落实到具体实践中。

在具体过程中，园长一定要注意用创新理念联系客观实际，每所幼儿园都有自己的特性，要把充分结合本土特征和把握好幼儿园教改方向作为一贯准则，从而开发应用性更强的创新教学实践模式。

## （二）改革幼儿园管理模式

改革幼儿园管理模式可分为以下几个方面。

1. 园长要建立具有民主性、包容性的多样化管理体制

在管理过程中，园长要注重民主性与人情味，科学研究表明，用人情味维系的上下级关系比监督式更具创造性和创新性。所以，园长可以先改变与幼儿教师的关系模式，变监督为合作，变一言堂为民主式，让幼儿教师有更多的发言权和创新自主权，让教师在工作内外可以自由地选择教学计划和教学方法，让教师放手大胆地开发全新的教育体系以及自我培养和发展的道路。

2. 园长要鼓励教师因材施教

这样有利于开拓教师的发散性思维，教师就需要通过对不同幼儿进行全面了解，然后再制定适合各个幼儿的培养教育方案，而每一种方案对于幼儿教师来说都是一种"创新"。在这样的不断创新之下，幼儿教师的创新意识自然能够得到显著提升，还能在因材施教的手段之下，培养幼儿群体的创新意识。

3. 园长要支持幼儿教师进行创新学习

众所周知，年轻的幼儿教师往往具有更强烈的创新倾向和创新潜在性，因此，园长要着力于培养以青年幼儿教师为主力军的教育创新者，寻找社会中的受教育机会，让教师更多地参加创新培训课程、创新讲座、创新论坛等活动。

## 三、提高创新能力

幼儿教师的创新能力是在教学活动的各种实践中不断提供具有价值的新思想、新理论、新方法的能力，是幼儿教师专业发展途径的内部因素，是教育事业发展的核心。幼儿教师具有高水平的创新能力，才能为创新意识指明实现的路径，而充分的创新意识也是提高创新能力的内在动机。本书认为幼儿教师提高创新能力包括三点：提高思考能力、提高学习能力、提高研究能力。

### （一）创新的思考能力

古人云"行成于思"，这是说事情的成功在于思考，而关于创新的思考以及关于思考的创新更是创新与思考二者关系的精髓。幼儿教师要有创新思考的能力，在幼儿教育工作中时刻谨记智慧创新，要提高教育工作的科技含量，要勤于动脑，依托智慧创新提高教育过程的效率，在每一次教育实践结束后，也要善于总结、思考，以便之后的教学能够取得更好的成绩。

举例而言，小李是某幼儿园的年轻老师，她发现幼儿往往不喜欢朗读诗词、儿歌等内容，每次让幼儿朗读他们都提不起兴趣，但是每次到讲故事的环节，幼儿便兴致勃勃。经过思考，小李发现那是因为课文比较乏味，而故事颇具趣味性，符合幼儿的天性。于是，小李把教材中的文章、古诗都分别与故事结合起来，以讲故事的方式给幼儿讲解，再让幼儿朗读。幼儿一改往常的沉闷，变得十分活跃，教学取得了很好的效果。这就是通过思考提高创新能力的典型示范。

所以，幼儿教师一定要注重平常知识的积累，注重对感性经验观察和收集的能力，善于把身边的资料糅合到一起，这样就能创造出更具特色、更有效果的教学活动，否则只能是"闭门造车""故步自封"，沦于平庸。

### （二）创新的学习能力

创新是学习的升华，学习是创新的基础。提高学习能力，能极大地提升创新能力。幼儿教师可以从以下方面入手。

1.阅读

"书中自有黄金屋，书中自有颜如玉"，简简单单十四个字便已概括我国古人对读书的热爱，可见阅读令人受益匪浅。事实上，人不仅可以从阅读中获取一般意义上的知识，还能从阅读中提升自身能力。这主要来自人在长期对文字、语句进行"琢""磨"的过程中，形成的体会与理解活动，这种改变对于主体创新能力的提升益处良多。

在书籍选择上，幼儿教师可以选择人文科学、自然科学、报纸杂志、教育期刊等。教师可以到大学图书馆、市图书馆、图书机构等场所进行借阅，或运用计算机阅读网络图书。在阅读过程中，教师要形成适合自己的读书和学习方法，注意从中吸收适合自己的经验，以提高自身思维能力、学习能力为主，而不要"死读书""生吞活剥"。

2.讲解

阅读是实践主体把知识吸收进来的过程，而讲解是实践主体把知识加工后，用自己独特、创新的思维、语言进行展示的过程。所以，讲解比阅读更能考验、提升幼儿教师的学习能力与创新能力。

例如，小王老师自学了一本音乐与文化相关的书籍，他准备在课程中为幼儿适当穿插讲解一些音乐的知识以及相关的小故事，但是由于没有真正把知识"吃透""嚼透"，只是照本宣科，并没有享受到学习对自己创新能力带来的提升。如果小王老师真正理解了这本书的内容，运用适合幼儿的语言风格，把知识慢慢讲给幼儿听,便能实现阅读与讲解的融合,体现这二者对于教师自身学习能力的帮助作用,才能促进幼儿教师创新能力的提高。

所以,阅读、讲解都不可忽视,在阅读中一定要活学活用、广泛阅读,最后再灵活运用到实践中来。

(三)创新的研究能力

幼儿教师的研究能力指教师主动寻求事物的根本性原因与更高可靠性的依据,从而提高教育事业的可靠性和稳健性的能力。从中不难看出,研究能力主要在于探求事物的根本,以及寻求这种根本的可靠性之所在。而反观幼儿教育的创新活动,这本身就是一种全新的、未经实践检验的事物,迫切地需要教师对其进行解释,所以,提高研究能力是提升创新能力的重要保障。首先,幼儿教师要时常对自己周边的教育实践进行思考与研究,要在研究中深化自己的思考能力,得出更具独特性、符合时代发展的论点;其次,幼儿教师要敢于用创新的方式开展研究,敢于用研究的方式证实创新点,将创新与研究紧密结合。

# 结　语

幼儿教育是所有教育事业的基础工程，幼儿教育质量不仅影响幼儿的成长与未来发展，还影响整个教育事业的长远发展，甚至在很大程度上可以影响国家在世界上的竞争力。作为幼儿教育事业的"主力军""排头兵"，幼儿教师是最重要的一环，他们既需要掌握全面的知识，又需要把知识和技能完整、高效地传授给幼儿。

我国在幼儿教师专业发展事业上已经做出了不少努力，取得了一些成绩。例如，我国已经出台《幼儿园教育指导纲要（试行）》（2001）、《国家中长期教育改革和发展规划纲要（2010—2020年）》（2010）、《国务院关于当前发展学前教育的若干意见》（2010）、《幼儿园教师专业标准（试行）》（2012）、《新时代幼儿园教师职业行为十项准则》（2018）、《幼儿园教师违反职业道德行为处理办法》（2018），这归功于政府的正确导向以及社会、各界人士的配合。然而，教育改革事业仍未结束，我们仍需继续努力前行，尤其是我国农村幼儿教师表现出"两极分化"、使命感不强、胜任力不足等特征，所以我们还应当稳住重心，继续发展，同时仍旧需要政府、相关部门加强政策性干预。

当代社会，我国的政治、经济、文化等领域都在蓬勃发展。我们在追求自主创新的基础上，也需要学习国外先进的经验，在幼儿教师专业发展中，也可以吸取他国值得借鉴的地方，取其精华，去其糟粕，把先进的经验与我国农村的特殊情况相结合，以促进我国农村幼儿教师专业水平迈上一个新的台阶。

# 参考文献

**专著：**

[1] 辛丽春,汤纺杰.当代农村教师生存现状及对策研究[M].北京：九州出版社,2019.

[2] 朱旭东.中国教育改革开放40年：教师教育卷[M].北京：北京师范大学出版社,2019.

[3] 陆少颖.成为幼儿教师[M].宁波：宁波出版社,2019.

[4] 胡剑红,李玲飞.做会沟通的幼儿教师[M].北京：中国轻工业出版社,2019.

[5] 李菊萍.幼儿教师课堂提问的技巧[M].天津：天津教育出版社,2019.

[6] 王向红.幼儿教师的核心素养[M].北京：中国轻工业出版社,2017.

[7] 卢云峰,杨毅,王艳冰,等.幼儿教师的沟通与表达[M].北京：北京理工大学出版社,2017.

[8] 王秀伟,靳一娜.幼儿教师口语[M].北京：中央广播电视大学出版社,2017.

[9] 郭正良,颜旭.幼儿教师职业道德（第四版）[M].长沙：湖南大学出版社,2018.

[10] 崔聚兴,张蓓.幼儿教师口语[M].天津：南开大学出版社,2015.

[11] 盘华,杜轶.幼儿教师信息技术应用[M].武汉：武汉大学出版社,2016.

[12] 陈艳.幼儿教师礼仪基础教程[M].北京：北京邮电大学出版社,2012.

[13] 王啍.做有智慧的幼儿教师[M].福州：福建教育出版社,2018.

[14] 段滨.幼儿教师与家长沟通的33个技巧[M].北京：中国轻工业出版社,2017.

[15] 杨香香.幼儿教师专业发展[M].长春：东北师范大学出版社,2014.

[16] 莫源秋.幼儿教师必须掌握的教育技巧[M].北京：中国轻工业出版社,2016.

[17] 颜雪梅,单文顶,袁爱玲.幼儿教师如何提升实践反思能力[M].福州：福建教育出版社,2016.

[18] 陶志琼,汪洁萍,戚瑞丰,等.为幸福奠基的幼儿教师培养模式研究[M].上海：上海交通大学出版社,2018.

[19] 刘启艳,瓦韵青.幼儿教师专业能力发展策论[M].北京:中国财富出版社,2016.

[20] 晏红.幼儿教师与家长沟通之道(第二版)[M].北京:中国轻工业出版社,2018.

[21] 莫源秋,唐翊宣,刘利红.幼儿教师与幼儿有效互动策略[M].北京:中国轻工业出版社,2015.

[22] 张典兵,王作亮.教师专业发展[M].徐州:中国矿业大学出版社,2017.

[23] 左群英,邓达.教师专业发展[M].西安:西安交通大学出版社,2016.

[24] 赵昌木.教师专业发展[M].济南:山东人民出版社,2011.

[25] 郭平,熊艳.教师专业发展概论[M].成都:西南交通大学出版社,2017.

[26] 王琪,任君庆.高职院校教师专业发展研究:基于宁波市六所高职院校的案证研究[M].杭州:浙江大学出版社,2019.

[27] 黄莺,贾雪涛.双师型教师的专业发展研究[M].北京:中国书籍出版社,2020.

[28] 于素梅.备课的门道[M].北京:教育科学出版社,2018.

[29] 崔友兴.中小学教师专业发展动力论[M].成都:西南交通大学出版社,2018.

**期刊:**

[1] 李昌庆.滇西北幼儿教师的心理弹性与情绪状态关系研究[J].卫生职业教育,2020,38(24):145-147.

[2] 闵慧祖.乡村幼儿教师队伍专业化建设的路径探析[J].河南科技学院学报,2020,40(12):7-11,38.

[3] 张琼,吴真.幼儿教师工作压力对离职意向的影响:职业倦怠的中介作用[J].河南科技学院学报,2020,40(12):12-17.

[4] 郝红艳.基于改善幼儿教师职业倦怠的课程建构研究——以河南地区为例[J].河南教育(职成教),2020(12):51-52.

[5] 李林慧,刘娟,汤杰英.促进职前幼儿教师语言领域教学知识发展的行动研究[J].上海教育科研,2020(12):55-60.

[6] 刚萌,曾凡芹.幼儿绘画活动中教师的示范行为分析[J].文学教育(下),2020(12):174-175.

[7] 郭中然,蒋高芳,尤书才.河北省幼儿教师观察与解读幼儿能力的调查与分析[J].沧州师范学院学报,2020,36(4):106-108,120.

[8] 谢桂新.基于"标准"的学前教育专业实践教学体系构建与实施[J].广东第二

师范学院学报,2020,40(6):17-22.

[9] 梁红蕾.幼儿园混龄教育与学前教育改革探讨[J].黑龙江教师发展学院学报,2020,39(12):82-84.

[10] 郭阳."四举措"做好企业幼儿教师思想政治工作[J].企业文明,2020(12):106.

[11] 邹旭,左雪.幼儿园对母亲进行家庭教育指导的价值及建议[J].内蒙古师范大学学报(教育科学版),2020,33(6):58-61.

[12] 杨倩茜,刘梦圆,崔万秋.实践取向幼儿教师培训模式的实践[J].办公自动化,2020,25(24):42-43,20.

[13] 宋娜.陈鹤琴"活教育"理论对幼儿德育工作的启示[J].吕梁学院学报,2020,10(6):91-93.

[14] 向美丽.广东高职学前教育专业教育技能比赛赛项设置回顾与展望[J].广东职业技术教育与研究,2020(6):39-43.

[15] 滑红霞.幼儿长假后入园分离焦虑情绪的原因及干预措施[J].护理研究,2020,34(23):4260-4263.

[16] 王凌鸿.行业工会在民办幼儿教师权益保护中的作用研究[J].兰州教育学院学报,2020,36(9):120-123.

[17] 闫冰,滕忠萍,胡慧睿.广西幼儿师资队伍建设SWOT分析及策略选择[J].广西教育学院学报,2020(6):249-253.

[18] 陈国强.学前教育专业开展幼儿体育专项课程的必要性[J].科学咨询(教育科研),2020(12):160.

[19] 袁施静.浅谈信息技术和幼儿园教育的融合[J].科学咨询(教育科研),2020(12):176.

[20] 张雪芳.材料投放在幼儿园生活化游戏场中的策略探究[J].科学咨询(教育科研),2020(12):180.

[21] 毛永贤.学前教育专业毕业生就业意向及影响因素分析[J].红河学院学报,2020,18(6):153-156.

[22] 张岩宇.职前幼儿教师专业实践现状调查研究——以某师范大学学前教育专业为例[J].黑龙江科学,2020,11(23):140-142.

[23] 车丽珠.浅析钢琴即兴伴奏对幼儿教师实践学习的重要性[J].戏剧之家,2020(36):129-130.

[24] 谷峥霖,马盛楠.昆明市主城区幼儿教师职业幸福感研究[J].科学咨询(科技·管理),2020(12):212-213.

[25] 吕仲云.在教育实践中提升幼儿教师师德的策略探究[J].科学咨询(科技·管理),2020(12):213.

[26] 刘茜.以户外建构游戏促进幼儿语言发展的研究[J].科学咨询(科技·管理),2020(12):215.

[27] 邓芳.乡村振兴背景下初中起点学前教育专业学生的培养研究[J].教育教学论坛,2020(49):11-12.

[28] 陈健敏.学前教育本科生入职准备内涵式发展刍议[J].教育教学论坛,2020(49):153-154.

[29] 陈瑜.落实幼师生科学教育的迫切性之我见[J].产业与科技论坛,2020,19(23):169-170.

[30] 张艺琪,粟童.基于幼儿美育教育的中职学前舞蹈素养探究[J].戏剧之家,2020(35):128-129.

[31] 杨华,吕方.学前教育专业音乐教学对学生音乐技能的培养[J].戏剧之家,2020(35):88-89.

[32] 李华.陶行知创造性教育思想在幼儿音乐教育中的运用[J].艺术评鉴,2020(22):130-132.

[33] 施毅.学前教育专业学生即兴弹唱能力现状调查研究[J].艺术评鉴,2020(22):139-141.

[34] 张萍丽,陈荣.我国近30年学前音乐研究现状及趋势——基于Cite Space的文献计量分析[J].湖北师范大学学报(哲学社会科学版),2020,40(6):125-130.

[35] 何丹.民办幼儿园发展状况分析及对策研究——以湖北省民办幼儿园十年发展为例[J].湖北师范大学学报(哲学社会科学版),2020,40(6):131-136.

[36] 王霞.学前教育立法视域下幼儿教师话语权研究[J].法制博览,2020(33):179-180.

[37] 罗向东.高职学前教育专业学生实习目标偏差与重构[J].西北成人教育学院学报,2020(6):32-37.

[38] 王梦姣.幼儿编程教育的现状分析及其对策探讨[J].汉字文化,2020(22):123-125.

[39] 田尾香.开放式户外体育活动中幼儿学习品质培养策略[J].福建教育学院学报,2020,21(11):110-112.

[40] 王晓晶,刘莎莎,李晓飞,等.贫困地区幼儿教师生存状态调查研究——以张家

口市为例[J].科教导刊(下旬刊),2020(33):189-190.

[41] 杜素珍,赵康,瞿维娜.武汉市民办幼儿园教师职业认同感研究[J].学校党建与思想教育,2020(22):83-84.

[42] 任燕妮,陈鹏.公办幼儿园教师的法律地位及其权益保障[J].教育理论与实践,2020,40(32):9-12.

[43] 鲍伟红.职前幼儿教师专业素养培养研究[J].教育理论与实践,2020,40(32):37-39.

[44] 张容,刘娅,邹艳莉,等.四川省乡镇幼儿园教师对幼儿性教育的态度及影响因素分析[J].中国健康教育,2020,36(11):1049-1052.

[45] 金芳,韩睿,王春梅.优秀幼儿教师对幼儿的自主支持行为表现及特点研究[J].教育与教学研究,2020,34(11):63-76.

[46] 张淑婷,齐星亮.心理解脱与幼儿教师生活满意度的关系：家庭压力的调节作用[J].心理科学,2020,43(6):1432-1437.

[47] 殷文靖.学前教育专业学生职业能力培养创新路径探索[J].开封文化艺术职业学院学报,2020,40(11):152-153.

[48] 郭燕,韩佩轩.河南省焦作市区幼儿教师体育教学能力提升策略研究——以跑、跳、投、滚翻为例[J].四川体育科学,2020,39(6):137-140,146.

[49] 张燕倪,吴迪.幼儿教师职业倦怠与心理弹性的相关性研究[J].宁夏师范学院学报,2020,41(11):106-108,112.

[50] 陈虹.学前教育特色专业实践教学体系建构的探索与思考[J].中华女子学院学报,2020,32(6):28-31.

[51] 李令.幼儿教师语言文字应用能力调查研究——以长沙市幼儿教师为例[J].陕西学前师范学院学报,2020,36(11):94-101.

[52] 贾茸惠.论高职学前教育专业钢琴课教学[J].北方音乐,2020,10(21):194-196.

[53] 邱香,王练,牛勇.北京市幼儿园教师性别平等教育现状调查[J].中华女子学院学报,2020,32(6):117-124.

[54] 刘婧婧.学前教育专业音乐技能课程建设研究[J].艺术评鉴,2020(21):122-124.

[55] 王烨清.创意建构STEAM课程,引导大班幼儿多维度触摸[J].科教导刊(中旬刊),2020(32):142-143.

[56] 颜廷睿,侯雨佳.学前融合教育教师课程决策的内涵与多重审视[J].中国特殊教育,2020(11):21-26.

[57] 于丹丹.文化自信视域下的优秀传统文化启蒙教育路径研究[J].漯河职业技术学院学报,2020,19(6):100-102.

[58] 罗雪颖,谢华.当前男幼儿教师职业发展的困境及破解路径研究[J].黑龙江教师发展学院学报,2020,39(11):22-24.

[59] 张一楠,卢紫薇.基于微信平台的家园互动研究[J].教育教学论坛,2020(46):327-329.

[60] 朱萌萌.论幼儿教师教育机智的内涵、表现及生成路径[J].信阳师范学院学报(哲学社会科学版),2020,40(6):75-79.

[61] 童宏亮.从经验走向自觉:论幼儿教师个人教育哲学的生成[J].中国教育学刊,2020(11):92-96.

[62] 华洁琼.新手型与专家型幼儿教师观察解读能力比较研究[J].宁波大学学报(教育科学版),2020,42(6):123-128.

[63] 许颖.幼儿教师工作压力与生活满意度的关联性研究[J].宁波大学学报(教育科学版),2020,42(6):117-122.

[64] 王晶,陆文泽.基于安吉游戏解析的幼儿教师专业能力建构[J].兰州文理学院学报(社会科学版),2020,36(6):119-123.

[65] 黄瑶,王铭.论教育系统场域的重构[J].学习与探索,2020(11):40-45.

[66] 赵宜君.基于《幼儿园教师专业标准(试行)》的学前教育专业人才培养实践研究[J].佳木斯职业学院学报,2020,36(11):97-98,101.

[67] 姚婷.教师指导幼儿角色游戏的策略和能力分析[J].科学咨询(教育科研),2020(11):185.

[68] 袁辰星.家园沟通的共情与指导[J].科学咨询(教育科研),2020(11):188-189.

[69] 李鸽.幼儿教师中途接班的困惑及应对策略[J].科学咨询(教育科研),2020(11):198.

[70] 焦健健.民间传统文化资源在幼儿园课程运用中存在问题的思考[J].科学咨询(教育科研),2020(11):56.

[71] 刘宏.以课程游戏化激发幼儿学习兴趣的语言教育探索[J].科学咨询(教育科研),2020(11):201.

[72] 李冬.苏南地区高职院校学前教育专业人才培养方案比较研究[J].内蒙古财经大学学报,2020,18(6):72-75.

[73] 李凤淋,冉义芳.学会倾听,走进幼儿心里[J].科学咨询(科技·管理),2020(11):195.

[74] 毕亮.教育生态学视野下的乡村幼儿教师混合式培训模式探究——以贵州榕江县"幼师国培"试点项目为例[J].教育教学论坛,2020(45):289-290.

[75] 胡霞.浅谈高职学前教育专业的美育教育[J].科学咨询(科技·管理),2020(11):71.

[76] 张克顺.简易原创低幼绘本的创意设计与制作[J].新阅读,2020(11):27-29.

[77] 宋奕宜.幼儿园区域游戏活动开展现状与推进对策研究[J].科技风,2020(30):155-156.

[78] 吴丹."自我效能感"对学前教育专业学生歌曲弹唱学习的影响及教学对策[J].北方音乐,2020,10(20):97-99.

[79] 武晶晶.游戏在学前儿童音乐教育中的实践分析[J].北方音乐,2020,10(20):133-135.

[80] 杨梦萍,胡娟.3-6岁幼儿家长亲职教育参与现状及需求研究——以苏州市为例[J].教育理论与实践,2020,40(29):18-21.

[81] 高杰.社会转型时期农村民办幼儿园发展现状研究[J].开封文化艺术职业学院学报,2020,40(10):205-206.

[82] 黄小群,王耀利."互联网+"背景下学前教育专业英语课程建设的实践研究——以无锡城市职业技术学院为例[J].延边教育学院学报,2020,34(5):65-67.

[83] 沈新益.回归大班幼儿生活经验的"私人定制"类角色游戏支持策略[J].宁波教育学院学报,2020,22(5):104-107.

[84] 孙晓轲.芬兰学前教育政策价值取向调整、推进举措及成效[J].外国教育研究,2020,47(10):104-116.

[85] 陈岩.谈学前教育专业人才培养[J].辽宁师专学报(社会科学版),2020(5):68-69.

[86] 孙华.谈学前教育专业学生幼儿教师专业伦理建设[J].辽宁师专学报(社会科学版),2020(5):120-121.

[87] 张筱茜.我国幼儿教师研究回顾与展望——基于Citespace的可视化知识图谱分析[J].河南广播电视大学学报,2020,33(4):79-86.

[88] 张海营,于努斯江·亚森.幼儿教师职业幸福感的现状调查——以新疆地区为例[J].延安职业技术学院学报,2020,34(5):61-65.

[89] 郑新华.中式课例研究视角下教师培训课程的构建与实施——以区域《基于幼儿观察的集体教学活动改进》课程为例[J].上海教育科研,2020(10):45-50.

[90] 胡娟,杨梦萍,金鑫,等.幼儿教师性别角色与双性化教育的关系研究——基于男女教师的对比[J].教育学术月刊,2020(10):52-57,64.

[91] 赵艳.学前教师"教学语言幼儿化"的内涵建构与案例解读[J].汉江师范学院学报,2020,40(5):141-144.

[92] 管雪梅,王立明.高职学前教育专业"幼儿教师口语"课程教学策略探究[J].甘肃广播电视大学学报,2020,30(5):86-88.

[93] 刘蕙.优化学前教育专业高职生科学核心素养的教学方式探索——以《科学小实验》课程为例[J].陕西学前师范学院学报,2020,36(10):67-73.

[94] 孙笑然,左雪,吴媛媛.蒙古族幼儿教师对本民族民俗知识储备情况的调查研究——以呼和浩特市为例[J].内蒙古师范大学学报(教育科学版),2020,33(5):102-108.

[95] 费广洪,李伊莎,曾紫悦.中国与美国密歇根州幼儿教师专业标准的比较及启示[J].内蒙古师范大学学报(教育科学版),2020,33(5):79-86.

[96] 刘莹.学前教育专业幼儿教育心理学的教学模式探究[J].陕西教育(高教),2020(10):10-11.

[97] 杨璇,王晓平.幼儿教师信念问卷编制及运用[J].陕西学前师范学院学报,2020,36(10):74-78.

[98] 刘锦涛,王晶.工作-家庭冲突对农村幼儿教师工作投入的影响——心理资本的调节作用[J].甘肃高师学报,2020,25(5):80-84.

[99] 刘腾龙,曲亚静.幼儿教师儿童观生成路径的偏离与回归[J].教师教育论坛,2020,33(10):24-27.

# 附 录

# 幼儿园教师专业标准（试行）

为促进幼儿园教师专业发展，建设高素质幼儿园教师队伍，根据《中华人民共和国教师法》，特制定《幼儿园教师专业标准（试行）》（以下简称《专业标准》）。

幼儿园教师是履行幼儿园教育工作职责的专业人员，需要经过严格的培养与培训，具有良好的职业道德，掌握系统的专业知识和专业技能。《专业标准》是国家对合格幼儿园教师专业素质的基本要求，是幼儿园教师开展保教活动的基本规范，是引领幼儿园教师专业发展的基本准则，是幼儿园教师培养、准入、培训、考核等工作的重要依据。

## 一、基本理念

### （一）幼儿为本

尊重幼儿权益，以幼儿为主体，充分调动和发挥幼儿的主动性；遵循幼儿身心发展特点和保教活动规律，提供适合的教育，保障幼儿快乐健康成长。

### （二）师德为先

热爱学前教育事业，具有职业理想，践行社会主义核心价值体系，履行教师职业道德规范。关爱幼儿，尊重幼儿人格，富有爱心、责任心、耐心和细心；为人师表，教书育人，自尊自律，做幼儿健康成长的启蒙者和引路人。

## （三）能力为重

把学前教育理论与保教实践相结合，突出保教实践能力；研究幼儿，遵循幼儿成长规律，提升保教工作专业化水平；坚持实践、反思、再实践、再反思，不断提高专业能力。

## （四）终身学习

学习先进学前教育理论，了解国内外学前教育改革与发展的经验和做法；优化知识结构，提高文化素养；具有终身学习与持续发展的意识和能力，做终身学习的典范。

## 二、基本内容

专业理念与师德

### （一）职业理解与认识

1. 贯彻党和国家教育方针政策，遵守教育法律法规。
2. 理解幼儿保教工作的意义，热爱学前教育事业，具有职业理想和敬业精神。
3. 认同幼儿园教师的专业性和独特性，注重自身专业发展。
4. 具有良好职业道德修养，为人师表。
5. 具有团队合作精神，积极开展协作与交流。

### （二）对幼儿的态度与行为

6. 关爱幼儿，重视幼儿身心健康，将保护幼儿生命安全放在首位。
7. 尊重幼儿人格，维护幼儿合法权益，平等对待每一个幼儿。不讽刺、挖苦、歧视幼儿，不体罚或变相体罚幼儿。
8. 信任幼儿，尊重个体差异，主动了解和满足有益于幼儿身心发展的不同需求。
9. 重视生活对幼儿健康成长的重要价值，积极创造条件，让幼儿拥有快乐的幼儿园生活。

### （三）幼儿保育和教育的态度与行为

10. 注重保教结合，培育幼儿良好的意志品质，帮助幼儿形成良好的行为习惯。

11. 注重保护幼儿的好奇心，培养幼儿的想象力，发掘幼儿的兴趣爱好。

12. 重视环境和游戏对幼儿发展的独特作用，创设富有教育意义的环境氛围，将游戏作为幼儿的主要活动。

13. 重视丰富幼儿多方面的直接经验，将探索、交往等实践活动作为幼儿最重要的学习方式。

14. 重视自身日常态度言行对幼儿发展的重要影响与作用。

15. 重视幼儿园、家庭和社区的合作，综合利用各种资源。

（四）个人修养与行为

16. 富有爱心、责任心、耐心和细心。

17. 乐观向上、热情开朗，有亲和力。

18. 善于自我调节情绪，保持平和心态。

19. 勤于学习，不断进取。

20. 衣着整洁得体，语言规范健康，举止文明礼貌。


专业知识

（五）幼儿发展知识

21. 了解关于幼儿生存、发展和保护的有关法律法规及政策规定。

22. 掌握不同年龄幼儿身心发展特点、规律和促进幼儿全面发展的策略与方法。

23. 了解幼儿在发展水平、速度与优势领域等方面的个体差异，掌握对应的策略与方法。

24. 了解幼儿发展中容易出现的问题与适宜的对策。

25. 了解有特殊需要幼儿的身心发展特点及教育策略与方法。

（六）幼儿保育和教育知识

26. 熟悉幼儿园教育的目标、任务、内容、要求和基本原则。

27. 掌握幼儿园领域的学科特点与基本知识。

28. 掌握幼儿园环境创设、一日生活安排、游戏与教育活动、保育和班级管理的知识与方法。

29. 熟知幼儿园的安全应急预案，掌握意外事故和危险情况下幼儿安全防护与救助的基本方法。

30. 掌握观察、谈话、记录等了解幼儿的基本方法和教育心理学的基本原理和方法。

31. 了解 0～3 岁婴幼儿保教和幼小衔接的有关知识与基本方法。

### （七）通识性知识

32. 具有一定的自然科学和人文社会科学知识。

33. 了解中国教育基本情况。

34. 具有相应的艺术欣赏与表现知识。

35. 具有一定的现代信息技术知识。

## 专业能力

### （八）环境的创设与利用

36. 建立良好的师幼关系，帮助幼儿建立良好的同伴关系，让幼儿感到温暖和愉悦。

37. 建立班级秩序与规则，营造良好的班级氛围，让幼儿感受到安全、舒适。

38. 创设有助于促进幼儿成长、学习、游戏的教育环境。

39. 合理利用资源，为幼儿提供和制作适合的玩教具和学习材料，引发和支持幼儿的主动活动。

### （九）一日生活的组织与保育

40. 合理安排和组织一日生活的各个环节，将教育灵活地渗透到一日生活中。

41. 科学照料幼儿日常生活，指导和协助保育员做好班级常规保育和卫生工作。

42. 充分利用各种教育契机，对幼儿进行随机教育。

43. 有效保护幼儿，及时处理幼儿的常见事故，危险情况优先救护幼儿。

### （十）游戏活动的支持与引导

44. 提供符合幼儿兴趣需要、年龄特点和发展目标的游戏条件。

45. 充分利用与合理设计游戏活动空间，提供丰富、适宜的游戏材料，支持、引发和促进幼儿的游戏。

46. 鼓励幼儿自主选择游戏内容、伙伴和材料，支持幼儿主动地、创造性地开展游戏，充分体验游戏的快乐和满足。

47. 引导幼儿在游戏活动中获得身体、认知、语言和社会性等多方面的发展。

### （十一）教育活动的计划与实施

48. 制定阶段性的教育活动计划和具体活动方案。

49. 在教育活动中观察幼儿，根据幼儿的表现和需要，调整活动，给予适宜的指导。

50. 在教育活动的设计和实施中体现趣味性、综合性和生活化，灵活运用各种组织形式和适宜的教育方式。

51. 提供更多的操作探索、交流合作、表达表现的机会，支持和促进幼儿主动学习。

### （十二）激励与评价

52. 关注幼儿日常表现，及时发现和赏识每个幼儿的点滴进步，注重激发和保护幼儿的积极性、自信心。

53. 有效运用观察、谈话、家园联系、作品分析等多种方法，客观地、全面地了解和评价幼儿。

54. 有效运用评价结果，指导下一步教育活动的开展。

### （十三）沟通与合作

55. 使用符合幼儿年龄特点的语言进行保教工作。

56. 善于倾听，和蔼可亲，与幼儿进行有效沟通。

57. 与同事合作交流，分享经验和资源，共同发展。

58. 与家长进行有效沟通合作，共同促进幼儿发展。

59. 协助幼儿园与社区建立合作互助的良好关系。

### （十四）反思与发展

60. 主动收集分析相关信息，不断进行反思，改进保教工作。

61. 针对保教工作中的现实需要与问题，进行探索和研究。

62. 制定专业发展规划，不断提高自身专业素质。

## 三、实施建议

**（一）各级教育行政部门要将《专业标准》作为幼儿园教师队伍建设的基本依据**

根据学前教育改革发展的需要，充分发挥《专业标准》引领和导向作用，深化教师教育改革，建立教师教育质量保障体系，不断提高幼儿园教师培养培训质量。制定幼儿园教师准入标准，严把幼儿园教师入口关；制定幼儿园教师聘任（聘用）、考核、退出等管理制度，保障教师合法权益，形成科学有效的幼儿园教师队伍管理和督导机制。

**（二）开展幼儿园教师教育的院校要将《专业标准》作为幼儿园教师培养培训的主要依据**

重视幼儿园教师职业特点，加强学前教育学科和专业建设。完善幼儿园教师培养培训方案，科学设置教师教育课程，改革教育教学方式；重视幼儿园教师职业道德教育，重视社会实践和教育实习；加强从事幼儿园教师教育的师资队伍建设，建立科学的质量评价制度。

**（三）幼儿园要将《专业标准》作为教师管理的重要依据**

制定幼儿园教师专业发展规划，注重教师职业理想与职业道德教育，增强教师育人的责任感与使命感；开展园本研修，促进教师专业发展；完善教师岗位职责和考核评价制度，健全幼儿园绩效管理机制。

**（四）幼儿园教师要将《专业标准》作为自身专业发展的基本依据**

制定自我专业发展规划，爱岗敬业，增强专业发展自觉性；大胆开展保教实践，不断创新；积极进行自我评价，主动参加教师培训和自主研修，逐步提升专业发展水平。

# 幼儿园教育指导纲要（试行）

## 第一部分　总则

一、为贯彻《中华人民共和国教育法》《幼儿园管理条例》和《幼儿园工作规程》，指导幼儿园深入实施素质教育，特制定本纲要。

二、幼儿园教育是基础教育的重要组成部分，是我国学校教育和终身教育的奠基阶段。城乡各类幼儿园都应从实际出发，因地制宜地实施素质教育，为幼儿一生的发展打好基础。

三、幼儿园应与家庭、社区密切合作，与小学相互衔接，综合利用各种教育资源，共同为幼儿的发展创造良好的条件。

四、幼儿园应为幼儿提供健康、丰富的生活和活动环境，满足他们多方面发展的需要，使他们在快乐童年生活中获得有益于身心发展的经验。

五、幼儿园教育应尊重幼儿的人格和权利，尊重幼儿身心发展的规律和学习特点，以游戏为基本活动，保教并重，关注个别差异，促进每个幼儿富有个性的发展。

## 第二部分　教育内容与要求

幼儿园的教育内容是全面的、启蒙性的，可以相对划分为健康、语言、社会、科学、艺术五个领域，也可作其他不同的划分。各领域的内容相互渗透，从不同的角度促进幼儿情感、态度、能力、知识、技能等方面的发展。

### 一、健康

**（一）目标**

1. 身体健康，在集体生活中情绪安定、愉快；
2. 生活、卫生习惯良好，有基本的生活自理能力；
3. 知道必要的安全保健常识，学习保护自己；
4. 喜欢参加体育活动，动作协调、灵活。

## （二）内容与要求

1. 建立良好的师生、同伴关系，让幼儿在集体生活中感到温暖，心情愉快，形成安全感、信赖感。

2. 与家长配合，根据幼儿的需要建立科学的生活常规。培养幼儿良好的饮食、睡眠、盥洗、排泄等生活习惯和生活自理能力。

3. 教育幼儿爱清洁、讲卫生，注意保持个人和生活场所的整洁和卫生。

4. 密切结合幼儿的生活进行安全、营养和保健教育，提高幼儿的自我保护意识和能力。

5. 开展丰富多彩的户外游戏和体育活动，培养幼儿参加体育活动的兴趣和习惯，增强体质，提高对环境的适应能力。

6. 用幼儿感兴趣的方式发展基本动作，提高动作的协调性、灵活性。

7. 在体育活动中，培养幼儿坚强、勇敢、不怕困难的意志品质和主动、乐观、合作的态度。

## （三）指导要点

1. 幼儿园必须把保护幼儿的生命和促进幼儿的健康放在工作的首位。树立正确的健康观念，在重视幼儿身体健康的同时，要高度重视幼儿的心理健康。

2. 既要高度重视和满足幼儿受保护、受照顾的需要，又要尊重和满足他们不断增长的独立要求，避免过度保护和包办代替，鼓励并指导幼儿自理、自立的尝试。

3. 健康领域的活动要充分尊重幼儿生长发育的规律，严禁以任何名义进行有损幼儿健康的比赛、表演或训练等。

4. 培养幼儿对体育活动的兴趣是幼儿园体育的重要目标，要根据幼儿的特点组织生动有趣、形式多样的体育活动，吸引幼儿主动参与。

## 二、语言

### （一）目标

1. 乐意与人交谈，讲话礼貌；

2. 注意倾听对方讲话，能理解日常用语；

3. 能清楚地说出自己想说的事；

4. 喜欢听故事、看图书；

5. 能听懂和会说普通话。

（二）内容与要求

1. 创造一个自由、宽松的语言交往环境，支持、鼓励、吸引幼儿与教师、同伴或其他人交谈，体验语言交流的乐趣，学习使用适当的、礼貌的语言交往。
2. 养成幼儿倾听的习惯，发展语言理解能力。
3. 鼓励幼儿大胆、清楚地表达自己的想法和感受，尝试说明、描述简单的事物或过程，发展语言表达能力和思维能力。
4. 引导幼儿接触优秀的儿童文学作品，使之感受语言的丰富和优美，并通过多种活动帮助幼儿加深对作品的体验和理解。
5. 培养幼儿对生活中常见的简单标记和文字符号的兴趣。
6. 利用图书、绘画和其他多种方式，引发幼儿对书籍、阅读和书写的兴趣，培养前阅读和前书写技能。
7. 提供普通话的语言环境，帮助幼儿熟悉、听懂并学说普通话。少数民族地区还应帮助幼儿学习本民族语言。

（三）指导要点

1. 语言能力是在运用的过程中发展起来的，发展幼儿语言的关键是创设一个能使他们想说、敢说、喜欢说、有机会说并能得到积极应答的环境。
2. 幼儿语言的发展与其情感、经验、思维、社会交往能力等其他方面的发展密切相关，因此，发展幼儿语言的重要途径是通过互相渗透的各领域的教育，在丰富多彩的活动中去扩展幼儿的经验，提供促进语言发展的条件。
3. 幼儿的语言学习具有个别化的特点，教师与幼儿的个别交流、幼儿之间的自由交谈等，对幼儿语言发展具有特殊意义。
4. 对有语言障碍的幼儿要给予特别关注，要与家长和有关方面密切配合，积极地帮助他们提高语言能力。

三、社会

（一）目标

1. 主动地参与各项活动，有自信心；
2. 乐意与人交往，学习互助、合作和分享，有同情心；
3. 理解并遵守日常生活中基本的社会行为规则；
4. 能努力做好力所能及的事，不怕困难，有初步的责任感；
5. 爱父母长辈、老师和同伴，爱集体、爱家乡、爱祖国。

## （二）内容与要求

1. 引导幼儿参加各种集体活动，体验与教师、同伴等共同生活的乐趣，帮助他们正确认识自己和他人，养成对他人和社会亲近、合作的态度，学习初步的人际交往技能。

2. 为每个幼儿提供表现自己长处和获得成功的机会，增强其自尊心和自信心。

3. 提供自由活动的机会，支持幼儿自主地选择、计划活动，鼓励他们通过多方面的努力解决问题，不轻易放弃克服困难的尝试。

4. 在共同的生活和活动中，以多种方式引导幼儿认识、体验并理解基本的社会行为规则，学习自律和尊重他人。

5. 教育幼儿爱护玩具和其他物品，爱护公物和公共环境。

6. 与家庭、社区合作，引导幼儿了解自己的亲人以及与自己生活有关的各行各业人们的劳动，培养其对劳动者的热爱和对劳动成果的尊重。

7. 充分利用社会资源，引导幼儿实际感受祖国文化的丰富与优秀，感受家乡的变化和发展，激发幼儿爱家乡、爱祖国的情感。

8. 适当向幼儿介绍我国各民族和世界其他国家、民族的文化，使其感知人类文化的多样性和差异性，培养理解、尊重、平等的态度。

## （三）指导要点

1. 社会领域的教育具有潜移默化的特点。幼儿社会态度和社会情感的培养尤应渗透在多种活动和一日生活的各个环节之中，要创设一个能使幼儿感受到接纳、关爱和支持的良好环境，避免单一呆板的言语说教。

2. 幼儿与成人、同伴之间的共同生活、交往、探索、游戏等，是其社会学习的重要途径。应为幼儿提供人际间相互交往和共同活动的机会和条件，并加以指导。

3. 社会学习是一个漫长的积累过程，需要幼儿园、家庭和社会密切合作，协调一致，共同促进幼儿良好社会性品质的形成。

## 四、科学

## （一）目标

1. 对周围的事物、现象感兴趣，有好奇心和求知欲；
2. 能运用各种感官，动手动脑，探究问题；

3. 能用适当的方式表达、交流探索的过程和结果；

4. 能从生活和游戏中感受事物的数量关系并体验到数学的重要和有趣；

5. 爱护动植物，关心周围环境，亲近大自然，珍惜自然资源，有初步的环保意识。

(二) 内容与要求

1. 引导幼儿对身边常见事物和现象的特点、变化规律产生兴趣和探究的欲望。

2. 为幼儿的探究活动创造宽松的环境，让每个幼儿都有机会参与尝试，支持、鼓励他们大胆提出问题，发表不同意见，学会尊重别人的观点和经验。

3. 提供丰富的可操作的材料，为每个幼儿都能运用多种感官、多种方式进行探索提供活动的条件。

4. 通过引导幼儿积极参加小组讨论、探索等方式，培养幼儿合作学习的意识和能力，学习用多种方式表现、交流、分享探索的过程和结果。

5. 引导幼儿对周围环境中的数、量、形、时间和空间等现象产生兴趣，建构初步的数概念，并学习用简单的数学方法解决生活和游戏中某些简单的问题。

6. 从生活或媒体中幼儿熟悉的科技成果入手，引导幼儿感受科学技术对生活的影响，培养他们对科学的兴趣和对科学家的崇敬。

7. 在幼儿生活经验的基础上，帮助幼儿了解自然、环境与人类生活的关系。从身边的小事入手，培养初步的环保意识和行为。

(三) 指导要点

1. 幼儿的科学教育是科学启蒙教育，重在激发幼儿的认识兴趣和探究欲望。

2. 要尽量创造条件让幼儿实际参加探究活动，使他们感受科学探究的过程和方法，体验发现的乐趣。

3. 科学教育应密切联系幼儿的实际生活进行，利用身边的事物与现象作为科学探索的对象。

五、艺术

(一) 目标

1. 能初步感受并喜爱环境、生活和艺术中的美；

2.喜欢参加艺术活动,并能大胆地表现自己的情感和体验;

3.能用自己喜欢的方式进行艺术表现活动。

### (二)内容与要求

1.引导幼儿接触周围环境和生活中美好的人、事、物,丰富他们的感性经验和审美情趣,激发他们表现美、创造美的情趣。

2.在艺术活动中面向全体幼儿,要针对他们的不同特点和需要,让每个幼儿都得到美的熏陶和培养。对有艺术天赋的幼儿要注意发展他们的艺术潜能。

3.提供自由表现的机会,鼓励幼儿用不同艺术形式大胆地表达自己的情感、理解和想象,尊重每个幼儿的想法和创造,肯定和接纳他们独特的审美感受和表现方式,分享他们创造的快乐。

4.在支持、鼓励幼儿积极参加各种艺术活动并大胆表现的同时,帮助他们提高表现的技能和能力。

5.指导幼儿利用身边的物品或废旧材料制作玩具、手工艺品等来美化自己的生活或开展其他活动。

6.为幼儿创设展示自己作品的条件,引导幼儿相互交流、相互欣赏、共同提高。

### (三)指导要点

1.艺术是实施美育的主要途径,应充分发挥艺术的情感教育功能,促进幼儿健全人格的形成。要避免仅仅重视表现技能或艺术活动的结果,而忽视幼儿在活动过程中的情感体验和态度的倾向。

2.幼儿的创作过程和作品是他们表达自己的认识和情感的重要方式,应支持幼儿富有个性和创造性的表达,克服过分强调技能技巧和标准化要求的偏向。

3.幼儿艺术活动的能力是在大胆表现的过程中逐渐发展起来的,教师的作用应主要在于激发幼儿感受美、表现美的情趣,丰富他们的审美经验,使之体验自由表达和创造的快乐。在此基础上,根据幼儿的发展状况和需要,对表现方式和技能技巧给予适时、适当的指导。

## 第三部分 组织与实施

一、幼儿园的教育是为所有在园幼儿的健康成长服务的,要为每一个儿童,包括有特殊需要的儿童提供积极的支持和帮助。

二、幼儿园的教育活动是教师以多种形式有目的、有计划地引导幼儿生动、活泼、主动活动的教育过程。

三、教育活动的组织与实施过程是教师创造性地开展工作的过程。教师要根据本《纲要》，从本地、本国的条件出发，结合本班幼儿的实际情况，制定切实可行的工作计划并灵活地执行。

四、教育活动目标要以《幼儿园工作规程》和本《纲要》所提出的各领域目标为指导，结合本班幼儿的发展水平、经验和需要来确定。

五、教育活动内容的选择应遵照本《纲要》第二部分的有关条款进行，同时体现以下原则：

（一）既适合幼儿的现有水平，又有一定的挑战性。

（二）既符合幼儿的现实需要，又有利于其长远发展。

（三）既贴近幼儿的生活来选择幼儿感兴趣的事物和问题，又有助于拓展幼儿的经验和视野。

六、教育活动内容的组织应充分考虑幼儿的学习特点和认识规律，各领域的内容要有机联系，相互渗透，注重综合性、趣味性、活动性，寓教育于生活、游戏之中。

七、教育活动的组织形式应根据需要合理安排，因时、因地、因内容、因材料灵活地运用。

八、环境是重要的教育资源，应通过环境的创设和利用，有效地促进幼儿的发展。

（一）幼儿园的空间、设施、活动材料和常规要求等应有利于引发、支持幼儿的游戏和各种探索活动，有利于引发、支持幼儿与周围环境之间积极的相互作用。

（二）幼儿同伴群体及幼儿园教师集体是宝贵的教育资源，应充分发挥这一资源的作用。

（三）教师的态度和管理方式应有助于形成安全、温馨的心理环境；言行举止应成为幼儿学习的良好榜样。

（四）家庭是幼儿园重要的合作伙伴。应本着尊重、平等、合作的原则，争取家长的理解、支持和主动参与，并积极支持、帮助家长提高教育能力。

（五）充分利用自然环境和社区的教育资源，扩展幼儿生活和学习的空间。幼儿园同时应为社区的早期教育提供服务。

九、科学、合理地安排和组织一日生活。

（一）时间安排应有相对的稳定性与灵活性，既有利于形成秩序，又能满足幼儿的合理需要，照顾到个体差异。

（二）教师直接指导的活动和间接指导的活动相结合，保证幼儿每天有适当的自主选择和自由活动时间。教师直接指导的集体活动要能保证幼儿的积极参与，避免时间的隐性浪费。

（三）尽量减少不必要的集体行动和过渡环节，减少和消除消极等待现象。

（四）建立良好的常规，避免不必要的管理行为，逐步引导幼儿学习自我管理。

十、教师应成为幼儿学习活动的支持者、合作者、引导者。

（一）以关怀、接纳、尊重的态度与幼儿交往。耐心倾听，努力理解幼儿的想法与感受，支持、鼓励他们大胆探索与表达。

（二）善于发现幼儿感兴趣的事物、游戏和偶发事件中所隐含的教育价值，把握时机，积极引导。

（三）关注幼儿在活动中的表现和反应，敏感地察觉他们的需要，及时以适当的方式应答，形成合作探究式的师生互动。

（四）尊重幼儿在发展水平、能力、经验、学习方式等方面的个体差异，因人施教，努力使每一个幼儿都能获得满足和成功。

（五）关注幼儿的特殊需要，包括各种发展潜能和不同发展障碍，与家庭密切配合，共同促进幼儿健康成长。

十一、幼儿园教育要与0～3岁儿童的保育教育以及小学教育相互衔接。

## 第四部分　教育评价

一、教育评价是幼儿园教育工作的重要组成部分，是了解教育的适宜性、有效性，调整和改进工作，促进每一个幼儿发展，提高教育质量的必要手段。

二、管理人员、教师、幼儿及其家长均是幼儿园教育评价工作的参与者。评价过程是各方共同参与、相互支持与合作的过程。

三、评价的过程，是教师运用专业知识审视教育实践，发现、分析、研究、解决问题的过程也是其自我成长的重要途径。

四、幼儿园教育工作评价实行以教师自评为主，园长以及有关管理人员、其他教师和家长等参与评价的制度。

五、评价应自然地伴随着整个教育过程进行。综合采用观察、谈话、作品分析等多种方法。

六、幼儿的行为表现和发展变化具有重要的评价意义，教师应视之为重要的评价信息和改进工作的依据。

七、教育工作评价宜重点考察以下方面：

（一）教育计划和教育活动的目标是否建立在了解本班幼儿现状的基础上。

（二）教育的内容、方式、策略、环境条件是否能调动幼儿学习的积极性。

（三）教育过程是否能为幼儿提供有益的学习经验，并符合其发展需要。

（四）教育内容、要求能否兼顾群体需要和个体差异，使每个幼儿都能得到发展，都有成功感。

（五）教师的指导是否有利于幼儿主动、有效地学习。

八、对幼儿发展状况的评估，要注意：

（一）明确评价的目的是了解幼儿的发展需要，以便提供更加适宜的帮助和指导。

（二）全面了解幼儿的发展状况，防止片面性，尤其要避免只重知识和技能，忽略情感、社会性和实际能力的倾向。

（三）在日常活动与教育教学过程中采用自然的方法进行。平时观察所获的具有典型意义的幼儿行为表现和所积累的各种作品等，是评价的重要依据。

（四）承认和关注幼儿的个体差异，避免用划一的标准评价不同的幼儿，在幼儿面前慎用横向的比较。

（五）以发展的眼光看待幼儿，既要了解现有水平，更要关注其发展的速度、特点和倾向等。

# 新时代幼儿园教师职业行为十项准则

教师是人类灵魂的工程师,是人类文明的传承者。长期以来,广大教师贯彻党的教育方针,教书育人,呕心沥血,默默奉献,为国家发展和民族振兴作出了重大贡献。新时代对广大教师落实立德树人根本任务提出新的更高要求,为进一步增强教师的责任感、使命感、荣誉感,规范职业行为,明确师德底线,引导广大教师努力成为有理想信念、有道德情操、有扎实学识、有仁爱之心的好老师,着力培养德、智、体、美、劳全面发展的社会主义建设者和接班人,特制定以下准则。

## 一、坚定政治方向

坚持以习近平新时代中国特色社会主义思想为指导,拥护中国共产党的领导,贯彻党的教育方针;不得在保教活动中及其他场合有损害党中央权威和违背党的路线方针政策的言行。

## 二、自觉爱国守法

忠于祖国,忠于人民,恪守宪法原则,遵守法律法规,依法履行教师职责;不得损害国家利益、社会公共利益,或违背社会公序良俗。

## 三、传播优秀文化

带头践行社会主义核心价值观,弘扬真善美,传递正能量;不得通过保教活动、论坛、讲座、信息网络及其他渠道发表、转发错误观点,或编造散布虚假信息、不良信息。

## 四、潜心培幼育人

落实立德树人根本任务,爱岗敬业,细致耐心;不得在工作期间玩忽职守、消极怠工,或空岗、未经批准找人替班,不得利用职务之便兼职兼薪。

## 五、加强安全防范

增强安全意识,加强安全教育,保护幼儿安全,防范事故风险;不得在保教活动中遇突发事件、面临危险时，不顾幼儿安危，擅离职守，自行逃离。

## 六、关心爱护幼儿

呵护幼儿健康，保障快乐成长；不得体罚和变相体罚幼儿，不得歧视、侮辱幼儿，严禁猥亵、虐待、伤害幼儿。

## 七、遵循幼教规律

循序渐进，寓教于乐；不得采用学校教育方式提前教授小学内容，不得组织有碍幼儿身心健康的活动。

## 八、秉持公平诚信

坚持原则，处事公道，光明磊落，为人正直；不得在入园招生、绩效考核、岗位聘用、职称评聘、评优评奖等工作中徇私舞弊、弄虚作假。

## 九、坚守廉洁自律

严于律己，清廉从教；不得索要、收受幼儿家长财物或参加由家长付费的宴请、旅游、娱乐休闲等活动，不得推销幼儿读物、社会保险或利用家长资源谋取私利。

## 十、规范保教行为

尊重幼儿权益，抵制不良风气；不得组织幼儿参加以营利为目的的表演、竞赛等活动，或泄露幼儿与家长的信息。

# 幼儿园教师违反职业道德行为处理办法

第一条 为规范幼儿园教师职业行为，保障教师、幼儿的合法权益，根据《中华人民共和国教育法》《中华人民共和国未成年人保护法》《中华人民共和国教师法》《教师资格条例》和《新时代幼儿园教师职业行为十项准则》等法律法规和制度规范，制定本办法。

第二条 本办法所称幼儿园教师包括公办幼儿园、民办幼儿园的教师。

第三条 本办法所称处理包括处分和其他处理。处分包括警告、记过、降低岗位等级或撤职、开除。警告期限为6个月，记过期限为12个月，降低岗位等级或撤职期限为24个月。是中共党员的，同时给予党纪处分。

其他处理包括给予批评教育、诫勉谈话、责令检查、通报批评，以及取消在评奖评优、职务晋升、职称评定、岗位聘用、工资晋级、申报人才计划等方面的资格。取消相关资格的处理执行期限不得少于24个月。

教师涉嫌违法犯罪的，及时移送司法机关依法处理。

第四条 应予处理的教师违反职业道德行为如下：

（一）在保教活动中及其他场合有损害党中央权威和违背党的路线方针政策的言行。

（二）损害国家利益、社会公共利益，或违背社会公序良俗。

（三）通过保教活动、论坛、讲座、信息网络及其他渠道发表、转发错误观点，或编造散布虚假信息、不良信息。

（四）在工作期间玩忽职守、消极怠工，或空岗、未经批准找人替班，利用职务之便兼职兼薪。

（五）在保教活动中遇突发事件、面临危险时，不顾幼儿安危，擅离职守，自行逃离。

（六）体罚和变相体罚幼儿，歧视、侮辱幼儿，猥亵、虐待、伤害幼儿。

（七）采用学校教育方式提前教授小学内容，组织有碍幼儿身心健康的活动。

（八）在入园招生、绩效考核、岗位聘用、职称评聘、评优评奖等工作中徇私舞弊、弄虚作假。

（九）索要、收受幼儿家长财物或参加由家长付费的宴请、旅游、娱乐休闲等活动，推销幼儿读物、社会保险或利用家长资源谋取私利。

（十）组织幼儿参加以营利为目的的表演、竞赛活动，或泄露幼儿与家长的信息。

（十一）其他违反职业道德的行为。

第五条　幼儿园及幼儿园主管部门发现教师存在第四条列举行为的，应当及时组织调查核实，视情节轻重给予相应处理。作出处理决定前，应当听取教师的陈述和申辩，调查了解幼儿情况，听取其他教师、家长委员会或者家长代表意见，并告知教师有要求举行听证的权利。对于拟给予降低岗位等级以上的处分，教师要求听证的，拟作出处理决定的部门应当组织听证。

第六条　给予教师处理，应当坚持公平公正、教育与惩处相结合的原则；应当与其违反职业道德行为的性质、情节、危害程度相适应；应当事实清楚、证据确凿、定性准确、处理恰当、程序合法、手续完备。

第七条　给予教师处理按照以下权限决定：

（一）警告和记过处分，公办幼儿园教师由所在幼儿园提出建议，幼儿园主管部门决定。民办幼儿园教师由所在幼儿园提出建议，幼儿园举办者做出决定，并报主管部门备案。

（二）降低岗位等级或撤职处分，公办幼儿园由教师所在幼儿园提出建议，幼儿园主管部门决定并报同级人事部门备案。民办幼儿园教师由所在幼儿园提出建议，幼儿园举办者做出决定，并报主管部门备案。

（三）开除处分，公办幼儿园在编教师由所在幼儿园提出建议，幼儿园主管部门决定并报同级人事部门备案。未纳入编制管理的教师由所在幼儿园决定并解除其聘任合同，报主管部门备案。民办幼儿园教师由所在幼儿园提出建议，幼儿园举办者做出决定并解除其聘任合同，报主管部门备案。

（四）给予批评教育、诫勉谈话、责令检查、通报批评，以及取消在评奖评优、职务晋升、职称评定、岗位聘用、工资晋级、申报人才计划等方面资格的其他处理，按照管理权限，由教师所在幼儿园或主管部门视其情节轻重作出决定。

第八条　处理决定应当书面通知教师本人并载明认定的事实、理由、依据、期限及申诉途径等内容。

第九条　教师不服处理决定的，可以向幼儿园主管部门申请复核。对复核结果不服的，可以向幼儿园主管部门的上一级行政部门提出申诉。

对教师的处理，在期满后根据悔改表现予以延期或解除，处理决定和处理解除决定都应完整存入人事档案及教师管理信息系统。

第十条　教师受到处分的，符合《教师资格条例》第十九条规定的，由县级以上教育行政部门依法撤销其教师资格。

教师受处分期间暂缓教师资格定期注册。依据《中华人民共和国教师法》第十四条规定丧失教师资格的，不能重新取得教师资格。

教师受记过以上处分期间不能参加专业技术职务任职资格评审。

第十一条　教师被依法判处刑罚的，依据《事业单位工作人员处分暂行规定》给予降低岗位等级或者撤职以上处分。其中，被依法判处有期徒刑以上刑罚的，给予开除处分。教师受到剥夺政治权利或者故意犯罪受到有期徒刑以上刑事处罚的，丧失教师资格。

第十二条　公办幼儿园、民办幼儿园举办者及主管部门不履行或不正确履行师德师风建设管理职责，有下列情形的，上一级行政部门应当视情节轻重采取约谈、诫勉谈话、通报批评、纪律处分和组织处理等方式严肃追究主要负责人、分管负责人和直接责任人的责任：

（一）师德师风长效机制建设、日常教育督导不到位；

（二）师德失范问题排查发现不及时；

（三）对已发现的师德失范行为处置不力、方式不当或拒不处分、拖延处分、推诿隐瞒的；

（四）已作出的师德失范行为处理决定落实不到位，师德失范行为整改不彻底；

（五）多次出现师德失范问题或因师德失范行为引起不良社会影响；

（六）其他应当问责的失职失责情形。

第十三条　省级教育行政部门应当结合当地实际情况制定实施细则，并报国务院教育行政部门备案。

第十四条　本办法自发布之日起施行。